主　　编　李希义　郭建平
副主编　张明喜　郭俊峰

高新技术企业发展报告

2018

科学技术文献出版社
SCIENTIFIC AND TECHNICAL DOCUMENTATION PRESS
·北京·

图书在版编目（CIP）数据

高新技术企业发展报告. 2018 / 李希义，郭建平主编. —北京：科学技术文献出版社，2019.8
ISBN 978-7-5189-5906-8

Ⅰ.①高… Ⅱ.①李…②郭… Ⅲ.①高技术企业—企业发展—研究报告—中国—2018
Ⅳ.① F279.244.4

中国版本图书馆 CIP 数据核字（2019）第 172041 号

高新技术企业发展报告2018

| 策划编辑：李 蕊 | 责任编辑：张永霞 | 责任校对：文 浩 | 责任出版：张志平 |

出 版 者	科学技术文献出版社
地　　址	北京市复兴路15号　邮编 100038
编 务 部	（010）58882938，58882087（传真）
发 行 部	（010）58882868，58882870（传真）
邮 购 部	（010）58882873
官方网址	www.stdp.com.cn
发 行 者	科学技术文献出版社发行　全国各地新华书店经销
印 刷 者	北京时尚印佳彩色印刷有限公司
版　　次	2019年8月第1版　2019年8月第1次印刷
开　　本	889×1194　1/16
字　　数	363千
印　　张	15.5
书　　号	ISBN 978-7-5189-5906-8
定　　价	150.00元

版权所有　违法必究

购买本社图书，凡字迹不清、缺页、倒页、脱页者，本社发行部负责调换

《高新技术企业发展报告 2018》
编辑委员会

编委会主任	胡志坚　张志宏　张卫星
编委会副主任	武夷山　郭　戎　李有平　盛延林
主　　　编	李希义　郭建平
副　主　编	张明喜　郭俊峰
编　委　委　员（以姓氏拼音为序）	

　　　　白瑞亮　程凌华　高金鹏　谷潇磊　郭滕达　李　享
　　　　潘洁晞　王德河　王赫然　王秋颖　尉　佳　魏世杰
　　　　薛　薇　张　琳　张俊芳　赵淑芳　周　密　朱欣乐

执笔分工

第一章	李希义	第二章	魏世杰
第三章	张俊芳	第四章	郭滕达
第五章	白瑞亮	第六章	张明喜
第七章	赵淑芳	第八章	唐　旭
第九章	陈史洋	第十章	薛　薇

目 录

绪 论 ··· 001

第一章　高新技术企业发展总体状况 ·· 003
　一、高新技术企业总量及其特征 ··· 003
　　（一）高新技术企业数量及其变化 ·· 003
　　（二）企业规模分布 ··· 006
　　（三）技术领域分布 ··· 007
　　（四）地区特点 ··· 008
　二、高新技术企业认定工作开展状况 ··· 009
　　（一）历年认定高新技术企业数量及其特点 ··· 009
　　（二）2016年新认定办法对企业技术创新能力的引导作用明显提高 ···················· 014
　三、小结 ·· 014

第二章　高新技术企业的创新投入 ·· 017
　一、高新技术企业的科技人力资源 ·· 017
　　（一）从业人员状况 ··· 018
　　（二）科技人员 ··· 019
　　（三）研发（R&D）人员 ·· 020
　　（四）不同技术领域高新技术企业的科技人力资源分布 ···································· 022
　二、高新技术企业的科技和研发经费 ··· 023
　　（一）科技活动经费支出 ··· 024
　　（二）R&D经费内部支出 ··· 027
　　（三）不同技术领域高新技术企业的经费投入分布 ·· 028
　三、研发投入强度 ·· 030
　　（一）研发投入强度变化趋势 ··· 030

（二）研发投入强度的规模分布 ··· 031
　　（三）不同技术领域高新技术企业的研发投入强度 ····························· 031
四、科技活动组织形式 ··· 032
　　（一）企业办科技机构 ··· 032
　　（二）企业科研活动对外合作 ··· 034
　　（三）技术交易 ··· 037
五、小结 ··· 039

第三章　高新技术企业的创新成果 ··· 041

一、高新技术企业的知识产权 ··· 041
　　（一）知识产权的总体情况 ··· 041
　　（二）高新技术企业的知识产权的结构分布 ··································· 043
二、高新技术企业的专利 ··· 046
　　（一）高新技术企业专利的总体情况 ··· 046
　　（二）高新技术企业专利的结构分布 ··· 048
三、高新技术企业的新产品销售收入 ··· 051
　　（一）新产品销售收入的总体情况 ··· 051
　　（二）新产品销售的规模分布 ··· 052
四、高新技术企业的技术收入 ··· 053
　　（一）技术收入的总体情况 ··· 053
　　（二）技术收入的规模分布 ··· 053
五、高新技术企业的高新技术产品出口 ··· 055
　　（一）高新技术产品出口的总体情况 ··· 055
　　（二）高新技术产品出口的规模分布 ··· 055
六、小结 ··· 056

第四章　高新技术企业的经济贡献 ··· 059

一、高新技术企业的经济贡献 ··· 059
　　（一）总体发展情况 ··· 059
　　（二）高新技术企业与全国规模以上工业企业的比较 ··················· 061
　　（三）高新技术企业经济贡献的规模特征 ······································· 062
　　（四）高新技术企业户均经济贡献 ··· 071
二、新旧办法下高新技术企业经济贡献对比分析 ··································· 074
　　（一）新旧办法下高新技术企业总体发展对比 ······························· 074
　　（二）新旧办法下高新技术企业户均经济贡献 ······························· 075
三、小结 ··· 075

第五章　高新技术企业的经济效益 ··· 077

一、高新技术企业总体经济效益 ··· 077
（一）劳动生产率 ··· 077
（二）资产收益率 ··· 078
（三）净利润率 ··· 079
（四）人均产出 ··· 079

二、上市高新技术企业经济效益 ··· 080
（一）劳动生产率 ··· 080
（二）资产收益率 ··· 081
（三）净利润率 ··· 081
（四）人均产出 ··· 082

三、不同规模高新技术企业经济效益 ··· 083
（一）劳动生产率 ··· 083
（二）资产收益率 ··· 083
（三）净利润率 ··· 085
（四）人均产出 ··· 086

四、不同技术领域高新技术企业经济效益 ··· 086
（一）劳动生产率 ··· 086
（二）资产收益率 ··· 087
（三）净利润率 ··· 088
（四）人均产出 ··· 089

五、2016年新旧办法认定下高新技术企业比较 ··· 090
（一）劳动生产率 ··· 090
（二）资产收益率 ··· 091
（三）净利润率 ··· 092
（四）人均产出 ··· 093

六、2017年新旧办法认定的高新技术企业比较 ··· 094
（一）劳动生产率 ··· 094
（二）资产收益率 ··· 094
（三）净利润率 ··· 095
（四）人均产出 ··· 096

七、小结 ··· 097

第六章 高新技术企业的行业特征 ········ 099
一、高新技术企业数量的行业分布 ········ 099
二、高新技术企业经济贡献和效益的行业特征 ········ 100
（一）经济贡献 ········ 101
（二）经济效益 ········ 108
三、高新技术企业技术创新的行业特征 ········ 110
（一）研发人员占比 ········ 110
（二）研发投入强度 ········ 112
（三）专利情况 ········ 113
（四）新产品销售收入占比 ········ 115
四、制造业高企的特点分析 ········ 116
（一）数量分布 ········ 116
（二）技术创新 ········ 118
（三）经济贡献和效益 ········ 120
五、小结 ········ 124

第七章 高新技术企业的区域特征 ········ 127
一、高新技术企业的数量分布 ········ 127
（一）高新技术企业在三大经济带的分布 ········ 127
（二）高新技术企业在不同地区的分布 ········ 128
（三）国家高新区内外的数量分布 ········ 133
二、高新技术企业经济贡献的地区比较 ········ 134
（一）经济贡献的地区分布 ········ 134
（二）国家高新区内外的经济贡献 ········ 140
三、高新技术企业经济效益的区域特征 ········ 141
（一）地区比较 ········ 141
（二）国家高新区内外比较 ········ 145
四、高新技术企业技术创新的区域特征 ········ 146
（一）创新投入 ········ 146
（二）创新产出 ········ 151
（三）国家高新区内外的比较 ········ 160
五、小结 ········ 161

第八章 外资高新技术企业的特征分析 ········ 163
一、数量变化及分布特征 ········ 163
（一）数量变化 ········ 163

（二）地区分布 164
　　（三）行业分布 166
二、经济贡献 167
　　（一）总体特征 167
　　（二）地区特征 170
　　（三）行业特征 171
三、经济效益 172
　　（一）总体特征 172
　　（二）地区特征 176
　　（三）行业特征 177
四、创新投入 178
　　（一）整体特征 178
　　（二）地区特征 181
　　（三）行业特征 187
五、创新产出 191
　　（一）整体情况 191
　　（二）地区比较 195
　　（三）行业特征 199
六、小结 201

第九章　高技术服务业高新技术企业 203
一、数量和行业分布特点 203
　　（一）高技术服务业高企总量变化 203
　　（二）高技术服务业细分行业分布 204
　　（三）新旧高企数量分布 204
二、经济贡献 205
　　（一）总体情况 205
　　（二）细分行业经济贡献 207
　　（三）细分行业新旧高企户均经济指标对比 210
三、技术创新投入 212
　　（一）整体投入 212
　　（二）细分行业技术创新投入 212
　　（三）新旧高企技术创新投入 213
四、技术创新成果 214
　　（一）行业整体情况 214
　　（二）细分行业技术创新成果 215

五、小结 ··· 216

第十章　税收落实和政策效果 ··· 219
　　一、税收优惠政策落实情况 ·· 219
　　　　（一）高新技术企业所得税减免优惠落实情况 ··· 219
　　　　（二）高新技术企业享受的其他所得税减免优惠落实情况 ··································· 225
　　二、新旧办法认定的高新技术企业享受企业所得税减免优惠情况 ································· 226
　　　　（一）2016高企办法修订特点 ··· 226
　　　　（二）新旧办法认定的高企所得税减免优惠情况对比 ·· 226
　　　　（三）新旧高企业办法认定的高企所得税减免优惠分布情况对比 ······················ 227
　　三、高新技术企业创新能力与综合竞争力快速提升 ·· 230
　　　　（一）高新技术企业研发投入稳定增加 ··· 230
　　　　（二）企业知识产权运用和保护意识显著提升 ··· 230
　　　　（三）企业获得多渠道的资金支持 ··· 230
　　　　（四）推动高新技术产业做大做强 ··· 230
　　四、小结 ··· 230

附　录　2016年《高新技术企业认定管理办法》 ··· 233

绪　论

高新技术企业作为国内技术创新能力较高的企业群体，在实现国家创新发展战略、促进经济增长、调整产业结构和创造社会财富等方面起着重要的作用。为进一步发挥高新技术企业在实现创新型国家中的作用，2016年科技部、财政部和国家税务总局联合修订颁布了新的《高新技术企业认定管理办法》（国科发火〔2016〕32号，以下简称"2016高企办法"），对高新技术企业[①]的认定条件和管理办法进行了修订。为了解高新技术企业的发展状况及政策实施效果，掌握高新技术企业所得税优惠政策落实情况，检验高新技术企业在促进经济增长、提高技术创新能力和提供就业上的作用，由中国科学技术发展战略研究院科技投资所组成的课题组继《高新技术企业发展报告2013》之后，又编著了《高新技术企业发展报告2018》，该报告可以为国内关注高新技术企业发展的政府部门、金融机构、研究机构和个人等提供决策和研究参考。

课题组从经济贡献、经济效益、技术创新、行业、区域、外资、高技术服务业、政策实施效果等角度对2013—2017年全国13万多家高新技术企业进行了全面分析，并研究了2016年新出台的高企办法的影响和作用。本报告得出如下主要结论：

1. 高新技术企业认定工作在全国深入开展，企业数量增长迅速

高新技术企业认定工作已在中国大陆所有行政区划地区内开展实施，在国内呈现快速发展态势；尤其是2016年新的认定管理办法出台之后，高新技术企业数量增加明显，企业数量由2013年的近6万家增长到2017年的13万多家；其中，广东、北京、江苏和深圳成为国内高新技术企业数量较多的地区。

2016年出台的《高新技术企业认定管理办法》对企业技术创新能力的引导作用明显提高。新认定高新技术企业拥有发明专利数量大幅增加，户均拥有发明专利数由2016年的1.12件提升到2017年的2.22件。

2. 高新技术企业所得税优惠政策落实程度进一步提高，成为国家促进企业技术创新的一个有力政策工具

2017年，全国13万家高新技术企业中约41.70%享受了1879.6亿元高新技术企业所得税减免优惠，占企业各类税收减免总额的47.03%。高新技术企业所得税减免优惠已经成为高科技企业最重要的税收优惠政策，有效促进了我国技术创新能力较强的这部分企业群体的可持续健康发展。对比研究发现，在2016年修订出台的新办法下认定的高新技术企业，其质量相对更优、享受税收优惠的认可度相对更高。

---

① 本报告中，为了撰写需要，高新技术企业也以"高企"代替，以下类同。

3. 高新技术企业在促进我国经济增长上作用显著

高新技术企业在促进我国经济增长、提供就业和上缴税收上起到了重要作用，实现了多项经济指标的大幅增加。2017年，高新技术企业的营业收入超过了31万亿元，比2013年增长超过60%；工业总产值比2013年增加了39%，达到了24万亿元以上；净利润达到了23 217.15亿元，是2013年的约1.8倍；上缴税收达15 578.30亿元，是2013年的约1.7倍；吸纳就业人数达2735.48万人，比2013年增加约925万人；出口额从2013年的4915.84亿美元增加到2017年的5600.69亿美元，增加逾1.1倍。

高新技术企业在主营业务收入和提供就业上对全国的贡献是逐年增加的，其中：主营业务收入占比从2013年的17.96%提高到2016年的21.89%，提高近4个百分点；提供就业占比由2013年的2.35%增加到2016年的3.04%，增加近1个百分点。高新技术企业的出口额占比基本维持在20%以上的水平，出口能力表现虽偶有波动，但总体相对稳定。

高新技术企业的劳动生产率、资产收益率和利润率都呈现稳步增长趋势，显示高新技术企业在利用技术获取产出和盈利方面的能力在逐步增强。

4. 高新技术企业创新能力日益提高，在创建创新型国家中的角色越发重要

2017年，高新技术企业无论在科技活动人员与经费还是在R&D人员与经费投入上均处于较高水平，高新技术企业创新主体地位不断加强，企业的创新投入也逐年提高。

高新技术企业取得的创新成果成效显著。2013年以来，全国高新技术企业拥有的知识产权总量从129.53万件增长到2017年的363.44万件，年增长率平均值为29.46%；拥有专利达到281.83万件，相比2013年的108.94万件增长了1.59倍。与全国规模以上工业企业相比，高新技术企业户均申请的专利数是规模以上工业企业户均申请专利的10倍左右，是我国最具创新活力的群体。

5. 内资高新技术企业创新能力逐步提高，与外资高新技术企业的创新能力差距在减少，部分指标已经胜出外资高企

外资高企在户均拥有专利、户均当年发明专利申请指标上均高于内资高企。但内资高企与外资高企的差距在逐渐缩小，在个别指标上内资高企已经超过了外资高企。2013—2017年，内资高企与外资高企在户均拥有发明专利、户均当年专利申请上的差距是缩小的；内资高企的户均发明授权远高于外资高企，尤其是在2016年新办法颁布实施后，这种趋势更为明显，这说明内资高企在国内的研发活动比外资高企活跃，研发成效更显著。这也从侧面说明了2016高企办法在引导内资高企追求高质量知识产权方面效果明显。

6. 高新技术企业推动了我国战略新兴产业和高技术服务业的发展

高新技术企业主要分布在制造业，信息传输、软件和信息技术服务业，科学研究和技术服务业等行业。制造业高企数量最多，2017年是63.38%，而高技术服务业企业数量在2016年增长速度明显提升，且连续两年保持超过40%的增长率。这充分显示高新技术企业政策的实施，非常契合国家的重大产业政策。

第一章
高新技术企业发展总体状况

一、高新技术企业总量及其特征

（一）高新技术企业数量及其变化

在科技部、财政部和国家税务总局的监督管理下，地方科技、财政、税务部门联合开展高新技术企业的认定工作，将高新技术企业认定工作推向了一个新的发展高度。为提高高新技术企业的技术创新能力，促使更多具有科技创新含量的企业享受到高新技术企业所得税优惠政策的支持，2016年科技部、财政部和国家税务总局联合修订颁布了新的《高新技术企业认定管理办法》（国科发火〔2016〕32号，以下简称"2016高企办法"），规定从2016年开始实施。因此，2013—2015年的高新技术企业，是依据2008年科技部、财政部和国家税务总局联合制定的《高新技术企业认定管理办法》（国科发火〔2008〕172号）认定的；而2016—2017年的高新技术企业则是依据2016高企办法认定的。

根据科技部火炬中心的统计，2013—2017年全国高新技术企业的数量呈现高速增加态势。如表1-1和图1-1所示，2013年全国高新技术企业总数只有59 613家，但2016年首次超过10万家，2017年则达到了136 230家，增加76 617家，比2013年增加1.29倍；从企业数量增长速度看，除了2014年增速有所下降之外，2013—2017年高新技术企业数量增长率是逐年增加的，尤其是2016和2017年，都保持30%以上的增长率，凸显企业对高新技术企业政策的认可，以及地方政府对高新技术企业认定工作的重视，说明提高企业技术创新能力已经成为全社会的共识。

表1-1 2013—2017年高新技术企业数量及其变化

	2013年	2014年	2015年	2016年	2017年
企业数量（家）	59 613	67 575	79 322	104 216	136 230
企业数变化（家）	10 330	7962	11 747	24 894	32 014
增长率（%）	20.96	13.36	17.38	31.38	30.72

注：计算需要用到2012年高新技术企业数据，见《高新技术企业发展报告2013》（科学技术文献出版社），下同。

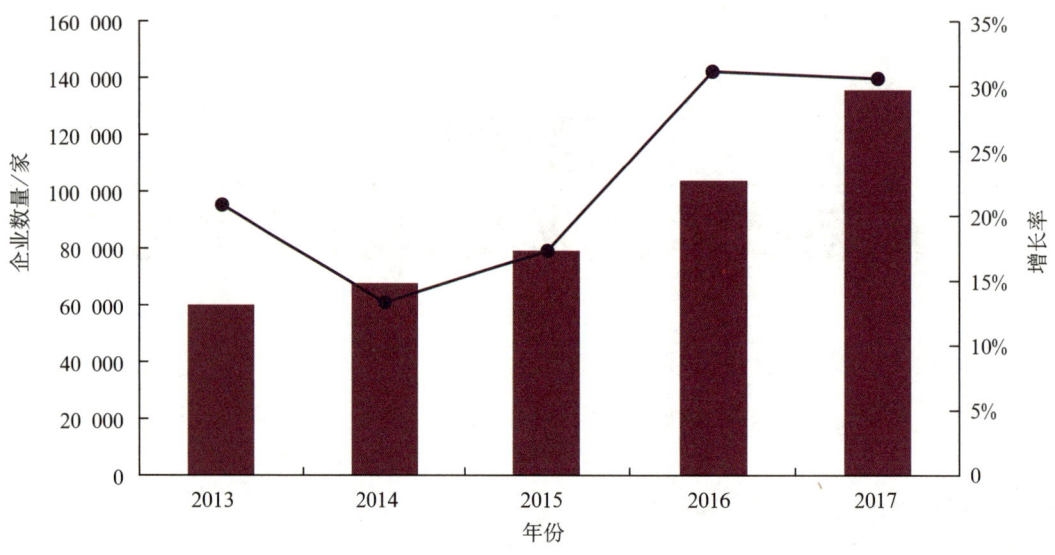

图 1-1　2013—2017 年高新技术企业数量及其变化

全国高新技术企业的数量陡增,主要有以下两个方面原因。

1. 各级政府对高新技术企业的高度重视

随着中国经济发展进入新常态阶段,高新技术企业在提高技术创新、促进经济增长和发展高新技术产业方面的作用凸显,引起地方政府部门的关注。很多地方政府将培育高新技术企业,作为促进地区经济发展的重要抓手,并制定出台专门培育和支持高新技术企业发展的政策。如:

2015 年广东省科财税 4 部门联合印发《关于加强协作共同推进高企培育工作的通知》,科技厅和财政厅还专门出台了《广东省高新技术企业培育工作实施细则》,以财政政策补充税收政策,引导企业创新发展,培育高企。2016 年还将高企培育工作纳入地方考核指标中,高企培育的得分权重很大,在 10 个指标中占 15 分。2017 年广东省制定了《广东省高新技术企业树标提质行动计划(2017—2020)》,坚持高新技术企业数量扩张与质量提升并举的发展策略。

河北省科技厅、财政厅、国税局、地税局 4 部门在 2016 年联合制定《河北省高新技术企业后备培育工程实施方案(冀科高〔2016〕16 号)》,对入库企业予以资金支持其技术创新活动。

上海市为推动本地高新技术企业的发展,在 2018 年专门出台《上海市政府关于加快本市高新技术企业发展的若干意见》(沪府发〔2018〕40 号),提出发展目标,到 2020 年全市有效期内高新技术企业总量达到 1.5 万家左右,到 2022 年,全市有效期内高新技术企业总量超过 2 万家,并从 4 个方面提出若干支持措施,分别是实施高新技术企业培育工程、提升企业创新能力、优化创新政策环境和提升政府创新服务水平;还专门出台了《上海市高新技术企业入库培育实施细则(试行)》(沪科规〔2018〕10 号),具体推动高新技术企业培育工程的实施。

2. 与高新技术企业认定管理办法的修订有重大关系

2016 年,科技部、财政部和国家税务总局联合修订颁布了新的《高新技术企业认定管理办法》(国科发火〔2016〕32 号)。2016 高企办法在企业研发强度分级、知识产权种类和获取方式、科技人员占比、技术领域等方面修订了认定标准，进行了更加科学的修改，使更多企业可以申请高新技术企业认定，具体包括：

（1）纳入高新技术企业认定范围的知识产权种类增多

2016年高企办法，在继续保持2008年认定办法规定的知识产权种类的基础上，针对生物医药类和农业类企业研发周期长及其特点，增加了国家级农作物品种、国家新药、国家一级中药保护品种3种，并将国防专利纳入到认可范围之内，大大提高了企业申请高新技术企业成功的可能性，也有助于这类企业的长远发展。

（2）增加企业用于高企认定的知识产权时间期限

2008年高企办法，要求企业在提交申请时，其拥有的知识产权必须是认定前三年获得的知识产权。2016年高企办法剔除了知识产权获得时间的期限规定，不管是通过自主研发，还是受让、受赠、并购等方式，只要是企业合法拥有、在有效期内的知识产权即可。这就鼓励企业可以潜心持续进行深度的研发活动，申请高质量的发明专利，而不必为了申请通过而过多申请实用新型等专利。

（3）技术领域扩宽，涵盖诸多新兴产业

2016年高企办法补充更新了企业所属技术领域范围，将近年涌现的很多新兴行业纳入到高新技术领域之中，尤其是高技术服务业修改变动很大，将研发与设计服务、检验检测认证与标准服务、信息技术服务（云计算服务、数据服务等）、高技术专业化服务、知识产权与成果转化服务、电子商务与现代物流等大量涌现的新兴业态纳入其中，使这些技术领域的企业可以享受到高新技术企业所得税优惠等多项政策的优惠和支持。

（4）中小规模企业的研发强度适度降低

2008年高企办法，按照企业的销售收入将企业研发投入强度级别划分为3个档次，销售收入规模在5000万元以下是6%，5000万（含）～2亿元是4%，2亿元（含）以上是3%。考虑到销售收入在5000万元以下的企业，大部分处于早期发展阶段，经营不稳定、融资困难，2016年高企办法对这部分企业调整了研发强度的要求，将研发强度改为5%。这项改变，更有利于早期阶段的科技型中小企业通过高新技术企业的认定，享受到税收优惠政策的支持，也符合党中央国务院大力支持中小企业的政策方向。

（5）科技人员占比和学历要求降低

2008年高企办法规定，具有大学专科以上学历的科技人员占企业当年职工总数的30%以上，其中研发人员占企业当年职工总数的10%以上。而2016年高企办法将"具有大学专科以上学历的科技人员占企业当年职工总数的30%以上"这个要求删除，只保留了"从事研发和相关技术创新活动的科技人员占企业当年职工总数的比例不低于10%"这个指标，原因有二：一是随着国家教育水平的提高及大学扩招，中国劳动力的教育水平大幅度提高，再保留大学专科以上学历科技人员的占比指标要求已经没有实际意义；二是有些行业技术人员学历可能不高，但是企业的主要技术骨干技术水平不低，如参与文化创意等研发活动的一些人员，生产一线从事技术革新的骨干技术工人等，删除对从事研发和相关技术创新活动的科技人员的学历要求，更符合这类企业研发相关人员的实际情况。

（二）企业规模分布

表1-2和图1-2显示了2013—2017年间高新技术企业的规模分布和变化。2017年，销售收入5000万元以下的高新技术企业数量最多，超过了全部高企的50%；其次较多的是销售收入5000万（含）～2亿元的高新技术企业，占比接近25%；最少的是销售收入2亿元（含）以上的高新技术企业。从时间角度看，销售收入5000万元以下的高新技术企业数量占比逐年递增，从2013年的45.07%，提高到2017年的59.38%；而销售收入5000万（含）～2亿元的高新技术企业数量占比呈现逐年小幅下降趋势，由2013年的29.56%下降到2017年的23.98%；销售收入2亿元（含）以上的高新技术企业数量占比的下降幅度则较大，由2013年的25.37%下降到2017年的16.63%，减少将近10个百分点。由此可见，大量中小规模的企业受益于高新技术企业政策，体现了政策设计的初衷；大量处于发展成长期的企业被认定为高新技术企业，可以享受企业所得税优惠及银行贷款等其他政策优惠。

表1-2 2013—2017年高新技术企业的规模分布和变化   单位：%

规模	2013年	2014年	2015年	2016年	2017年
5000万元以下	45.07	47.05	51.65	55.67	59.38
5000万（含）～2亿元	29.56	29.08	27.37	25.89	23.98
2亿元（含）以上	25.37	23.87	20.98	18.43	16.63
合计	100	100	100	100	100

注：本部分数据来源于火炬中心统计处的调查数据。

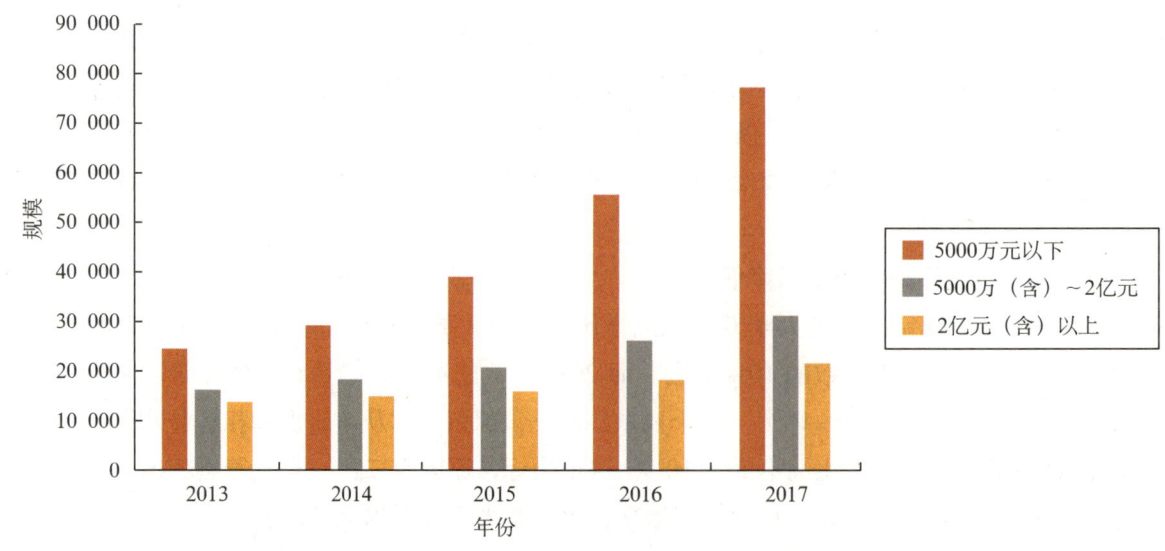

图1-2 2013—2017年高新技术企业的规模分布和变化

表1-3和图1-3显示了2013—2017年不同规模的高新技术企业数量增长率。销售收入5000万

元以下的高新技术企业增速较高，2015—2017年都保持在30%以上的增长率，其次是销售收入5000万（含）～2亿元的高新技术企业，增速最低的是销售收入2亿元（含）以上的高新技术企业。这也一定程度解释了2017年销售收入5000万元以下的高新技术企业占比接近60%的原因。

表 1-3　2013—2017年不同规模的高新技术企业数量增长率　　　单位：%

规模	2014年	2015年	2016年	2017年
5000万元以下	19.42	33.62	41.58	39.32
5000万（含）～2亿元	12.54	14.57	24.25	20.98
2亿元（含）以上	7.64	6.96	15.42	17.85

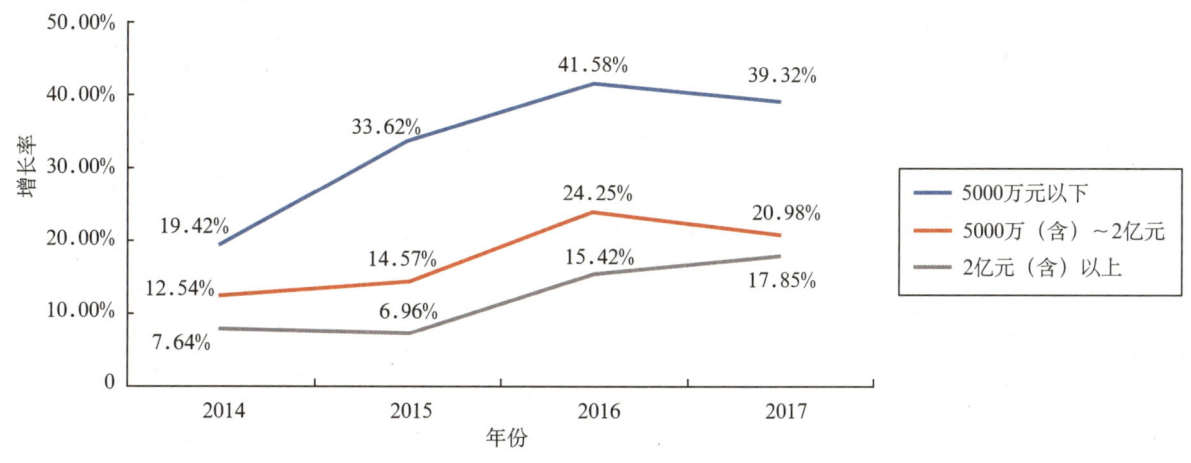

图 1-3　2013—2017年不同规模的高新技术企业数量增长率

（三）技术领域分布

如表1-4和图1-4所示，高新技术企业主要分布在电子信息、光机电一体化、生物医药和新材料等技术领域，其中数量最多的是电子信息技术领域，2017年占比达到34.07%；排名第二的是光机电一体化领域，企业数量占比达到19.18%；再次是新材料领域，企业数量占比是14.69%。

相比之下，航空航天、地球／空间／海洋、核应用技术领域内的高新技术企业数量占比相对较少，数量占比都在1%以下，主要原因是这几个行业对技术的要求较高，投资资金大，有些是政府限制民营企业进入的，这些技术领域内的企业数量相对较少。这与2008—2012年的情况基本一致，高企政策保持了一定稳定性。

新能源及高效节能和环境保护技术领域的高新技术企业数量占比也相对较高，尤其是环境保护技术领域，企业数量占比一直是增加的，这显示中国政府重视环境保护、推动新能源开发应用的政策产生了成效，越来越多的高新技术企业从事开发新能源、节能降耗和环境保护的技术和应用。

表 1-4 2013—2017 年高新技术企业的技术领域分布和变化　　　　　　　　　　　　单位：%

技术领域	2013 年	2014 年	2015 年	2016 年	2017 年
电子信息	28.80	28.57	30.80	32.51	34.07
生物医药	9.40	9.35	9.22	8.74	8.18
新材料	16.67	16.08	15.61	14.91	14.69
光机电一体化	22.46	21.25	18.52	18.47	19.18
新能源及高效节能	6.10	7.13	7.19	6.77	6.42
环境保护	3.73	3.82	4.01	4.25	4.33
航空航天	0.59	0.61	0.63	0.62	0.65
地球、空间、海洋	0.38	0.32	0.28	0.26	0.25
核应用	0.17	0.16	0.15	0.25	0.19
其他高技术	11.72	12.72	13.59	13.23	12.06

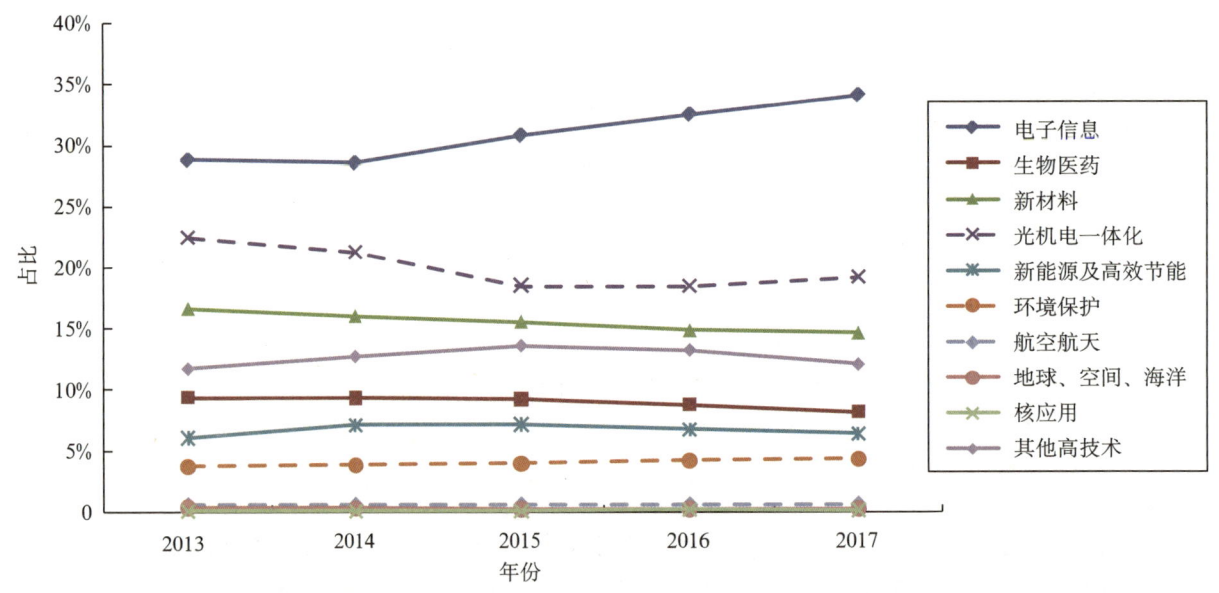

图 1-4 2013—2017 年高新技术企业在不同技术领域的数量占比

（四）地区特点

图 1-5 显示了 2017 年高新技术企业在不同地区的数量分布。国内高新技术企业在国内的地区分布呈现以下特点。

1. 全国不同地区都开展了高新技术企业认定和管理工作

这彰显了高新技术认定工作的重要性及影响力。

2. 高新技术企业数量的国内分布极不平衡

广东省（不含深圳市）排名第一，高新技术企业数量超过 2 万家，北京市、江苏省、深圳市分列第二、第三和第四位，高新技术企业数量都超过 1 万家。最少的西藏自治区只有 32 家，青海省和宁夏回族自治区的高新技术企业数量也相对很少,青海省有143家,宁夏回族自治区则有91家。

3.高新技术企业的数量与地区经济发展有密切关系

排名前列的广东省、北京市、江苏省、深圳市、浙江省和上海市,都是经济发达的地区,也是技术创新能力较高的地区。高新技术企业的数量较少的地区,则是经济发展相对不发达的地区。

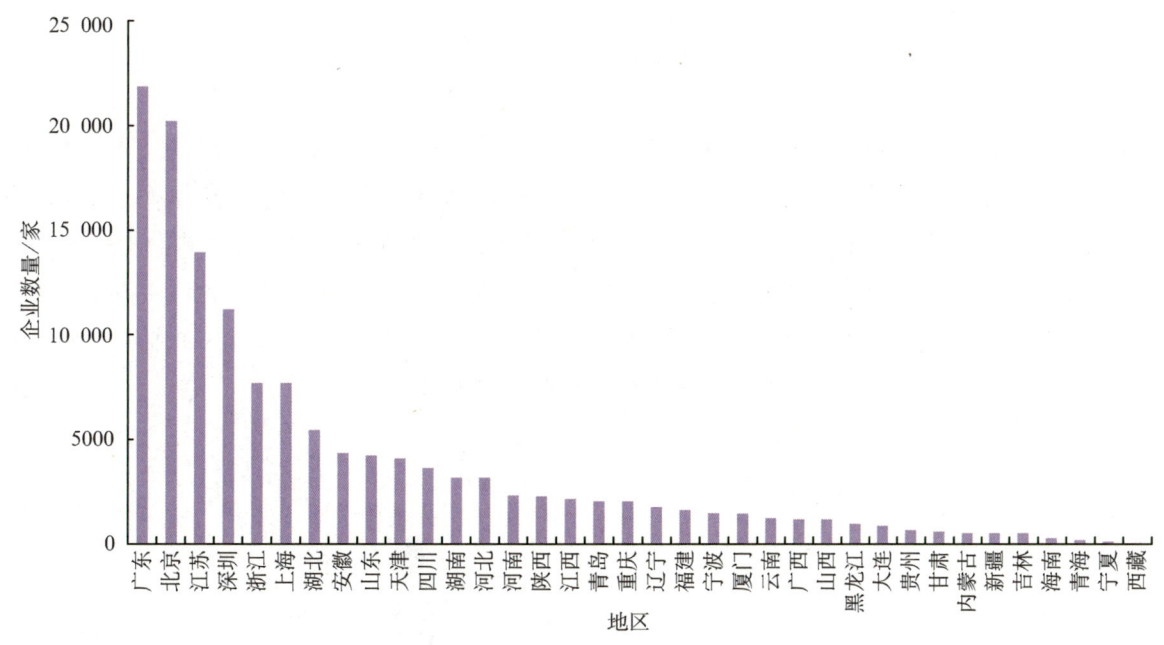

图1-5　2017年高新技术企业在不同地区的数量分布

二、高新技术企业认定工作开展状况

2013—2017年,全国各地的科技部门每年都组织当地的高新技术企业认定和工作,然后报备科技部、财政部和国家税务总局设在科技部火炬中心的领导小组办公室,经过公示之后,获得正式的高新技术企业证书。

(一)历年认定高新技术企业数量及其特点

2013—2017年每年认定通过的高新技术企业呈现如下变化。

1.历年新认定的高新技术企业数量呈现递增趋势

如表1-5所示,2013—2017年新认定的高新技术企业数量是逐年递增的,从2013年的17 937家增加到2017年的61 790家,是2013年的3倍多,这充分解释了为何近几年全国高新技术企业总量如此迅速增长。

表 1-5 2013—2017 年每年新认定的高新技术企业数量及其变化

	2013 年	2014 年	2015 年	2016 年	2017 年
新认定高企数（家）	17 937	29 863	31 522	42 918	61 790
数量变化（家）	7121	11 926	1659	11 396	18 872
增长率（%）	65.84	66.49	5.56	36.15	43.97
外资高企占比（%）	6.10	11.61	15.59	7.54	14.86

注：这里的高新技术企业包括新认定和参加复审通过的企业。

如图 1-6 所示，从时间段上看，2013—2017 年新认定高新技术企业数量增长率呈"V"形变化，2016 年是一个重要的转折点。2013—2015 年，新认定的高新技术企业数量先增后降，总体呈现下降趋势，显示在 2008 年高企认定办法下，国内符合认定高新技术企业条件的企业群体是在减少的。2016 年之后，新认定的高新技术企业数量增长率呈现上升趋势，显示 2016 年高企认定办法的制定实施，拓宽了可认定高新技术企业的适用范围，将大量新型的具有科技创新能力的企业纳入到高新技术企业之中，从而使全国新认定通过的高新技术企业数量大幅增加。

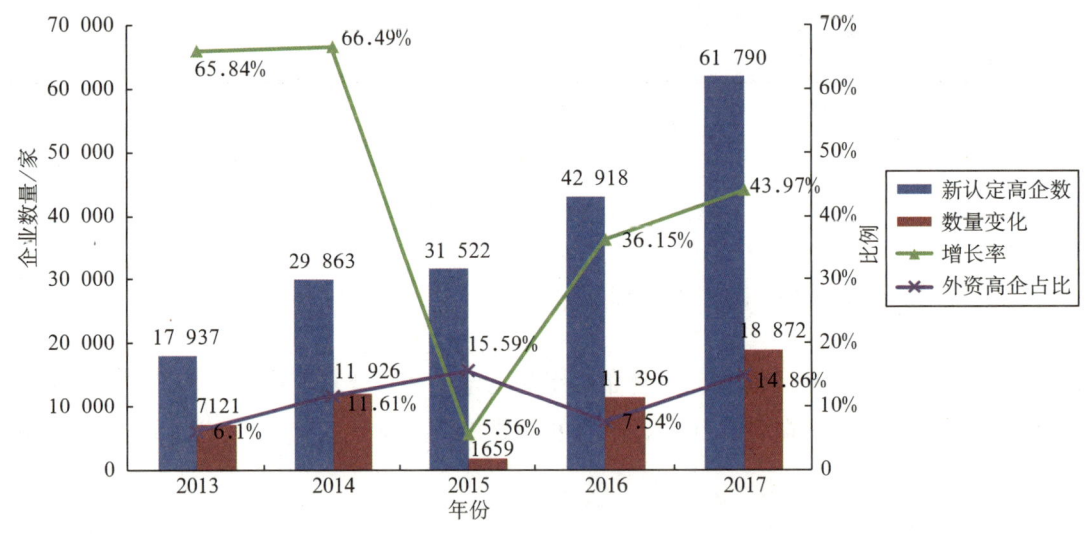

图 1-6 2013—2017 年新认定高新技术企业数量及其变化

如图 1-6 所示，新认定的外资高新技术企业占比在 2013—2015 年是递增的，经过 2016 年的短暂下降之后，2017 年新认定的外资高新技术企业占比又回到原来的最高水平，数量也由 2013 年的 1094 家增加到 2017 年的 9182 家，这说明 2016 年高企办法对内外资企业是一视同仁的，显示了该项政策的公平性。

2. 新认定高新技术企业以销售收入 5000 万元以下的为主

如图 1-7 所示，2013—2017 年各地新认定的高新技术企业是以中小型企业居多，其中销售收入 5000 万元以下的企业占比，除 2014 年之外，其他年份占比都超过 2/3，其中最高的 2016 年接近

3/4，这说明高新技术企业认定管理政策，与政府目前大力支持中小企业的方针是一致的。

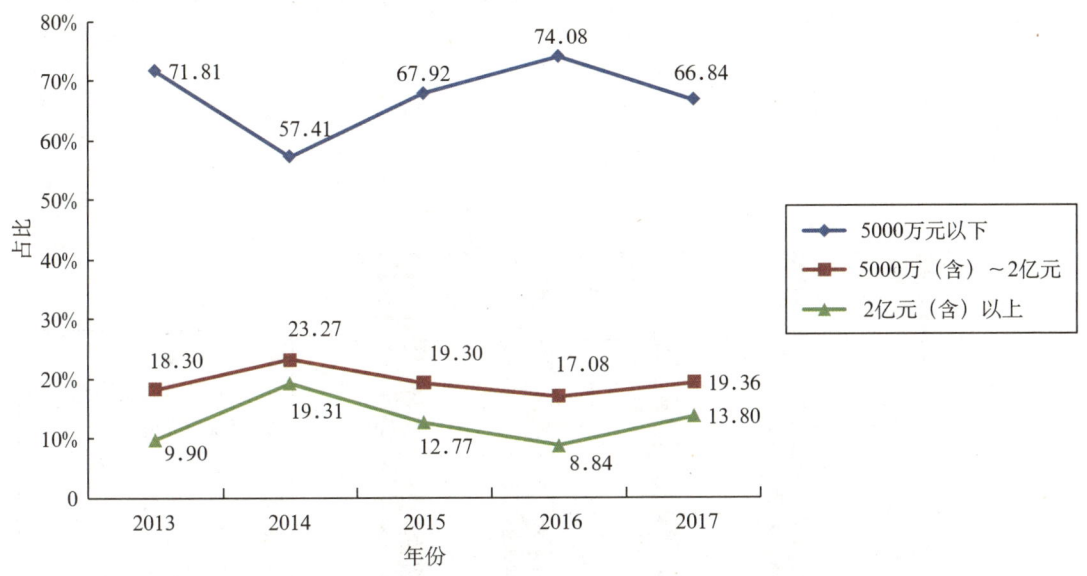

图 1-7　2013—2017 年新认定高新技术企业数量的规模分布

3. 新认定高新技术企业集中在若干技术领域

如表 1-6 和图 1-8 所示，2013—2017 年新认定的高新技术企业中，电子与信息技术领域一直数量最多，基本维持在 30% 的比例；高新技术改造传统产业领域的企业数量在 2016 年之前一直排名第二，但在 2017 年数量下降较多，且本领域内中小企业居多，数字变化反映了宏观经济形势和行业调整的影响；而高技术服务业内的高新技术企业数量跃居 2017 年第二位，仅次于电子与信息技术领域，这与 2016 年认定办法的技术领域修订有关。2017 年生物与新医药技术领域新认定的高新技术企业数量占比略有下降。值得注意的是，新能源和节能技术领域内的高新技术企业 2017 年的数量占比增幅较大，显示高新技术企业认定工作有效支持了中央政府的开发新能源、降低污染能耗方面的举措。航空航天技术领域内新认定的高新技术企业数量占比很小，而且基本稳定在一个水平，与该领域对技术水平要求高、技术应用市场受到监管力度大有一定关系。

表 1-6　2013—2017 年新认定高新技术企业的技术领域分布　　　　　单位：%

技术领域	2013 年	2014 年	2015 年	2016 年	2017 年
电子与信息技术	28.74	29.34	30.20	29.94	30.01
生物与新医药技术	9.68	10.79	10.28	8.93	8.72
新材料技术	15.68	16.06	15.63	13.85	14.77
航空航天技术	0.65	0.69	0.63	0.60	0.73

续表

技术领域	2013年	2014年	2015年	2016年	2017年
新能源及节能技术	6.46	5.82	5.41	4.86	10.62
资源与环境技术	5.04	5.08	5.45	5.32	4.97
高新技术改造传统产业	28.58	27.47	27.04	24.65	4.86
高技术服务业	5.15	4.73	5.36	9.55	25.33

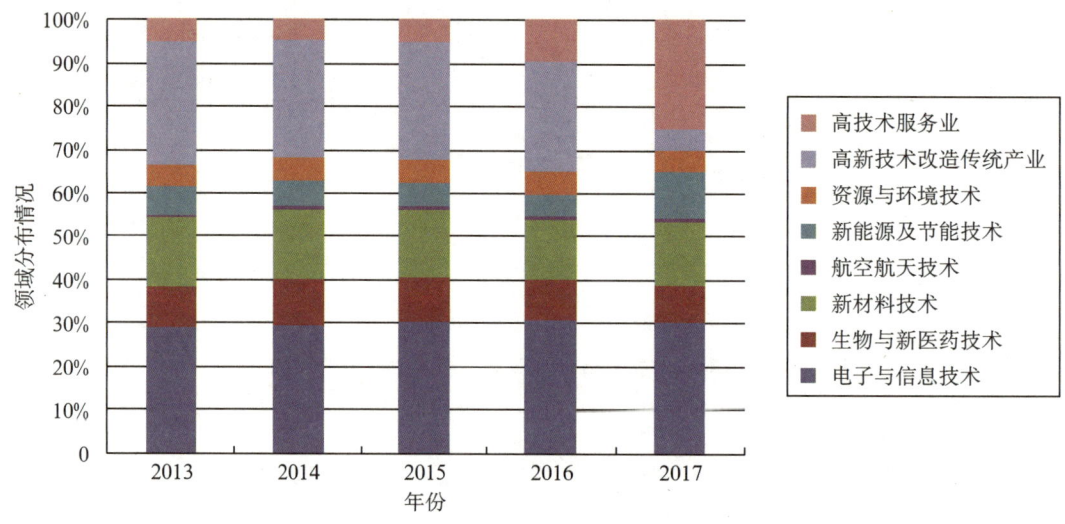

图 1-8　2013—2017 年新认定高新技术企业的技术领域分布

4. 广东、北京、深圳和江苏 4 个地区新认定高新技术企业数量遥遥领先

表 1-7 显示，2017 年高新技术企业认定通过数量最多的地区是广东省，超过 1 万家，紧随其后的是北京市，认定通过了 8747 家企业，深圳市排名第三，有 5256 家，江苏省排名第四，有 4628 家，这 4 个地区新认定高新技术企业数量远多于其他地区；加上浙江省、上海市，上述 6 个地区新认定高新技术企业占比达 60.55%。这几个地区也是国内经济发达、科技创新能力较高的地区，因此，新认定高新技术企业的数量多少，与该地区的经济增长、科技创新能力高低有很大关系。

从时间变化角度看，部分地区每年认定通过的高新技术企业数量是逐年递增的，如北京市、天津市、河北省、广东省、厦门市、青岛市、深圳市等地区。2016 年新的认定办法实施后，广东省、北京市和深圳市认定通过的高新技术企业数量增加幅度尤为明显，广东省在 2017 年认定通过了 11958 家高新技术企业；而河北省、山西省、山东省、辽宁省等地 2017 年认定通过的高新技术企业数量也成倍增加。

另外一些地区，包括上海市、陕西省、宁波市等，在 2015 年之前认定的高新技术企业数量是正增长的，但 2016 年则变为负增长，而在 2017 年重新增长，说明这些地区的高新技术企业认定工作受 2016 年高企认定办法的影响更大。

另外，从全国范围看，国内很多地区每年都有新认定通过的高新技术企业，显示高新技术认定工作在全国各地的执行成效明显。

表 1-7　2013—2017 年每年认定通过的高新技术企业地区分布　　　　单位：家

地区	2013 年	2014 年	2015 年	2016 年	2017 年
北京	2576	4542	5270	6166	8747
天津	453	776	1080	1410	1611
河北	377	562	697	863	1613
山西	135	277	316	416	455
内蒙古	66	72	99	181	252
辽宁	274	355	356	484	918
吉林	84	140	118	132	274
黑龙江	151	316	226	226	477
上海	1441	2543	2089	2306	3247
江苏	2408	3891	4530	4762	4628
浙江	1084	2234	1907	2190	3577
安徽	669	1375	1116	1373	1817
福建	245	408	384	519	727
江西	275	365	455	651	1048
山东	750	1175	1016	1153	2078
河南	309	512	532	621	1115
湖北	830	1180	1307	1819	2243
湖南	475	650	692	870	1591
广东	1237	1930	2413	7475	11 958
广西	161	196	284	350	570
海南	42	64	63	74	132
重庆	266	261	420	762	833
四川	717	1062	934	1141	1497
贵州	77	132	173	173	347
云南	231	305	382	408	450
西藏	5	13	5	5	17
陕西	374	623	612	594	1003
甘肃	63	134	123	180	310
青海	21	39	43	48	53
宁夏	16	27	19	31	45
新疆	105	132	187	146	207
大连	152	202	203	242	379
青岛	241	613	358	405	716
宁波	163	346	494	386	546
厦门	185	348	436	565	1053
深圳	1279	2063	2183	3791	5256

（二）2016年新认定办法对企业技术创新能力的引导作用明显提高

2016年之后新认定高新技术企业的知识产权含金量大幅提高，主要体现在如下3个方面。

1. 新认定高新技术企业拥有发明专利数量大幅增加

表1-8显示了2013—2017年新认定高新技术企业拥有的知识产权种类组成。在新认定高新技术企业所拥有的知识产权中，实用新型专利最多，其次是软件著作权，不过2016年之后，发明专利数量显著增加，由2016年的47 881件增加到2017年的136 990，占全部知识产权总数的比例也从2016年的10.86%提高到2017年的16.55%，实用新型专利占比也首次低于50%。这充分显示2016年新认定办法下认定的高新技术企业知识产权的含金量显著提高。

2. 新认定高新技术企业户均拥有发明专利数量增加

2016年新认定办法出台后，新认定高新技术企业户均拥有发明专利数量增加，2015年是1.45件，2016年是1.12件，而2017年则高达2.22件。

3. 集成电路布图设计等其他知识产权数量大增

2008年高企认定办法规定的知识产权包括专利、软件著作权、集成电路布图设计、植物新品种。表1-8显示，2017年新认定通过的高新技术企业拥有的集成电路布图设计数量提升很大，达2554件，远高于2015和2016年的902件和817件。植物新品种也呈现类似特点。

表1-8 2013—2017年新认定高新技术企业的知识产权构成　　　　单位：件

知识产权类型	2013年	2014年	2015年	2016年	2017年
发明专利	16 763	93 887	44 667	47 881	136 990
实用新型	106 035	263 376	225 858	226 510	363 261
外观设计	16 087	41 179	34 570	17 944	35 119
软件著作权	44 414	101 652	96 896	141 919	276 734
集成电路布图设计专有权	417	2063	902	817	2554
植物新品种	177	439	269	309	707
国际级农作物新品种	—	—	—	84	149
国家新药	—	—	—	343	1441
国际一级中药保护品种	—	—	—	2	7
国防专利	—	—	—	5029	9682
其他	5303	9043	6545	18	854

三、小结

①高新技术企业在我国呈现高速发展态势，尤其是2016年新的认定管理办法出台之后，高新技术企业数量增加明显，企业数量由2013年的近6万家增长到2017年的13万多家；其中，广东、北京、江苏和深圳成为国内高新技术企业数量较多的地区。

② 高新技术企业以中小规模的企业居多。2017年，销售收入5000万元以下的高新技术企业数量最多，超过了全部高企的50%。高新技术企业主要分布在电子信息、光机电一体化、生物医药和新材料等技术领域，其中数量最多的是电子信息技术领域，2017年达到34.07%。

③ 新认定通过的高新技术企业中，销售收入5000万元以下的企业最多，接近70%；电子与信息技术领域的高新技术企业数量最多，基本维持在30%的比例；广东、北京、深圳和江苏4个地区新认定高新技术企业数量遥遥领先。

④ 2016年出台的高新技术企业认定管理办法对企业技术创新能力的引导作用明显提高。新认定高新技术企业拥有发明专利数量大幅增加，户均拥有发明专利数由2016年的1.12件提升到2017年的2.22件。

第二章
高新技术企业的创新投入

科技型企业，特别是科技型中小企业是我国创新主体的重要组成部分，也是创新政策最关注的群体。2016 年修订的《高新技术企业认定管理办法》强化了对中小企业的支持力度，对企业创新投入的要求也给予了差别对待。其中对最近一年销售收入小于 5000 万元（含）的企业研发强度标准从不低于 6% 调整为 5%（企业近 3 个会计年度研究开发费用总额占同期销售收入总额的比例）。

本章除了考察高新技术企业的研发强度，还对其人力资源投入、研发项目及研发活动组织等创新投入进行分析，了解我国高新技术企业创新投入的总体趋势，特别是相关认定办法修订前后企业创新投入的变化。

一、高新技术企业的科技人力资源

科技人力资源是创新活动的核心，是指实际从事或有潜力从事系统性科学和技术知识的产生、发展、传播和应用活动的人力资源。《高新技术企业认定管理工作指引》将企业科技人员定义为：直接从事研发和相关技术创新活动，以及专门从事上述活动的管理和提供直接技术服务的，累计实际工作时间在 183 d 以上的人员，包括在职、兼职和临时聘用人员。

据此定义，科技人力资源既包括实际从事科技活动的劳动力，也包括可能从事科技活动的劳动力。本节主要对高新技术企业从事科技活动人员、研究开发人员（R&D 人员）数量与内部结构进行分析。

2017 年，全国高新技术企业从事科技活动人员 658.68 万人，是 2013 年的 1.430 倍；R&D 人员从 2013 年的 266.11 万人增长到 2017 年的 413.39 万人，占全国和企业的比重分别从 2013 年的 53.03% 和 71.68% 增长到 2016 年的 59.94% 和 80.69%。数据显示，高新技术企业从事科技活动人员、R&D 人员及从业人员数均保持持续增长，增速整体上高于企业 R&D 人员和从业人员增速。这不仅说明我国企业创新主体地位在不断加强，更说明高新技术企业集聚研发人员的能力不断提高。2016 年新办法实施后，小企业门槛有所降低，高新技术企业的规模迅速扩大，从而推高了高新技术企业科技活动人员、研发人员的数量（表 2-1）。

表 2-1 2013—2017 年高新技术企业人力资源总体情况 单位：万人

指标	年度	全国高新技术企业	企业	全国
从事科技活动人员	2013	460.65	—	—
	2014	485.06	—	—
	2015	525.54	—	—
	2016	584.34	—	—
	2017	658.68	—	—
R&D 人员	2013	266.11	371.24	501.82
	2014	279.34	398.16	535.15
	2015	296.52	401.79	548.25
	2016	349.48	433.12	583.07
	2017	413.39	—	—
年末从业人员	2013	1810.20	67 642	76 977
	2014	1914.84	66 669	77 253
	2015	2045.24	65 769	77 451
	2016	2360.67	64 741	77 603
	2017	2735.48	—	77 640

注：①全国、企业 R&D 人员数来自《中国科技统计年鉴》；
②年末从业人数来自《中国统计年鉴》，其中企业从业人员为就业人数减个体就业人数。

（一）从业人员状况

全国高新技术企业的从业人员持续增加，年末从业人数从 2013 年的 1810.20 万人增长到 2017 年的 2735.48 万人，增长了 51.11%。此外，高新技术企业相对一般企业而言更加重视从业人员素质，对高学历人才的吸引能力更大，其中本科生增长最快，大专以上从业人员比例稳中有升；本科生和硕士生占比增长明显，分别从 2013 年的 22.50% 和 3.83% 增长到 2017 年的 23.95% 和 4.22%。上述分析说明，高新技术企业从业人员中高学历人才比重稳步增加（图 2-1）。

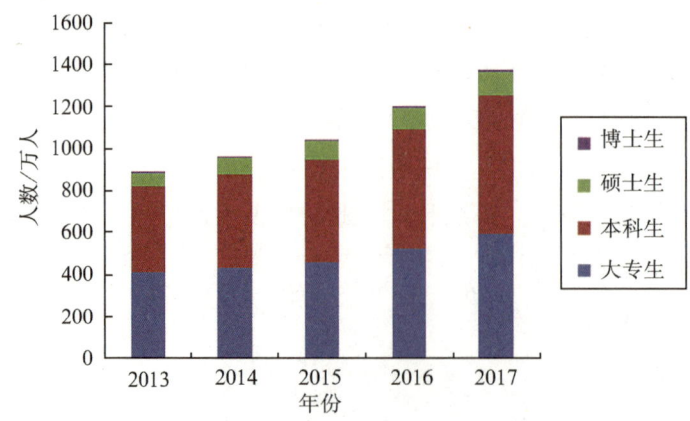

图 2-1 2013—2017 年高新技术企业对高学历人才吸引力增强

此外，高新技术企业对海外归国人员和海外人才的吸引力明显增强。年末归国留学人员、引进外籍专家及外籍常住人员数均有较大幅增长。年末留学归国人员从2013年的8.43万人增长到2017年的10.36万人，其中主要是在年营业收入2亿元以上的大型高企就业，但是大型高企吸引留学归国人员的比例呈现下降趋势，从2013年的88.55%下降到2017年的87.85%；大型高企年末引进外籍专家、外籍常住人员占比也呈现了不同程度的下降。上述分析说明，中小企业对海外人才的吸引能力在逐步增强。

（二）科技人员

高新技术企业集聚了较多的科技人员，2013年以来我国高新技术企业科技人员数量持续快速增加，科技人员的素质也大幅提高。

1. 科技活动人员的变化趋势

近年来，高新技术企业对科技人员的吸引力不断提高，2013—2017年，全国高新技术企业中从事科技活动的人员从460.65万人增长到658.68万人；但高新技术企业平均科技活动人员数、科技活动人员占比两个指标均出现连续下降，2017年，户均科技人员仅为50人，远低于早期水平，而科技活动人员占比略有下降。主要原因在于，中小型高企数量占比逐年上升拉低户均科技活动人员数，企业成长拉低科技活动人员占比（表2-2）。

表2-2　2013—2017年高新技术企业科技活动人员变化趋势

年度	科技人员数（万人）	户均科技活动人员数（人）	科技活动人员占比（%）
2013	460.65	84	25.45
2014	485.06	78	25.33
2015	525.54	69	25.70
2016	584.34	58	24.75
2017	658.68	50	24.08

户均科技活动人员数持续下降，特别是2016年新办法实施以来，户均科技活动人员数下降幅度加大，按照新办法认定的高新技术企业户均科技活动人员数分别为40人和49人，远低于同年按照旧办法认定的72人和57人。主要原因是新办法下认定的中小规模的高新技术企业数量及占比快速增长。

2. 科技活动人员的规模分布

不同规模的企业，科技活动人员数量及其占比明显不同，通常情况下规模越大的企业科技活动人员越多。

以2017年为例，年销售收入5000万元以下的高新技术企业户均科技活动人员16人，年销售收入5000万（含）~2亿元的高新技术企业户均科技活动人员为42人；年销售收入2亿元（含）以上的高新技术企业户均有科技活动人员186人，远远高于规模小的高新技术企业。从科技活动人员的变化趋势看，不同规模高新技术企业户均科技活动人员数量都在下降（表2-3）。

表 2-3 2013—2017 年高新技术企业户均科技活动人员的规模分布 单位：人

规模分布	2013 年	2014 年	2015 年	2016 年	2017 年
5000 万元以下	23	21	20	18	16
5000 万（含）～ 2 亿元	56	52	50	46	42
2 亿元（含）以上	226	220	214	198	186

但从科技活动人员占从业人员比重看，规模越小的高新技术企业科技活动人员占比越高。2013 年以来，年销售收入 5000 万元以下的高新技术企业科技活动人员占从业人员比重均维持在 35% 上下，而年销售收入 2 亿元（含）以上的高新技术企业通常要低 11 ～ 12 个百分点，年销售收入 5000 万（含）～ 2 亿元的高新技术企业居中，但更接近规模大的企业。从趋势看，年销售收入 5000 万元以上的高新技术企业科技活动人员比重存在不同程度的持续下降，其中年销售收入 5000 万元到 2 亿元的高新技术企业下降幅度较大，从 2013 年的 27.23% 下降到 2017 年的 23.86%（图 2-2）。

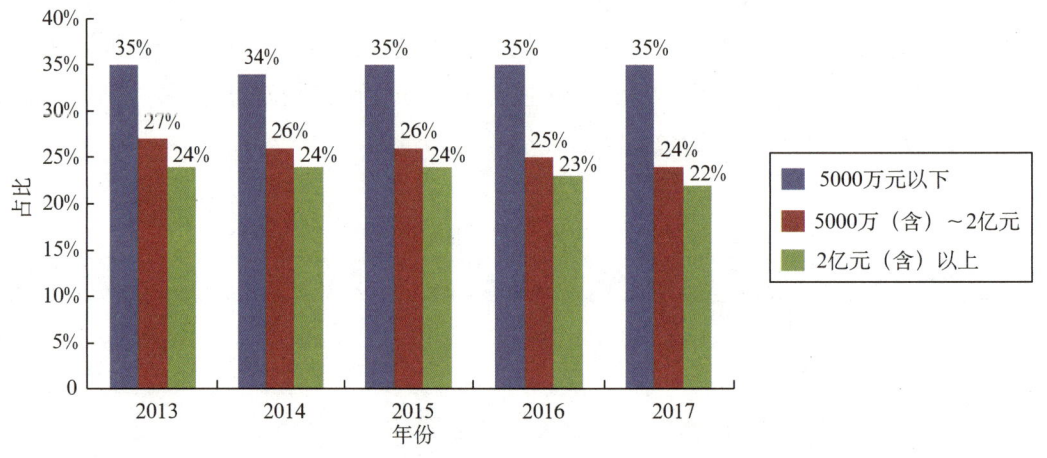

图 2-2 2013—2017 年高新技术企业科技活动人员占比的规模分布

2016 年高企新办法实施以来，按照新办法认定的高新技术企业科技人员数及占全部从业人员比例整体上有所下降，但是 2017 年按照新办法认定的高新技术企业不低于按照旧办法认定的企业，其中销售收入 2 亿元以上的大企业高于同规模按照旧办法认定的企业。

（三）研发（R&D）人员

高新技术企业的研究开发人员是指直接从事 R&D 活动的人员及直接为 R&D 活动提供服务的人员，主要包括研究人员、技术人员和辅助人员三类①。

---

① 《科技统计年鉴》中，R&D 人员是单位内部从事基础研究、应用研究和试验发展三类活动的人员。包括直接参加上述三类项目活动的人员以及三类项目的管理人员和直接服务人员。为研发活动提供直接服务的人员包括直接为研发活动提供资料文献、材料供应、设备维护等服务的人员。该定义与高新技术企业认定工作中的研究人员定义有所出入，但范畴接近，因此在作比较过程中不加以区分。

1. R&D 人员变化趋势

2013—2017年，高新技术企业R&D人员总量持续快速增加，从266.11万人增加到413.39万人，其中2016年出现较大增幅。但是户均R&D人员数却持续下降，从2013年的49人下降至2017年的32人。2016年和2017年，按照新办法认定的高新技术企业户均R&D人员分别为22人和31人，但当年按照旧办法认定高新技术企业户均R&D人员数则为44人和35人。虽然高新技术企业户均R&D人员持续下降，但是R&D人员占比稳中有升，显示高新技术企业的人力资源构成整体上处于逐步改善的阶段（表2-4）。

表2-4　2013—2017年高新技术企业R&D人员变化趋势

年度	R&D人员数（万人）	户均R&D人员数（人）	R&D活动人员占比（%）
2013	266.11	49	14.70
2014	279.34	45	14.59
2015	296.52	39	14.50
2016	349.48	35	14.80
2017	413.39	32	15.11

2. R&D 人员规模分布

不同销售收入的高新技术企业的R&D人员数、户均R&D人员数及R&D人员占比有较大差别。与科技活动人员的规模分布类似，规模越大的高新技术企业户均R&D人员越多，但R&D人员占比随规模增加下降的特征并不明显。

年销售收入5000万元以下的高新技术企业户均R&D人员低于10人，约为年销售收入5000万（含）~2亿元高新技术企业的1/3；年销售收入2亿元（含）以上的高新技术企业户均R&D人员超过100人，2013年则高达143人，远高于规模较小的高新技术企业。2013年以来，不同规模高新技术企业户均R&D人员数量均表现为不同程度的下降（表2-5）。

表2-5　2013—2017年高新技术企业R&D人员规模分布　　　　　　　　　　　单位：人

	2013年	2014年	2015年	2016年	2017年
5000万元以下	9	9	8	8	7
5000万（含）~2亿元	28	27	25	24	24
2亿元（含）以上	143	137	133	132	130

高新技术企业R&D人员占比主要与高新技术企业规模相关，2013—2017年，不同规模高新技术企业R&D人员占比均呈现"V"形分布，年销售收入5000万元（含）~2亿元的企业R&D人员占比最低，年销售收入5000万元以下的高新技术企业R&D占比随着时间推移逐步提高，到2017年已经高于年销售收入2亿元（含）以上的高新技术企业（图2-3）。

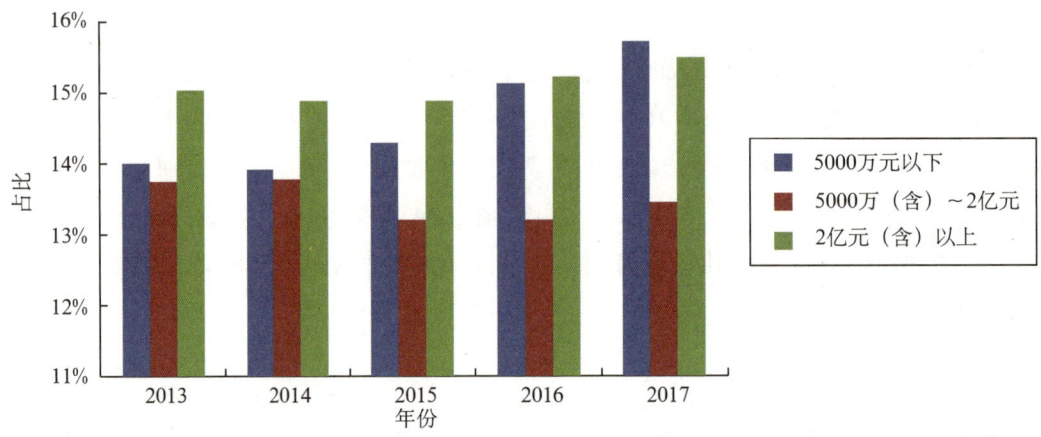

图 2-3　2013—2017 年高新技术企业 R&D 占比的规模分布

（四）不同技术领域高新技术企业的科技人力资源分布

1. 科技活动人员分布

不同技术领域集聚科技活动人员的能力有较大差别：航空航天，地球、空间、海洋工程与核应用技术 3 个领域科技活动人员最集中。其中航空航天领域的高新技术企业户均拥有 200 名左右科技活动人员，而且航空航天领域的高新技术企业中科技活动人员占全体从业人员的比重也明显高于其他技术领域。但是地球、空间、海洋工程与核应用技术领域的高新技术企业科技活动人员占从业人员的比重并不比其他技术领域高。例如，2017 年电子信息技术领域高新技术企业户均 51 名科技活动人员，但科技活动人员占年末从业人员比重为 31.73%，而地球、空间、海洋工程只有 18.44%，核应用技术领域也不到 30%（表 2-6）。

表 2-6　2013—2017 年不同技术领域高新技术企业科技活动人员情况

	2013 年		2014 年		2015 年		2016 年		2017 年	
	户均(人/户)	占比(%)	户均(人/户)	占比(%)	户均(人/户)	占比(%)	户均(人/户)	占比(%)	户均(人/户)	占比(%)
电子信息技术（新一代信息技术）	85	30.54	80	30.36	71	32.06	60	31.95	51	31.73
生物、医药技术	75	23.81	69	22.25	59	22.25	51	21.42	44	21.67
新材料	82	22.82	72	22.57	62	22.13	53	20.28	47	18.84
光机电一体化	76	24.46	70	24.85	60	25.03	49	23.51	41	22.20
新能源及节能技术	77	22.91	69	22.98	64	22.92	57	22.11	52	20.92
环境保护	48	25.44	43	25.75	40	26.23	33	24.42	30	23.39
航空航天	221	30.94	216	31.03	223	34.85	211	34.98	177	35.60
地球、空间、海洋工程	181	24.31	191	21.49	185	18.23	141	19.26	125	18.44
核应用技术	142	28.78	147	28.03	119	31.67	85	29.06	62	27.49
其他高技术	113	23.60	103	23.78	92	23.22	78	21.95	71	21.68

2. R&D 人员分布

与科技活动人员的技术领域分布类似，航空航天，地球、空间、海洋工程与核应用技术 3 个领域的高新技术企业吸引 R&D 人员的能力更强，说明这些行业属于高科技人力资源密集的行业。其中航空航天类高新技术企业户均 R&D 人员数超过 100 人，R&D 人员占从业人员比重也最高（表 2-7）。

表 2-7 2013—2017 年不同技术领域高新技术企业户均 R&D 人员及其占比

	2013 年		2014 年		2015 年		2016 年		2017 年	
	户均（人/户）	占比（%）	户均（人/户）	占比（%）	户均（人/户）	占比（%）	户均（人/户）	占比（%）	户均（人/户）	占比（%）
电子信息技术*	39	13.95	37	14.24	33	14.71	30	16.03	28	17.34
生物、医药技术	52	16.54	46	14.93	41	15.32	36	15.15	32	15.57
新材料	53	14.64	47	14.55	39	13.86	35	13.40	32	12.99
光机电一体化	48	15.56	45	16.15	37	15.55	32	15.36	28	15.27
新能源及节能技术	46	13.66	40	13.39	38	13.74	36	14.08	34	13.83
环境保护	27	14.32	25	15.07	23	15.30	20	14.71	19	14.34
航空航天	149	20.84	130	18.66	145	22.61	151	25.10	120	24.04
地球、空间、海洋工程	114	15.24	118	13.28	112	11.04	105	14.30	82	12.05
核应用技术	79	15.88	93	17.66	80	21.48	29	9.92	42	18.37
其他高技术	65	13.73	58	13.34	52	13.20	48	13.33	44	13.63

* 2013—2015 年为"新一代信息技术"，下同。

二、高新技术企业的科技和研发经费

近年来，我国企业执行 R&D 经费比例逐年提高，高新技术企业执行的 R&D 经费占其中较大比重。数据显示，2016 年全国企业 R&D 经费内部支出及其占比分别从 2013 年的 9075.85 亿元和 76.60% 增长到 12 143.96 亿元和 77.46%；同期全国高新技术企业 R&D 内部支出从 5401.05 亿元增长至 7806.05 亿元。2017 年全国高新技术企业 R&D 内部支出则达到 9279.49 亿元，占全国企业 R&D 经费内部支出的比例从 2013 年的 59.51% 增长到 2016 年的 64.28%，占全国 R&D 经费内部支出的比例也从 45.59% 增长到 49.79%（表 2-8）。

表 2-8 2013—2017 年高新技术企业与全国范围 R&D 经费内部支出比较　　　　单位：亿元

年度	全国高新技术企业	全国企业	全社会
2013	5401.05	9075.85	11 846.60
2014	5809.00	10 060.60	13 015.60
2015	6304.04	10 881.35	14 169.88
2016	7806.05	12 143.96	15 676.75
2017	9279.49	—	—

注：全社会、全国企业数据来自《中国科技统计年鉴》。

（一）科技活动经费支出

从执行角度看，高新技术企业的科技活动经费包括企业内部开展科技活动的经费支出和委托外单位开展科技活动的经费支出；按经费来源划分，高新技术企业内部开展的科技活动经费支出包括政府经费和非政府经费两部分。我国高新技术企业委托外单位开展科技活动经费支出所占比重较小，企业内部开展的科技活动经费中来自政府的经费比重也较低。

1. 科技活动经费变化趋势

2013年以来，高新技术企业科技活动经费内部支出连续增长，但增速有所下降。到2017年达到15 481.16亿元，是2013年的1.76倍。高新技术企业平均科技活动经费内部支出下降明显，从2013年的1606.03万元下降至2017年的1185.10万元；但是企业科技活动人员的人均科技活动经费内部支出持续增长，从2013年的19.07万元／人增加到2017年的23.50万元／人（表2-9）。

表2-9 2013—2017年高新技术企业科技活动经费支出趋势

年度	科技活动经费支出（亿元）	户均科技活动经费支出（万元）	人均科技活动经费支出*（万元／人）
2013	8782.27	1606.03	19.07
2014	10 014.56	1600.90	20.65
2015	10 869.17	1427.51	20.68
2016	12 643.07	1264.16	21.64
2017	15 481.16	1185.10	23.50

*人均科技活动经费支出为企业科技活动经费支出与科技活动人员之比。

相比旧办法，新办法实施主要对2016年高新技术企业科技活动经费内部支出有较大影响。当年按照新办法认定的高新技术企业户均科技活动经费内部支出为795.16万元，同年其他高新技术企业户均科技活动经费内部支出为1593.56万元，约为新办法下认定高新技术企业的2倍；2017年，按照新办法认定的高新技术企业户均科技活动经费内部支出为1166.11万元，同年其他高新技术企业户均科技活动经费内部支出为1249.54万元，差距明显缩小。相对于户均科技活动经费内部支出，按照新办法认定的高新技术企业的人均科技活动经费内部支出与按照老办法认定的高新技术企业之间差距较小，其中2017年新办法认定高新技术企业的人均科技活动经费内部支出为人均24.01万元，高于旧办法认定高新技术企业的22.03万元。

2. 科技活动经费的结构

高新技术企业主要以企业内部科技活动经费支出为主，委托外单位开展的科技活动经费占比较低。委托外单位开展科技活动经费支出从2013年的614.10亿元增加到2017年的1317.67亿元，其中2016年、2017年委托外单位开展科技活动经费支出占全部科技活动经费支出的比重分别为7.2%和7.3%；户均委托外单位开展科技活动的经费支出从2013年的112.30万元下降到2017年的100.87万元，期间经历了2014年、2015年的小幅增长。

政府资金在支持高新技术企业的科技活动方面也起到了重要作用，主要形式是高新技术企业承担国家和地方科技项目。统计显示，2013 年以来高新技术企业承担地方科技计划项目总数有所增加，从 2013 年的 22 449 项提高到 2017 年的 27 052 项，但户均承担数逐年下降，这与高新技术企业数量快速增长有一定关系（表 2-10）。

表 2-10 2013—2017 年政府对高新技术企业创新支持　　　　　　　　　　单位：个

	国家科技项目数	户均	地方科技项目数	户均
2013 年	11 488	0.56	22 449	0.41
2014 年	11 679	0.50	23 558	0.38
2015 年	11 885	0.45	27 483	0.36
2016 年	10 414	0.36	27 005	0.27
2017 年	11 047	0.30	27 052	0.21

3. 科技活动经费的规模分布

不同规模的高新技术企业，科技活动经费支出存在差异。一般情况下，企业科技活动经费支出会随着企业规模增加而增加，2013 年以来，高新技术企业户均及科技活动人员平均科技活动经费是随着企业规模增加而增加的。

（1）企业平均科技活动经费的规模分布

高新技术企业户均科技活动经费内部支出随着企业规模增加而增加。2017 年，年销售收入 2 亿元（含）以上的高新技术企业科技活动经费内部支出户均达到 5446.44 万元，是年销售收入 5000 万元以下高新技术企业的 27 倍多，是年销收入 5000 万（含）～ 2 亿元高新技术企业的 8 倍多（表 2-11）。

表 2-11 2013—2017 年高新技术企业户均科技活动经费支出规模分布　　　　单位：万元

年度	2013	2014	2015	2016	2017
5000 万元以下	267.31	270.46	225.40	216.44	199.19
5000 万（含）～ 2 亿元	723.73	729.18	701.33	673.30	671.23
2 亿元（含）以上	5012.69	5285.33	5334.99	5258.63	5446.44

按照 2016 年新办法认定的高新技术企业整体上户均科技活动经费内部支出较低，这也是 2016 和 2017 年中小规模高新技术企业科技活动经费内部支出户均水平下降较多的一个原因。例如，年销售收入 5000 万元以下的高新技术企业科技活动经费内部支出户均为 186.55 万元，同年相同规模的其他高新技术企业户均 243.13 万元。但是 2017 年，按照新办法认定的高新技术企业户均科技活动经费内部支出增长较快，年销售收入 2 亿元以上的高新技术企业户均科技活动经费为 5740.93 万元，同年同规模的其他高新技术企业户均则为 4680.22 万元。

（2）人均科技活动经费的规模分布

2013 年以来，人均科技活动经费内部支出随着高新技术企业规模提高而增加，其中年销售收入 2 亿元（含）以上的高新技术企业的科技活动人员人均科技活动经费最高，接近 30 万元（图 2-4）。

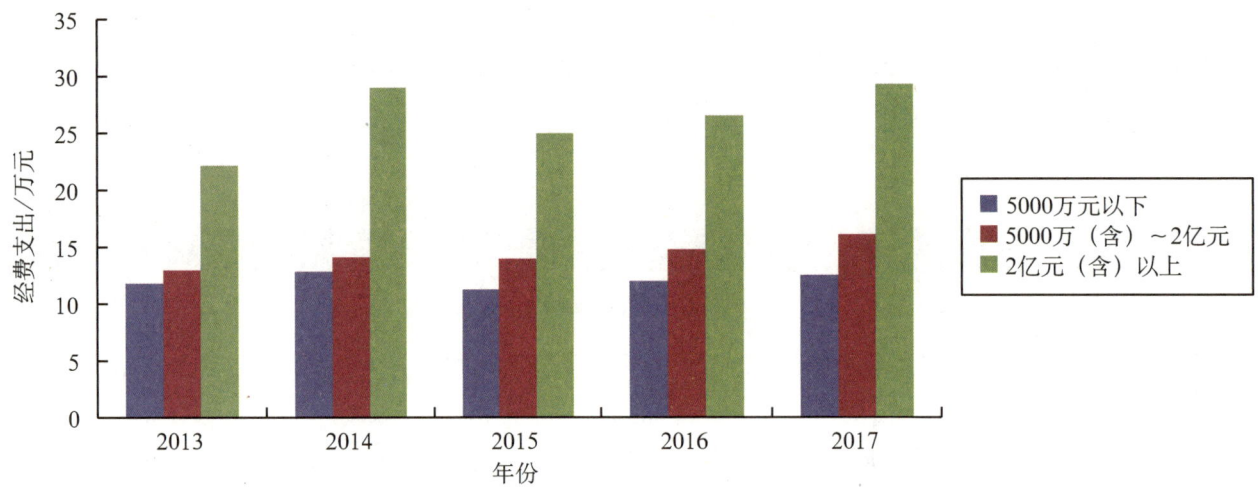

图 2-4　2013—2017 年不同规模高新技术企业人均科技活动经费支出

4. 科技活动经费结构

委托研发是企业创新的重要手段之一，但是高新技术企业委托研发比重并不高。2016 和 2017 年[①]，高新技术企业委托外单位开展的科技活动经费支出占全部支出的比重分别为 7.33% 和 7.32%；但是当年按照新办法认定的高新技术企业委托外单位开展的科技活动经费支出比重分别为 5.74% 和 8.02%，其中，按照新办法认定的高新技术企业中，年销售收入 2 亿元以上的企业委托外单位开展的科技活动经费支出占比提高较多，从 2016 年的 6.48% 提高到 2017 年的 9.12%（表 2-12）。

表 2-12　2016—2017 年高新技术企业委托外单位开展科技活动经费支出规模分布　　单位：%

年度	2016	按新办法认定	2017	按新办法认定
5000 万元以下	4.02	4.10	4.45	4.70
5000 万（含）~2 亿元	4.39	4.30	3.73	3.80
2 亿元（含）以上	8.23	6.48	8.28	9.12
全部	7.33	5.74	7.32	8.02

高新技术企业科技活动经费中，政府资金占比不高；但不同规模企业使用政府资金开展科技活动的情况有所不同，规模较小的高新技术企业政府资金使用比重略高。2016 和 2017 年，年销售收入 5000 万元以下的高新技术企业政府资金占科技活动经费的比重分别为 4.80% 和 4.37%，高于其他规模的高新技术企业科技活动经费中政府资金的比重。整体上，按照新办法认定的高新技术企业科技活动经费中来自政府的资金比重呈现下降趋势，2017 年比 2016 年下降较多（表 2-13）。

---

① 2013—2015 年，统计数据中无相关数据。

表 2-13　2016—2017 年不同规模高新技术企业内部开展科技活动经费中政府资金比重　　单位：%

年度	2016	新办法认定	2017	新办法认定
5000 万元以下	4.80	4.44	4.37	4.25
5000 万（含）～2 亿元	4.43	2.66	3.38	3.41
2 亿元（含）以上	4.25	4.69	3.90	3.97
全部	4.33	4.29	3.88	3.93

（二）R&D 经费内部支出

1. R&D 经费内部支出变化趋势

2013—2017 年，高新技术企业 R&D 经费内部支出增长迅速，从 2013 年 5401.05 亿元增长到 2017 年的 9279.49 亿元，年均增长 14.49%。不过，户均 R&D 经费内部支出逐年下降，从 2013 年的 987.70 万元下降至 2017 年的 710.35 万元；但人均 R&D 经费内部支出逐步增加，从 2013 年的 20.30 万元增长到 2017 年的 22.45 万元（表 2-14）。高新技术企业数量的大幅增加，特别是新办法实施以来中小企业数量的增加，是这一特征的主要影响因素。

表 2-14　2013—2017 年高新技术企业 R&D 经费内部支出情况

年度	2013	2014	2015	2016	2016 新认定高企	2017	2017 新认定高企
总额（亿元）	5401.05	5809.00	6304.04	7806.05	1966.28	9279.49	7039.38
户均（万元）	987.70	928.61	827.94	780.51	476.52	710.35	697.67
人均（万元）	20.30	20.80	21.26	22.34	21.50	22.45	22.85

如表 2-14 所示，2016—2017 年按照新办法认定的高新技术企业户均 R&D 经费内部支出均低于按照旧办法认定的高新技术企业；但是 2017 年按照新办法认定的高新技术企业，其人均 R&D 经费内部支出高于按照旧办法认定的高新技术企业，这也符合高新技术企业高成长的特征。

2. R&D 经费内部支出的规模分布

不同规模高新技术企业的 R&D 经费内部支出也有所不同。一般情况下，企业的规模越大，R&D 经费内部支出越高。年销售收入 2 亿元以上的高新技术企业占全国高新技术企业 R&D 经费内部支出的大部分，2013—2017 年占比均高于 80%，2016 年新办法实施后，下降趋势更明显。

（1）企业户均 R&D 经费内部支出的规模分布

企业户均 R&D 经费支出的规模分布显示，年销售收入 2 亿元以上高新技术企业的平均 R&D 经费内部支出增长明显，从 2013 年的 3283.97 万元，增长至 2017 年的 3469.04 万元。规模较小的高新技术企业均经历了先增后减的过程，特别是年销售收入 5000 万元以下的高新技术企业，在 2014 年达到 121.47 万元／户之后持续下降至 2017 年的 83.23 万元／户。

2016—2017 年按照新办法认定的高新技术企业户均 R&D 经费支出整体上低于当年按照老办法认

定的高新技术企业，主要原因在于新办法降低了较小规模企业的经费支出门槛，规模较小的企业占比较多。但是我们也发现，按照新办法认定的2017年销售收入超过2亿元的企业户均R&D经费内部支出较按照老办法认定的企业高，主要原因在于企业自身发展及企业构成变化，数据显示2017年按照新办法认定的企业中有接近40%的企业是旧办法到期后按照新办法认定的老高企（表2-15）。

表2-15　2013—2017年不同规模高新技术企业户均R&D经费内部支出　　　单位：万元

年度	2013	2014	2015	2016	2016新办法	2017	2017新办法
5000万元以下	107.86	121.47	93.96	88.10	79.36	82.23	79.83
5000万（含）~2亿元	358.63	368.13	343.36	357.01	315.52	352.61	349.57
2亿元（含）以上	3283.97	3202.39	3267.53	3466.76	2748.49	3469.04	3652.56
全部	987.70	928.61	827.94	780.51	476.52	710.35	697.67

（2）人均R&D经费内部支出的规模分布

由表2-16所示，总体上高新技术企业R&D人员的平均R&D经费内部支出随着企业规模的增加而增加；唯一例外是2014年，年销售收入5000万元以下的企业略高于年销售收入5000万（含）~2亿元的高新技术企业。

表2-16　2013—2017年人均R&D经费内部支出　　　单位：万元

年度	2013	2014	2015	2016	2016新办法	2017	2017新办法
5000万元以下	11.74	13.89	11.48	11.15	11.14	11.33	11.35
5000万（含）~2亿元	12.67	13.66	13.65	14.71	15.16	14.99	15.12
2亿元（含）以上	23.04	23.37	24.63	26.34	27.62	26.60	27.19
全部	20.30	20.80	21.26	22.34	21.50	22.45	22.85

按照新办法认定的高新技术企业人均R&D经费内部支出较高，除2016年年销售收入5000万元以下的企业人均R&D经费内部支出较低，其他规模的企业均高于同等规模下按旧办法认定的企业。

（三）不同技术领域高新技术企业的经费投入分布

1. 科技活动经费投入情况

不同技术领域的高企户均科技活动经费投入具有较大差异，整体上呈现逐年下降趋势。2017年，户均科技活动经费最高的是航空航天领域的高新技术企业，平均每户超过5000万元，环境保护领域的高新技术企业户均仅有672.28万元。

科技活动人员人均科技活动经费同样存在技术领域的差异,航空航天领域的高新技术企业科技活动人员人均科技活动经费超过30万元,其中2015年达到41.13万元,其他领域的高新技术企业大部分在20万元/人的上下浮动(表2-17)。

表2-17 2013—2017年不同技术领域高新技术企业的科技活动经费内部支出

	2013年		2014年		2015年		2016年		2017年	
	户均支出(万元/户)	人均经费(万元/人)	户均支出(万元/户)	人均经费(万元/人)	户均支出(万元/户)	人均经费(万元/人)	户均支出(万元/户)	人均经费(万元/人)	户均支出(万元/户)	人均经费(万元/人)
电子信息技术	1596.92	18.77	1671.06	20.93	1464.22	20.48	1339.05	22.27	1165.49	22.98
生物、医药技术	1296.58	17.30	1243.25	18.07	1059.81	17.83	1011.69	19.79	963.36	21.75
新材料	1661.18	20.15	1613.11	22.33	1164.92	18.73	1123.27	21.14	1162.66	24.99
光机电一体化	1225.26	16.15	1298.08	18.55	1015.88	17.01	897.84	18.41	823.13	19.89
新能源及节能技术	1845.78	23.93	1589.86	22.90	1384.87	21.75	1400.26	24.78	1391.68	26.87
环境保护	1082.81	22.35	850.62	19.57	692.09	17.40	623.56	18.67	672.28	22.09
航空航天	5681.54	25.75	6496.45	30.08	9178.22	41.13	6115.60	28.97	5531.01	31.25
地球、空间、海洋工程	3886.22	21.42	4328.27	22.60	4612.21	24.99	2845.50	20.18	2451.68	19.59
核应用技术	2242.13	15.74	2922.85	19.85	2969.92	25.03	1485.38	17.56	1369.95	21.99
其他高技术	2283.50	20.29	2110.01	20.56	1882.38	20.48	1790.02	22.87	1803.57	25.52

2. R&D经费内部支出情况

不同技术领域的高企户均R&D经费内部支出具有较大差异,整体上呈现逐年下降趋势。其中航空航天,地球、空间、海洋工程两大技术领域的企业户均R&D经费内部支出规模最大,最高的航空航天技术领域户均超过3000万元,2015年达到4903.18万元/户,其他技术领域的高新技术企业通常不足1000万元/户。

相对而言,不同技术领域高企R&D人员的人均R&D经费内部支出差异相对较小,人均支出最高的技术领域与人均支出最低的技术领域相差不到1倍(表2-18)。

表 2-18　不同技术领域高新技术企业的 R&D 经费内部支出

	2013 年		2014 年		2015 年		2016 年		2017 年	
	户均（万元/户）	人均（万元/人）	户均（万元/户）	人均（万元/人）	户均（万元/户）	人均（万元/人）	户均（万元/户）	人均（万元/人）	户均（万元/户）	人均（万元/人）
电子信息技术（新一代信息技术）	851.95	21.93	895.14	23.91	795.95	24.27	741.00	24.57	647.67	23.36
生物、医药技术	909.39	17.47	840.30	18.20	770.48	18.82	718.67	19.88	633.54	19.91
新材料	1109.87	20.99	908.25	19.49	753.46	19.34	763.75	21.75	728.85	22.72
光机电一体化	817.97	16.95	840.91	18.49	655.56	17.66	590.04	18.52	539.17	18.94
新能源及节能技术	1181.12	25.67	955.38	23.63	859.72	22.53	850.28	23.62	830.05	24.25
环境保护	592.05	21.71	517.96	20.35	432.70	18.65	367.04	18.25	365.84	19.59
航空航天	3557.28	23.93	3945.79	30.38	4903.18	33.86	4128.73	27.25	3771.59	31.55
地球、空间、海洋工程	2613.31	22.98	2302.20	19.45	2648.36	23.69	2060.78	19.69	1377.09	16.84
核应用技术	1444.63	18.38	1677.03	18.08	1935.00	24.04	516.47	17.89	782.13	18.79
其他高技术	1373.52	20.98	1161.72	20.19	1122.93	21.49	1122.92	23.63	1068.47	24.04

三、研发投入强度

（一）研发投入强度变化趋势

高新技术企业研发投入高的特征不仅表现在研发投入绝对值高，也表现为高新技术企业的研发投入强度明显高于一般企业。

2017 年全国高新技术企业的研发投入强度就达到 3%，新办法实施以来整体研发强度明显提高。相比之下，全国规模以上工业企业的研发投入强度相比要低得多，统计显示，2016 年全国规模以上工业企业研发投入强度为 0.94%，同期全国高新技术企业的研发投入强度为 3.08%[①]（图 2-5）。

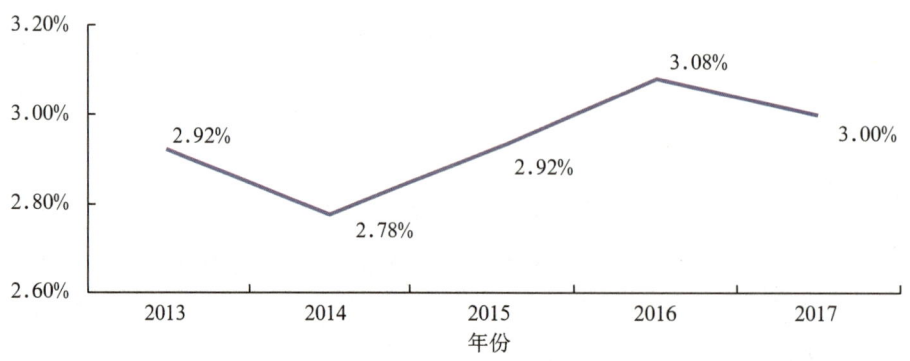

图 2-5　2013—2017 年高新技术企业研发投入强度变化趋势

---

① 高新技术企业及全国规模以上工业企业的研发投入强度均指 R&D 经费内部支出与主营业务收入之比，该数据的核算方法和统计口径与《高新技术企业认定管理办法》中企业近 3 年研发投入强度的口径不一致。

（二）研发投入强度的规模分布

不同规模高新技术企业的研发投入强度具有较大差异，企业认定高新技术企业时，规模越大要求的研发投入强度越低，实际上高新技术企业的研发投入强度规模分布也呈现出同样的特征。统计数据显示，全国高新技术企业的研发投入强度随企业规模增加而降低，2017年年销售收入5000万元以下的高新技术企业平均研发投入强度为5.55%；年销售收入5000万（含）~2亿元的高新技术企业的平均研发投入强度为3.52%；年销售收入2亿元（含）以上的高新技术企业平均研发投入强度为2.83%[①]（表2-19）。

表2-19　2013—2017年不同规模高新技术企业研发投入强度　　　　　　　　　　　单位：%

年度	2013年	2014年	2015年	2016年	2016年新办法	2017年	2017年新办法
5000万元以下	6.08	6.79	5.48	5.52	5.31	5.55	5.55
5000万（含）~2亿元	3.59	3.65	3.41	3.57	3.20	3.52	3.50
2亿元（含）以上	2.77	2.58	2.77	2.92	2.69	2.83	2.95
全部	2.92	2.78	2.92	3.08	2.91	3.00	3.11

（三）不同技术领域高新技术企业的研发投入强度

不同技术领域高企的研发投入强度也存在一定的差异。其中，研发投入强度最高的是航空航天领域的高新技术企业，2017年达到8.55%；其次是核应用技术、电子信息技术，2017年的研发投入强度均超过4%。从时间趋势看，电子信息技术、光机电一体化及生物、医药技术3类技术领域高新技术企业研发投入强度增长较为明显，新能源及节能技术和环境保护两类技术领域的高新技术企业研发投入强度呈现下降趋势（表2-20）。

表2-20　不同技术领域高新技术企业研发投入强度　　　　　　　　　　　　　　　单位：%

	2013年	2014年	2015年	2016年	2017年
电子信息技术（新一代信息技术）	3.43	3.57	3.89	4.15	4.19
生物、医药技术	2.95	2.77	3.00	3.07	3.14
新材料	2.58	2.29	2.36	2.62	2.38
光机电一体化	2.94	3.16	3.17	3.19	3.20
新能源及节能技术	3.02	2.61	2.41	2.53	2.43

---

① 企业认定高新技术企业时，要求"企业研究开发费用占比是企业近3个会计年度的研究开发费用总额占同期销售收入总额的比值"达到一定标准，具体而言是年销售收入5000万元以下、5000万（含）到2亿元和2亿元以上的高新技术企业近3个会计年度的研究开发费用总额占同期销售收入总额的比值分别要达到5%、4%和3%。这一标准与此处的研发投入强度有一定关联，但是并不相等。企业研究开发费用包括R&D经费内部支出及委托外单位开展R&D活动经费支出。表2-19显示，研发投入强度与认定条件的相应标准高度吻合，特别是规模小的企业其研发投入强度高于认定条件规定的5%。

续表

	2013年	2014年	2015年	2016年	2017年
环境保护	2.99	2.77	2.67	2.60	2.28
航空航天	7.75	7.85	8.86	8.26	8.55
地球、空间、海洋工程	1.97	1.50	2.39	3.19	2.19
核应用技术	3.64	2.91	5.42	2.45	4.34
其他高技术	2.52	2.06	2.19	2.34	2.27

四、科技活动组织形式

高新技术企业的创新活动组织方式多种多样，包括自主研发、委托研发和合作研发等，而购买技术也是高新技术企业提高自身创新水平的重要方式之一。

（一）企业办科技机构

高新技术企业开展科研活动，企业设立的科技研发机构起到了重要作用。

1. 企业办科技机构的发展趋势

2013—2017年，高新技术企业办科技机构总量呈现增长态势。2013年，全国高新技术企业办科技机构41 587家，到2017年已达到75 713家；高新技术企业办科技机构的人员从2013年的207.52万人增长到2017年的313.33万人，相应的机构经费支出从4779.82亿元增长到8164.21亿元。不过，由于高新技术企业数量增长迅速，每百家企业办科研机构数从98家下降到58家（表2-21）。

表2-21　2013—2017年高新技术企业办科技机构情况

项目	全国高新技术企业			全国规模以上工业企业		
	机构数（家）	机构人员数（万人）	机构经费支出（亿元）	机构数（家）	机构人员数（万人）	机构经费支出（亿元）
2013年	41 587	207.52	4779.82	51 625	238.8	5941.5
2014年	45 855	221.10	6970.90	57 199	246.4	6257.6
2015年	48 076	224.37	5116.93	62 954	266.8	6793.9
2016年	59 722	263.56	6426.11	72 963	292.4	7664.5
2017年	75 713	313.33	8164.21	—	—	—

数据来源：全国规模以上工业企业数据来源于《中国科技统计年鉴》。

2013—2017年，高新技术企业办科技机构的平均机构人员数呈下降趋势，从2013年的50人减少到2015年的47人，又下降至2017年的41人；企业办科技机构的经费支出表现为先增后减，平均每个科技机构的经费支出从2013年的1149.35万元增长到2014年的1520.20万元，随后又下降到2017

年的 1078.31 万元，但高于 2016 年全国规模以上工业企业机构平均经费支出 1050.46 万元。

2. 企业办科技机构的规模分布

由图 2-6 所示，整体上看规模越大的高新技术企业开办的科技机构数量越多。年销售收入 2 亿元（含）以上的高新技术企业每百家企业开办科技机构超过 100 家，年销售收入 5000 万（含）～ 2 亿元的高新技术企业每百家企业开办科技机构 70 余家，年销售收入 5000 万元以下的高新技术企业每百家企业开办科技机构数在 39 ～ 50。

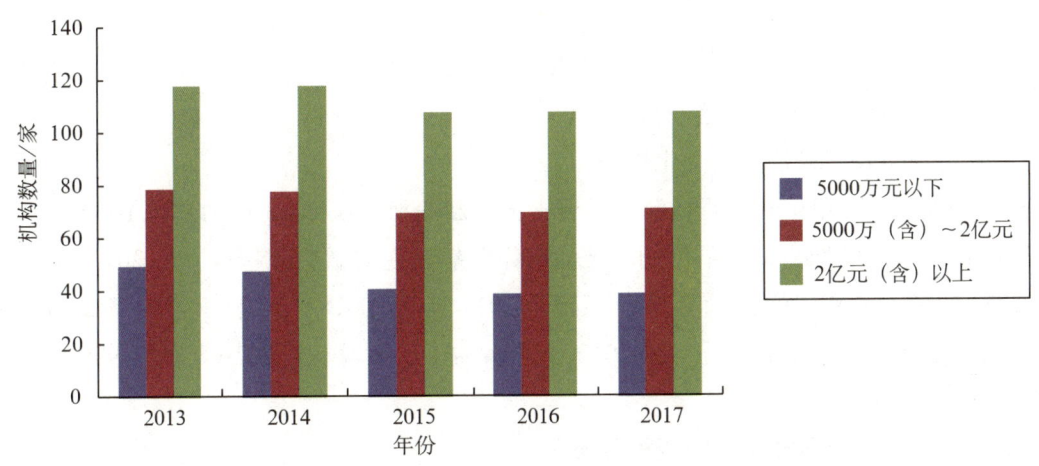

图 2-6　2013—2017 年不同规模高新技术企业开办科技机构分布

3. 不同技术领域高新技术企业办科技机构情况

从整体上看，不同技术领域高新技术企业办科技机构的数量比较平均，每百家企业办科技机构在 40 ～ 80 家。其中，地球、空间、海洋工程，新材料，生物、医药技术领域相对更高，电子信息技术领域最低，这主要与不同技术领域高新技术企业的规模有关。地球、空间、海洋工程，新材料及核应用等技术领域往往需要相对集中的研发活动实体支撑，且大部分是规模较大的企业，因此企业更倾向于兴办科技机构。电子信息技术多为小企业，且其研发活动规模也相对较小，因此企业开办科技机构的比重相对较低。从时间趋势看，大部分技术领域高新技术企业每百家企业设立研发机构的数量都呈现下降趋势，这也与中小规模高新技术企业占比逐年递增有关（表 2-22）。

表 2-22　不同技术领域高新技术企业拥有科技机构数　　　　　　　　　　　　　　单位：家 / 百户

技术领域	2013 年	2014 年	2015 年	2016 年	2017 年
电子信息技术（新一代信息技术）	52	49	41	42	42
生物、医药技术	90	87	78	74	69
新材料	93	90	82	77	76
光机电一体化	86	83	72	68	65
新能源及节能技术	80	76	68	65	62

续表

技术领域	2013年	2014年	2015年	2016年	2017年
环境保护	68	70	58	55	54
航空航天	79	68	73	65	62
地球、空间、海洋工程	100	99	89	81	81
核应用技术	80	83	81	60	47
其他高技术	80	79	67	62	61

（二）企业科研活动对外合作

1. 高新技术企业委托开展科技活动情况

（1）委托外单位开展科技活动变化趋势

高新技术企业委托外单位开展科技活动经费支出不断增加，从2013年的614.10亿元增长到2017年的1317.67亿元；但户均委托外单位的科技活动经费额呈现先增后减趋势，从2013年的112.30万元增长到2014年的108.91万元，随后逐年下降至2017年的100.87万元，不过下降幅度不大。委托外单位开展科技活动经费支出的比重[①]从2013年的6.54%连续增长到2016年的7.93%，2017年略有下降，是7.84%。

（2）委托外单位开展科技活动的规模分布

不同规模高新技术企业委托外单位开展科技活动的规模有所差别。年销售收入超过2亿元的高新技术企业平均委托外单位开展科技活动经费支出较多，且持续增加，从2013年的378.77万元增加到2017年的530.51万元。年销售收入5000万元以下的和年销售收入5000万（含）~2亿元的高新技术企业户均委托外单位开展的科技活动经费支出，整体上都呈现下降趋势，这说明业务相对单一的中小企业研发能力逐年提高，对外部研发的依赖程度下降（表2-23）。

表2-23 2013—2017年高新技术企业户均委托外单位开展科技活动经费支出　　　　单位：万元

年度	2013	2014	2015	2016	2017
5000万元以下	11.85	11.77	12.27	9.85	9.97
5000万（含）~2亿元	36.79	34.44	28.59	33.66	28.00
2亿元（含）以上	378.77	432.99	492.16	513.53	530.51
全部	112.30	118.91	117.41	108.86	100.87

从委托外单位开展科技活动经费占比看，年销售收入2亿元（含）以上的高新技术企业委托外单位开展研发经费占比最高，年销售收入5000万元以下及年销售收入5000万（含）~2亿元的高新技术企业只将4%~5%的科技活动经费委托外单位使用（图2-7）。

① 根据科技活动经费内部支出和委托外单位开展科技活动经费计算。

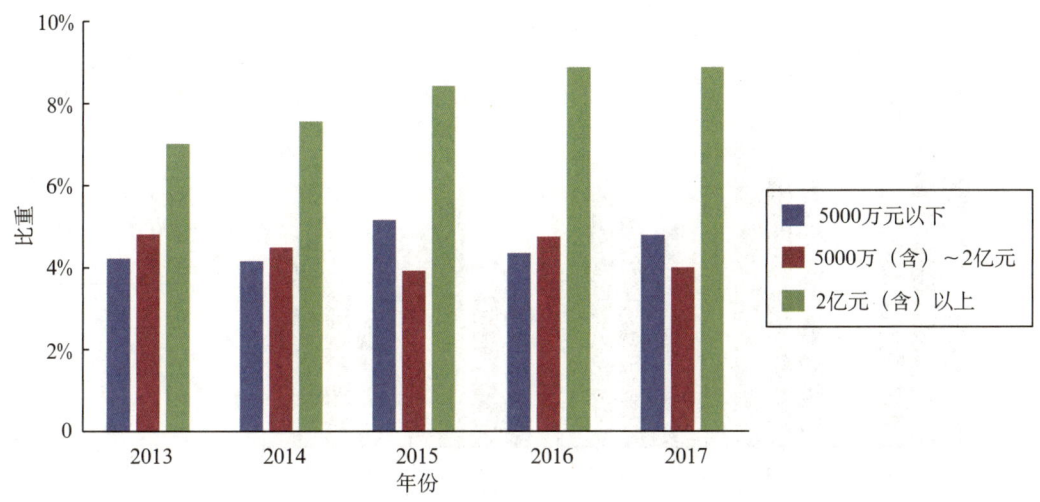

图 2-7 2013—2017 年不同规模高新技术企业委托外开展科技活动经费比重

2. 高新技术企业合作完成项目情况

（1）合作开展项目情况

高新技术企业与高校或独立研究机构开展合作的项目较多，但有逐年下降的趋势，从 2013 年的每百户 56 项下降至 2017 年的 30 项；与境内注册的外商独资企业、境外机构之间的合作也呈现逐年递减的趋势，其中 2013 年每百户合作 7 项，到 2017 年仅为 3 项。主要原因在于：一是企业数量增长较快，中小企业占比提高；二是企业自身研发能力提高，合作研发的需求在减少；三是国家科技计划改革，适合产学研合作的项目总量减少（表 2-24）。

表 2-24 2013—2017 年高新技术企业与外单位开展合作项目情况　　　　　　单位：项/百户

项目	与高校或独立研究机构合作	与境内注册的外商独资企业合作	与境外机构
2013 年	56	2	5
2014 年	50	2	4
2015 年	45	1	3
2016 年	36	1	2
2017 年	30	1	2

从合作项目[①]占所有项目比重看，企业规模越大与外单位合作研发越频繁，但不同规模的高新技术企业开展科技项目中与外单位合作项目比重均呈现下降趋势。年销售收入 2 亿元以上的高新技术企业合作项目占全部项目的比重从 2013 年的 13.12% 下降到 2017 年的 7.54%（图 2-8）。

---

① 本章合作开展项目仅包括与境内高校合作或独立研究机构合作、与境内注册的外商独资企业合作及与境外机构合作，不包括与境内其他企业合作。

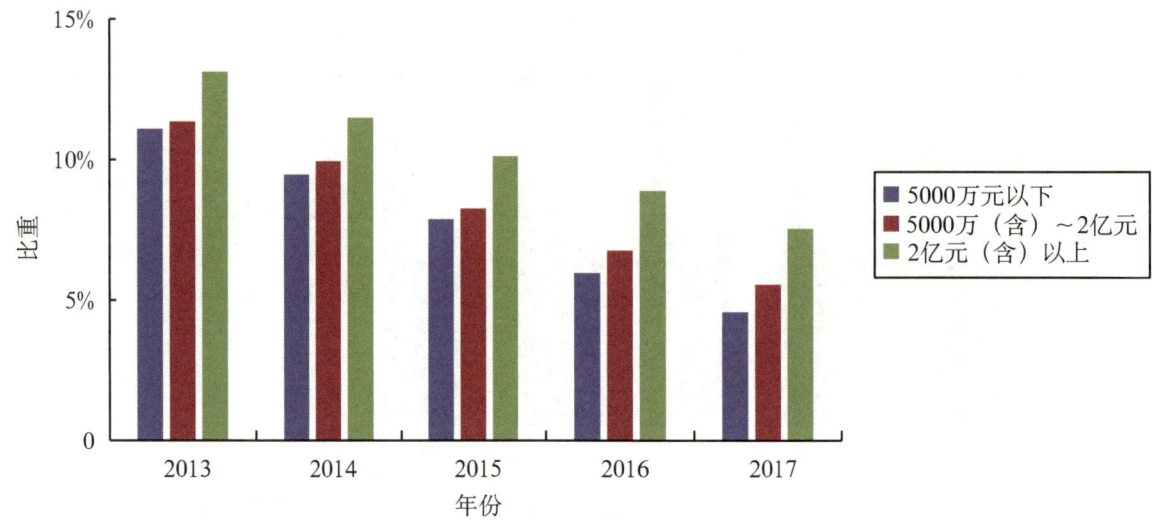

图 2-8 2013—2017 年不同规模高新技术企业与外单位开展合作项目比重

（2）合作开展项目的规模分布

通常情况下，大型企业开展的科技项目绝对数量较多，因此企业与外单位开展合作项目数量也会更多。2017 年，年销售收入 2 亿元（含）以上的高新技术企业每百户与外单位开展合作项目数达到 87 项，年销售收入 5000 万元以下的高新技术企业每百户与外单位开展合作项目仅为 18 项，年销售收入 5000 万（含）～2 亿元的高新技术企业每百户与外单位开展合作项目为 33 项。从整体上看，不同规模的高新技术企业与外单位开展合作的项目均呈现下降趋势（表 2-25）。

表 2-25 2013—2017 年不同规模高新技术企业与外单位开展合作项目　　　　单位：项 / 百户

年度	2013	2014	2015	2016	2017
5000 万元以下	33	29	27	22	18
5000 万（含）～2 亿元	55	50	45	38	33
2 亿元（含）以上	128	115	111	98	87
全部	64	55	49	40	33

（3）不同技术领域高新技术企业合作开展项目情况

不同技术领域与外单位合作开展项目的数量不尽相同。其中，生物、医药技术，航空航天及地球、空间、海洋工程等技术领域的高新技术企业与外单位合作开展项目比较广泛，2013—2016 年平均每百户企业合作开展项目超过 100 项。新办法实施后，合作项目数量有所下降，如生物、医药技术 2017 年每百户企业合作项目 93 项，航空航天技术领域则下降至 71 项／百户，核应用技术 2016 年就下降到 74 项／百户[①]（表 2-26）。

---

① 或与核应用技术领域高新技术企业 2016 年数量从约 100 家增长至约 200 家有关。

表 2-26 不同技术领域高新技术企业合作开展项目情况　　　　　　　　单位：项/百户

	2013 年	2014 年	2015 年	2016 年	2017 年
电子信息技术	28	24	20	16	14
生物、医药技术	140	130	125	108	93
新材料	76	67	59	47	40
光机电一体化	58	51	44	36	28
新能源及节能技术	65	53	47	39	34
环境保护	61	54	47	40	36
航空航天	115	100	127	104	71
地球、空间、海洋工程	143	195	197	146	123
核应用技术	173	155	212	74	83
其他高技术	78	61	54	45	40

（三）技术交易

高新技术企业不仅自身开展科技活动、对外合作开展科技活动，而且引进技术也是高新技术企业创新投入的一个重要组成部分。

1. 高新技术企业购买技术情况

2017 年，全国高新技术企业购买国内外技术支出为 450.89 亿元，较 2013 年增长超过 50 亿元；但户均支出从 2013 年的 71.97 万元下降到 2017 年的 34.52 万元；在企业购买技术中，购买国内技术支出占比整体上也呈下降趋势，从 2013 年的 41.11% 下降至 2017 年的 34.96%。这说明高新技术企业自身研发能力逐年提高，需要购买的技术更多集中在高质量技术（表 2-27）。

表 2-27　2013—2017 年高新技术企业购买技术费用支出情况

项目	购买技术支出（亿元）	户均购买技术支出（万元）	国内技术支出占比（%）
2013 年	393.53	71.97	41.11
2014 年	329.58	52.68	32.08
2015 年	379.21	49.80	40.58
2016 年	415.20	41.51	42.63
2017 年	450.89	34.52	34.96

2. 高新技术企业购买技术的规模分布

高新技术企业用于购买技术的支出与企业的规模有一定关联，企业规模大，用于引进技术的支出就高，但总体上支出规模呈下降趋势。

年销售收入 2 亿元以上的高新技术企业用于购买技术的经费最高，户均支出从 2013 年的 251.56 万元下降至 2017 年的 190.96 万元；年销售收入 5000 万元以下的企业用于购买技术的费用一般低于

5万元,且近年来下降明显;年销售收入5000万(含)~2亿元的企业用于购买技术的费用支出从2013年的21.86万元下降到2017年的5.07万元,下降速度最快(表2-28)。

表2-28 2013—2017年不同规模高新技术企业户均购买技术费用支出   单位:万元

	2013年	2014年	2015年	2016年	2017年
5000万元以下	3.74	3.68	4.64	1.48	2.59
5000万(含)~2亿元	21.86	16.75	11.88	6.33	5.07
2亿元(含)以上	251.56	193.05	210.49	211.85	190.96
全部	71.97	52.68	49.80	41.51	34.52

在购买技术的国内外渠道选择方面,规模大的企业购买国内技术支出的比重相对较低,年销售收入2亿元以上的高新技术企业用于购买国内技术的支出占全部购买技术支出的比重约为40%,个别年份低于30%;而年销售收入5000万元以下及年销售收入5000万(含)~2亿元的高新技术企业购买境内技术的经费占比在大部分年份都较高,其中部分年份超过50%(图2-9)。

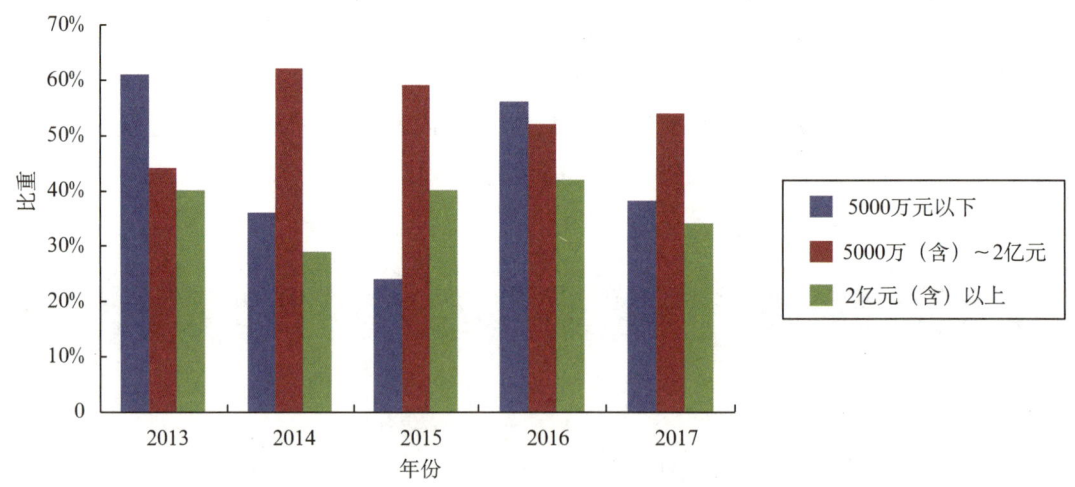

图2-9 2013—2017年不同规模高新技术企业购买境内技术支出比重

3. 不同技术领域高新技术企业购买技术的分布

不同技术领域高新技术企业购买技术的支出有较大差别,户均引进和购买技术支出最高的是航空航天领域,2017年每家企业支出达到584.06万元;与核应用技术的10.93万元/户相比,二者差距将近60倍。大部分技术领域的高新技术企业购买国内技术的支出通常不超过50%(表2-29)。

表 2-29 不同技术领域高新技术企业购买技术及国内技术占比

	2013 年		2014 年		2015 年		2016 年		2017 年	
	户均购买技术支出（万元/户）	购买国内技术占比（%）	户均购买技术支出（万元/户）	购买国内技术占比（%）	户均购买技术支出（万元/户）	购买国内技术占比（%）	户均购买技术支出（万元/户）	购买国内技术占比（%）	户均购买技术支出（万元/户）	购买国内技术占比（%）
新一代信息技术	69.28	44.42	37.26	37.61	69.58	48.39	64.34	44.74	43.10	25.90
生物、医药技术	83.95	62.08	67.62	47.64	64.53	47.10	32.98	68.07	29.26	77.33
新材料	78.86	54.39	50.97	25.15	28.41	32.28	17.44	40.08	16.43	45.04
光机电一体化	68.76	23.27	40.06	22.40	26.26	24.33	20.45	28.44	13.82	27.42
新能源及节能技术	71.48	31.75	49.52	20.33	39.47	24.02	39.93	34.55	55.42	29.13
环境保护	23.12	18.11	20.43	26.12	23.56	30.61	15.23	26.91	12.00	24.90
航空航天	41.75	36.65	277.21	61.24	344.99	83.57	309.27	60.64	584.06	39.44
地球、空间、海洋工程	197.18	34.01	803.07	12.83	507.71	4.49	18.09	75.77	27.23	91.74
核应用技术	61.52	0.22	169.04	0.00	22.34	0.00	5.92	26.71	10.93	1.81
其他高技术	78.71	34.71	80.22	35.71	42.13	27.57	45.38	32.42	36.42	42.46

五、小结

①高新技术企业无论在科技活动人员与经费还是在 R&D 人员与经费投入上均处于较高水平，高新技术企业创新主体地位不断加强，企业的创新投入逐年提高。

②为提高自身创新能力，高新技术企业在加大自身投入、开办科技机构的同时，也通过与高等学校、科研机构及其他企业合作的方式开展创新活动；创新活动也得到了政府资金的支持。

③虽然规模小的高新技术企业在人力资源和资金方面的投入较少，但是研发投入的强度始终处于相对较高水平。

④不同技术领域的高新技术企业在创新投入方面有一定差异，航空航天，地球、空间、海洋工程，生物、医药技术等技术领域投入较多，但环境保护领域的投入规模和投入强度都相对较低。

⑤新办法实施以来，更多中小企业认定为高新技术企业，在一定程度上影响了高新技术企业的投入特征，户均创新投入更低、研发投入强度更高。

第三章
高新技术企业的创新成果

高新技术企业的技术创新能力主要体现在创新产出上。国际上，通常采用专利数量、新产品销售收入及高新技术产品出口等指标来衡量企业的技术创新能力。本章将从上述几个方面入手，分析我国近年来高新技术企业的创新成果情况。

一、高新技术企业的知识产权

（一）知识产权的总体情况

知识产权是关于人类在社会实践中创造的智力劳动成果的专有权利，也是国际上通常用于衡量高新技术企业创新产出的重要指标之一。按照《中华人民共和国民法通则》规定，知识产权通常包括6种类型，即著作权、专利权、商标权、发现权、发明权和其他科技成果权。在我国2008年版的《高新技术企业认定管理办法》中，以发明专利、实用新型专利、外观设计专利、软件著作权、植物新品种、集成电路布图设计专有权等6类知识产权作为认定指标，在2016年新修订的《高新技术企业认定管理办法》中，新增了4类，并采用分类评价方式，其中发明专利（含国防专利）、植物新品种、国家级农作物品种、国家新药、国家一级中药保护品种、集成电路布图设计专有权等按Ⅰ类评价；实用新型专利、外观设计专利、软件著作权等（不含商标）按Ⅱ类评价。

1. 知识产权总量及变化趋势

截至2017年年底，全国高新技术企业累计拥有各类知识产权共363.44万件，其中专利数量最多，达到281.83万件，占比77.55%。

从时间趋势来看，全国高新技术企业拥有的知识产权总量从2013年的129.53万件增长到2017年的363.44万件，年增长率平均值为29.46%（表3-1）。其中，2015—2017年增长率平均值为31.29%，高于2013—2015年增长率平均值27.63%，增幅更大。户均累计拥有知识产权数量从2013年的23.69件增长到2017年的27.82件，年增长率平均值为4.19%（表3-1、图3-1）。

表3-1 2013—2017年高新技术企业知识产权变化趋势

	知识产权数量累计		户均拥有量累计	
	总量（万件）	增长率（%）	总量（件）	增长率（%）
2013年	129.53		23.69	
2014年	163.45	26.19	26.13	10.30

续表

	知识产权数量累计		户均拥有量累计	
	总量（万件）	增长率（%）	总量（件）	增长率（%）
2015年	210.96	29.07	27.71	6.05
2016年	282.95	34.12	28.29	2.09
2017年	363.44	28.45	27.82	−1.66
平均值		29.46		4.20

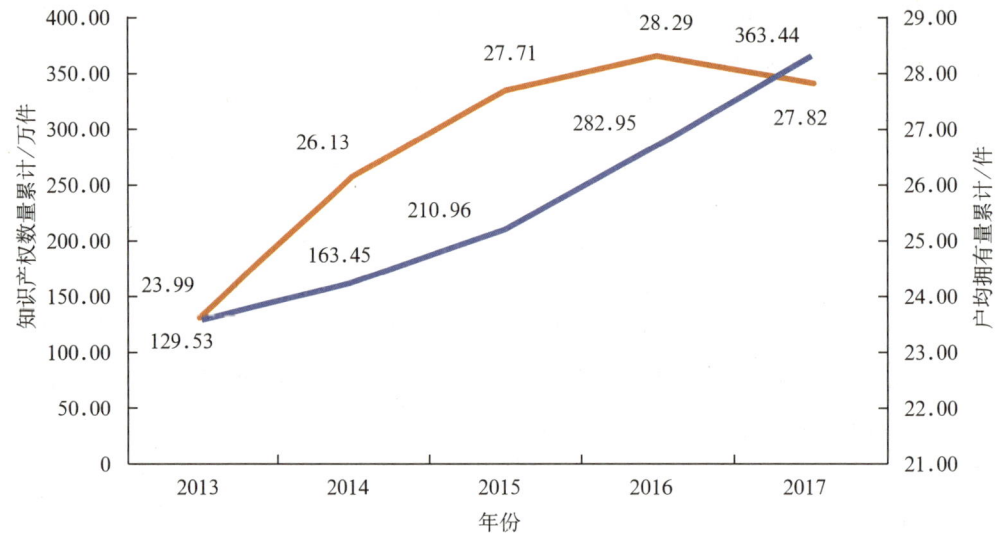

图3-1　2013—2017年高新技术企业累计拥有的知识产权数量变化趋势

2016年科技部等对高新技术企业认定管理办法进行了修订，表3-2比较了新、旧办法下认定的高新技术企业的知识产权。2016年按照新认定办法认定的高新技术企业年户均知识产权数量为17.96件，2017年为27.07件，都低于旧办法下认定的高新技术企业拥有的知识产权数，主要原因是2016年是新的高新技术企业认定管理办法实施的第一年，当年新认定的高新技术企业与之前认定通过的高新技术企业显然有差距；不过二者之间的差距在缩小，说明这些新认定通过的高新技术企业经过发展，创新能力在逐渐提高，因此户均知识产权拥有数量有明显提升。

表3-2　高新技术企业户均拥有的知识产权数（新、旧办法对比）　　　单位：件

高新技术企业	2013年	2014年	2015年	2016年	2017年
旧认定办法	23.69	26.13	27.70	35.55	30.38
新认定办法	—	—	—	17.96	27.07

2. 知识产权的规模分布

按企业销售收入进行规模划分,可以看到不同规模高新技术企业拥有知识产权总量有所不同。通常而言,随着企业规模的增大拥有的知识产权应该更多,因此,我们采取了户均拥有的知识产权数量来衡量企业技术创新能力。从表3-3、图3-2中可见,户均拥有知识产权数量与企业规模呈现正相关,规模越大的企业拥有更大的实力,能够产生更多的创新成果。相比而言,近年来,小企业所拥有的知识产权数量有所上升,主要源于企业创新能力的增强、产权意识的增强,也显示出了新政策重点扶持中小企业的初衷。

表3-3 2013—2017年高新技术企业户均拥有知识产权分布(按规模划分) 单位:件

销售收入	2013年	2014年	2015年	2016年	2017年
5000万元以下	11.53	11.85	12.70	14.09	14.55
5000万(含)~2亿元	18.00	20.79	22.47	39.78	18.14
2亿元(含)以上	81.70	60.77	71.49	76.39	79.14

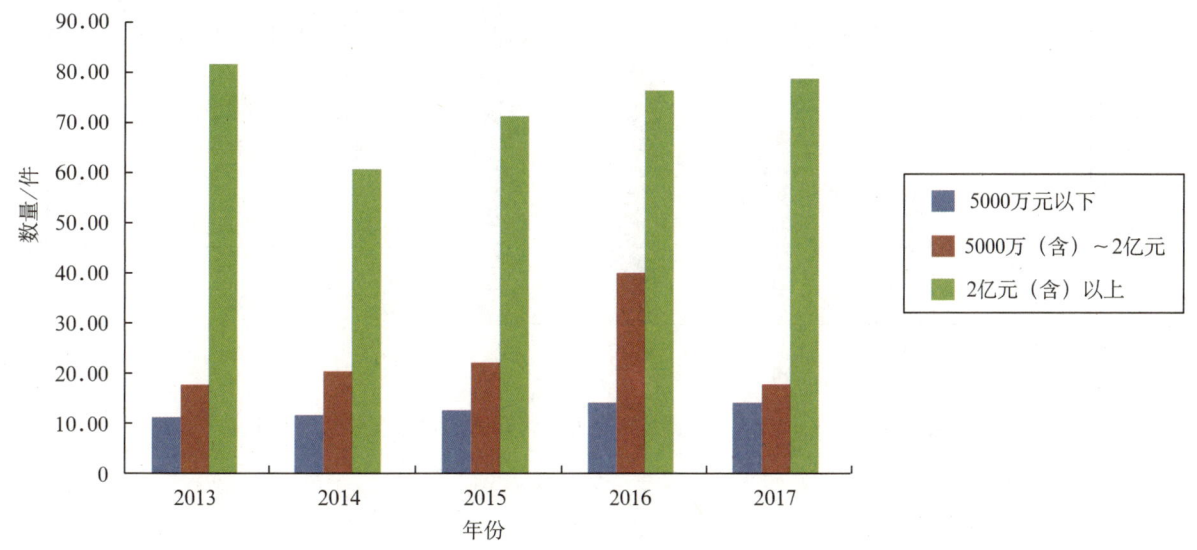

图3-2 2013—2017年高新技术企业户均累计拥有知识产权数的分布

(二)高新技术企业的知识产权的结构分布

1. 知识产权的结构特征

高新技术企业拥有的知识产权包括专利(发明、外观设计、实用新型)、软件著作权、集成电路布图、植物新品种、国家级农作物品种、国家新药、国家一级中药保护品种等。其中专利占比最高,2013年以来高新技术企业累计授权专利占总量的比重始终在70%以上,但占比有所下降,从2013年的84.10%下滑到2017年的77.54%。相比而言,软件著作权占比持续增长,从2013年的15.16%增长到2017年的22.01%，这主要源于近年来电子信息技术领域内的高新技术企业的数量大幅增加（表3-4、图3-3）。

表3-4 2013—2017年高新技术企业累计拥有的知识产权构成变化 单位：件

	期末拥有有效专利数	拥有软件著作权	拥有集成电路布图	拥有植物新品种	拥有国家一级中药保护品种	拥有国家一类新药品种
2013年	1 089 391	196 404	7754	1744	0	0
2014年	1 365 771	257 653	9331	1722	0	0
2015年	1 741 937	353 991	11 112	2559	0	0
2016年	2 286 197	529 061	10 565	3171	96	369
2017年	2 818 253	799 966	12 429	3264	79	409

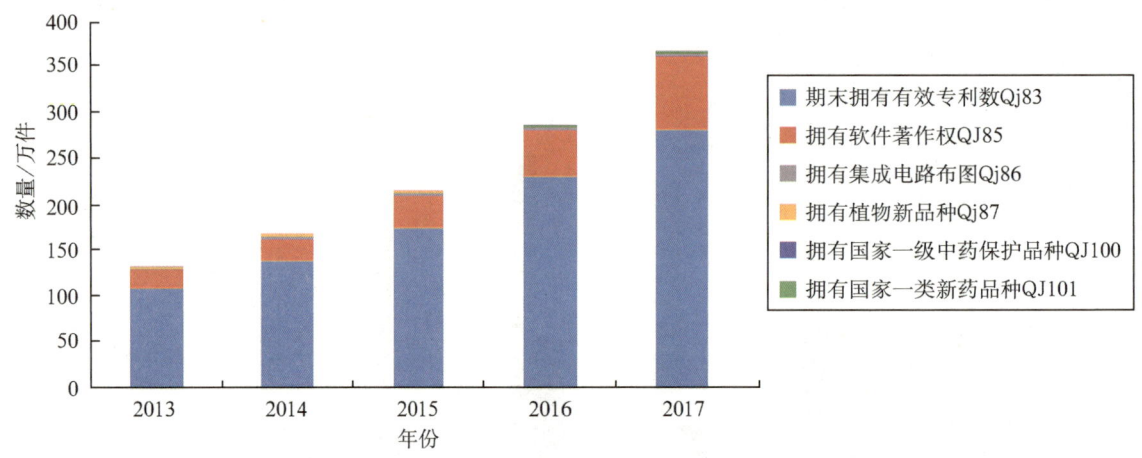

图3-3 2013—2017年高新技术企业累计拥有的知识产权构成变化

2. 知识产权结构的规模分布

不同规模高新技术企业知识产权的结构也略有不同，专利占比最高的是年销售收入2亿元（含）以上的高新技术企业，其中2013年为92.72%。从趋势来看，销售收入小于5000万的企业所拥有的户均专利数在持续上升；销售收入在5000万（含）~2亿元的企业所拥有的户均专利数2013—2016年持续增长，但2017年下滑较大；销售收入在2亿元（含）以上的企业所拥有的户均专利数在2014年出现大幅下滑后，随后几年也在持续上升。软件著作权的趋势与专利情况相仿（表3-5、图3-4）。

表 3-5　2013—2017 年高新技术企业户均拥有知识产权的结构分布　　　单位：件

年份	企业销售收入	期末拥有有效专利数	拥有软件著作权	拥有集成电路布图	拥有植物新品种
2013	5000 万元以下	8.03	3.38	0.09	0.02
2013	5000 万（含）~ 2 亿元	14.76	3.14	0.07	0.03
2013	2 亿元（含）以上	75.75	5.62	0.30	0.03
2014	5000 万元以下	8.04	3.71	0.08	0.02
2014	5000 万（含）~ 2 亿元	17.07	3.59	0.11	0.02
2014	2 亿元（含）以上	54.83	5.56	0.32	0.05
2015	5000 万元以下	8.58	4.01	0.10	0.02
2015	5000 万（含）~ 2 亿元	18.21	4.14	0.09	0.04
2015	2 亿元（含）以上	64.18	6.89	0.34	0.07
2016	5000 万元以下	9.31	4.67	0.08	0.02
2016	5000 万（含）~ 2 亿元	33.49	6.04	0.20	0.04
2016	2 亿元（含）以上	68.29	7.81	0.20	0.08
2017	5000 万元以下	8.89	5.58	0.07	0.02
2017	5000 万（含）~ 2 亿元	12.67	5.37	0.07	0.02
2017	2 亿元（含）以上	70.01	8.89	0.18	0.05

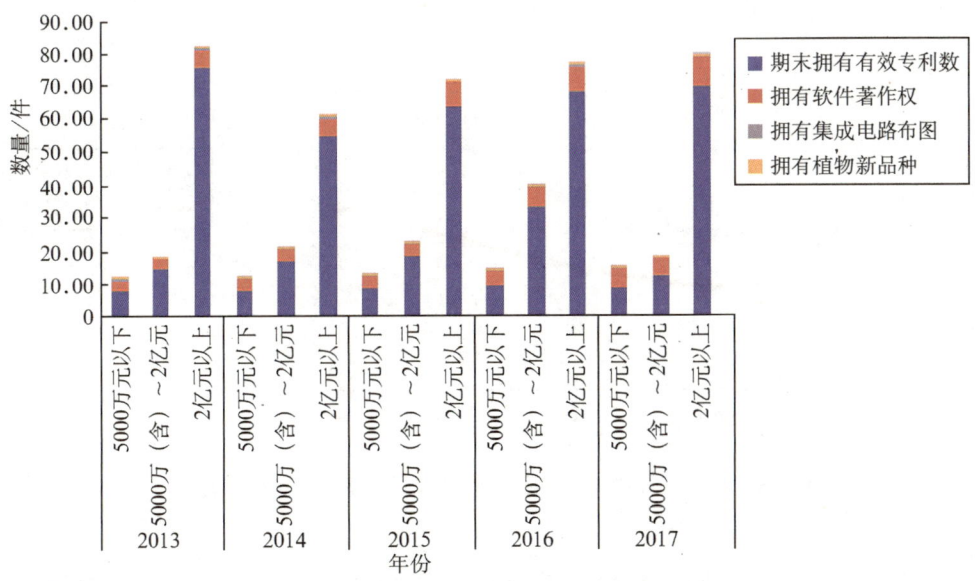

图 3-4　2013—2017 年高新技术企业户均拥有知识产权的结构分布

二、高新技术企业的专利

（一）高新技术企业专利的总体情况

1. 专利总量及变化趋势

专利是高新技术企业最主要的知识产权，也是重要的创新产出衡量指标。2017年，全国高新技术企业拥有专利达到281.83万件，相比2013年的108.94万件而言，增长了1.59倍。从专利申请与授权情况来看，2017年全国高新技术企业专利申请数达到97.00万件，较上年增长33.65%；专利授权数达到57.30万件，较上年增长19.50%（表3-6、图3-5）。从发展趋势来看，近5年高新技术企业专利申请与授权数除个别年份有所下滑外，大部分年份快速增长，专利申请与专利授权数年增幅平均值分别为19.35%、15.36%。

表3-6 2013—2017年高新技术企业专利申请/授权总量趋势

年份	当年专利申请（件）	增幅（%）	当年专利授权（件）	增幅（%）
2013	491 011	19.49	348 086	20.46
2014	483 348	-1.56	322 132	-7.46
2015	576 182	19.21	374 033	16.11
2016	770 076	33.65	479 544	28.21
2017	970 042	25.97	573 035	19.50

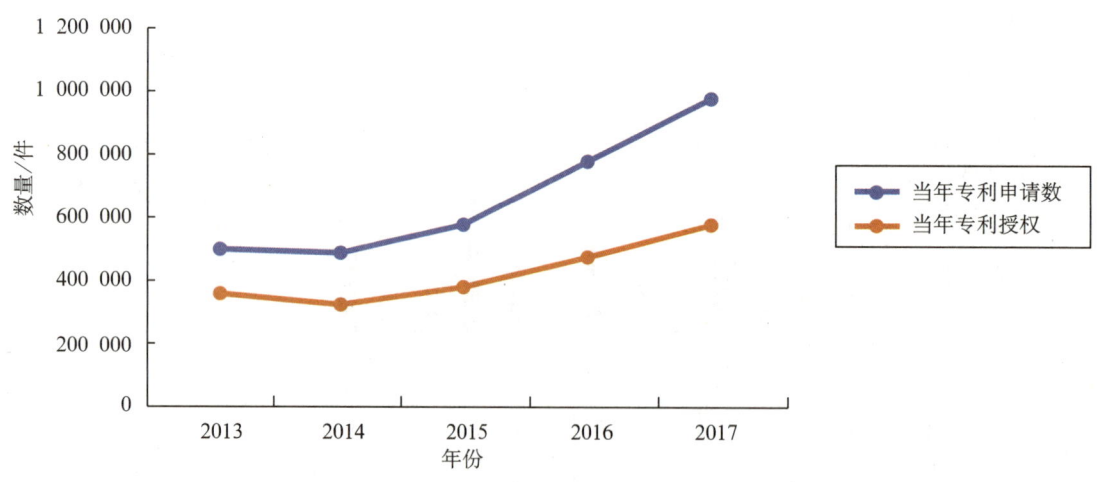

图3-5 2013—2017年高新技术企业专利申请/授权总量趋势

从户均专利申请/授权情况来看，近5年来高新技术企业户均专利申请/授权数在缓慢下滑。企业户均专利申请由2013年的8.98件下滑到2017年的7.43件，户均专利授权数也从2013年的6.37件下滑到4.39件。与全国规模以上工业企业相比，高新技术企业户均申请的专利数是规模以上工业企业户均申请专利的10倍左右，是最具创新活力的企业群体（表3-7）。

表 3-7　2013—2017 年高新技术企业户均专利申请/授权情况　　　　　　　单位：件

年份	高新技术企业		全国规模以上工业企业	
	户均专利申请数	户均专利授权数	户均专利申请数	户均专利授权数
2013	8.98	6.37	0.55	—
2014	7.73	5.15	0.63	—
2015	7.57	4.91	0.64	—
2016	7.70	4.79	0.76	—
2017	7.43	4.39	—	—

这里我们剥离了按照新旧办法认定的高新技术企业，从表3-8中可以看到，高新技术企业户均专利申请/授权数下降的主要原因源于新办法放宽了评审标准，按照新办法申报的高新技术企业2016年户均专利申请/授权数分别为5.41件、3.60件，2017年分别为7.34件、4.37件，明显低于旧办法的专利数。因此，在新认定办法实施后，原有企业和新认定企业的户均知识产权拥有数总体处于增长态势，创新能力依然有较大提高。

表 3-8　高新技术企业户均拥有的专利数（新旧办法对比）　　　　　　　单位：件

指标		2013	2014	2015	2016	2017
户均专利申请	旧办法认定	8.98	7.73	7.57	9.31	14.23
	新办法认定	—	—	—	5.41	7.34
户均专利授权	旧办法认定	6.37	5.15	4.91	5.63	8.15
	新办法认定	—	—	—	3.60	4.37

2. 专利的规模分布

按照企业规模进行划分可见，高新技术企业户均申请专利/授权数与企业规模大小呈正比。2017年，年销售收入5000万元以下的高新技术企业户均专利申请与授权数分别为3.27件、2.06件；年销售收入5000万（含）～2亿元的高新技术企业户均专利申请与授权数分别为6.05件、3.76件；年销售收入2亿元（含）以上的高新技术企业户均专利申请与授权数分别为24.25件、13.60件。相比而言，小企业专利申请中获得授权的比例略高于大企业，占比达到63.0%。

从趋势来看，年销售收入2亿元（含）以上的高新技术企业专利申请/授权数量经过2014年的短暂下滑后持续增长，分别从2014年的19.52件/12.50件增加到2017年的24.25件、13.60件；而年销售收入5000万（含）～2亿元的高新技术企业户均专利申请与授权数除个别年份有所增长外，整体较为平滑（表3-9、图3-6）。

表 3-9　2013—2017 年高新技术企业户均申请专利／授权情况（按规模划分）　　　单位：件

指标	企业销售收入	2013 年	2014 年	2015 年	2016 年	2017 年
户均专利申请	5000 万元以下	4.4	3.1	2.94	3.2	3.27
	5000 万（含）～2 亿元	7.17	5.54	5.52	9.72	6.05
	2 亿元（含）以上	29.93	19.52	21.62	23.5	24.25
户均专利授权	5000 万元以下	3.03	2.10	1.95	2.14	2.06
	5000 万（含）～2 亿元	5.04	4.05	3.81	6.42	3.76
	2 亿元（含）以上	21.6	12.50	13.65	13.97	13.60

图 3-6　2013—2017 年高新技术企业户均申请专利／授权情况（按规模划分）

（二）高新技术企业专利的结构分布

1. 专利的结构特征

从专利的拥有量来看专利的结构特征（表 3-10）。2017 年，全国高新技术企业拥有专利达到 281.83 万件，其中境外授权专利 8.50 万件，占比为 3.02%；拥有发明专利 81.0 万件，占专利总数的 28.76%；境外授权发明专利 6.93 万件，占境外授权专利的 81.51%，远高于整体占比水平；这表明在高企专利存量上，高企发明专利占比总体较低，境外授权专利较少，但境外授权的专利中发明专利占比很高。

表 3-10　2013—2017 年高新技术企业拥有专利的结构情况

年份	期末拥有的有效专利数（件）	境外授权专利数（件）	境外授权专利占有效专利比重(%)	期末拥有的有效发明专利数（件）	发明专利占有效专利比重(%)	境外授权发明专利数（件）	境外授权发明专利占境外授权专利比重(%)
2013	1 089 391	25 392	2.33	286 470	26.30	19 467	76.67
2014	1 365 771	23 494	1.72	320 099	23.44	16 846	71.70
2015	1 741 937	46 112	2.65	444 557	25.52	38 954	84.48
2016	2 286 197	71 820	3.14	650 648	28.46	57 661	80.29
2017	2 818 253	84 994	3.02	810 419	28.76	69 275	81.51

从趋势来看（图 3-7），2014—2017 年，我国拥有的发明专利占比呈现出上升态势，且境外授权的专利发明专利增长更为显著。

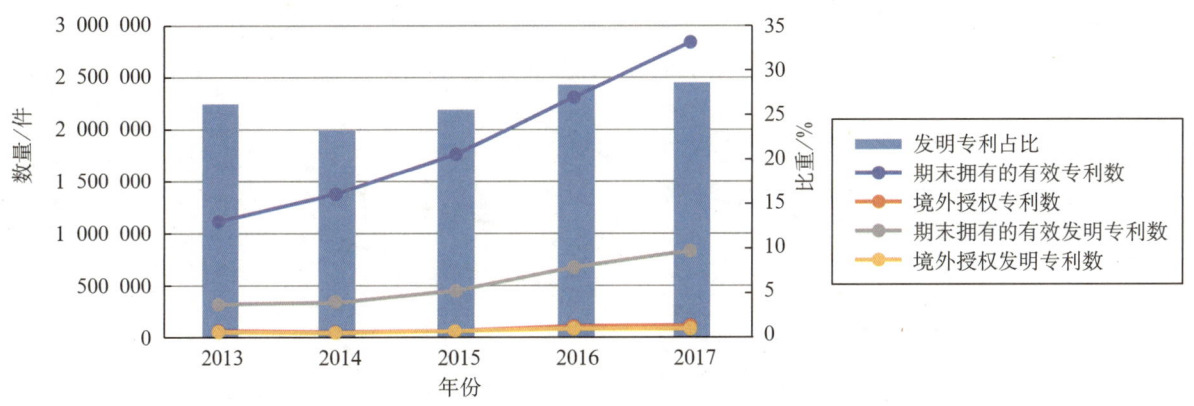

图 3-7　2013—2017 年高新技术企业拥有专利的结构情况

从当年申请的专利量来看，2017 年高企专利申请 97.00 万件，其中发明专利申请数 43.65 万件，占专利申请总量的 45%，欧美日专利申请 2.16 万件，占专利总量的 2.23%；授权专利 57.30 万件，其中发明专利授权数 17.06 万件，占专利授权总量的 29.77%，欧美日专利授权 1.51 万件，占比 2.64%（表 3-11）。

从发展趋势来看（图 3-8），近年来，无论是高新技术企业的专利申请/授权总量，还是发明专利申请/授权总量，均处于快速增长态势，但发明专利占专利总量的比重基本保持稳定。此外，欧美日专利数量也总体呈上升态势，但专利占比变化并不明显。

表 3-11 2013—2017 年高新技术企业专利结构情况

年份	当年专利申请数（件）	发明专利申请数（件）	发明专利占比（%）	欧美日专利申请数（件）	欧美日专利占比（%）	当年专利授权数（件）	当年发明专利授权数（件）	发明专利占比（%）	欧美日专利授权数（件）	欧美日专利占比（%）
2013	491 011	217 085	44.21	12 976	2.64	348 086	84 647	24.32	8873	2.55
2014	483 348	224 466	46.44	13 649	2.82	322 132	77 282	23.99	4946	1.54
2015	576 182	275 380	47.79	15 252	2.65	374 033	114 541	30.62	8193	2.19
2016	770 076	358 580	46.56	18 163	2.36	479 544	152 534	31.81	13 141	2.74
2017	970 042	436 516	45.00	21 613	2.23	573 035	170 586	29.77	15 138	2.64

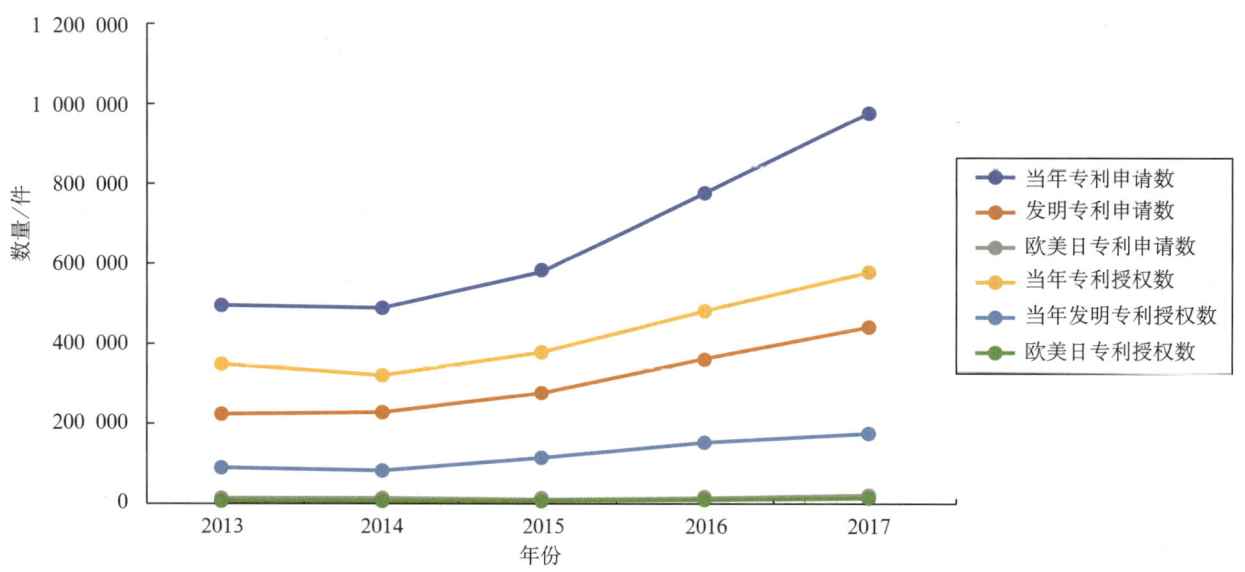

图 3-8 2013—2017 年高新技术企业专利结构情况

2. 专利结构的规模分布

按照企业规模进行分类，总体上随着企业规模的增长，不仅专利数量大规模增长，而且专利质量也有所提高。从表 3-12 中可以看出，对于销售收入在 5000 万元以下的小企业而言，发明专利申请占比在 40% 左右，而对于销售规模超过 2 亿元的大企业而言，发明专利申请占比超过了 50%。

表 3-12　2013—2017 年高新技术企业专利结构情况

	企业规模	当年专利申请数（件）	申请发明专利数（件）	发明专利占比（%）	申请欧美日专利数（件）	欧美日专利占比（%）	当年专利授权数（件）	当年发明专利授权数（件）	发明专利占比（%）	授权欧美日专利数（件）	欧美日专利占比（%）
2013年	5000万元以下	87 343	32 952	37.73	795	0.91	60 159	13 339	22.17	604	1.00
	5000万（含）~2亿元	115 925	44 343	38.25	1319	1.14	81 467	16 793	20.61	765	0.94
	2亿元（含）以上	194 392	97 898	50.36	9477	4.88	140 249	39 422	28.11	6550	4.67
2014年	5000万元以下	91 139	38 120	41.83	804	0.88	61 850	14 663	23.71	776	1.25
	5000万（含）~2亿元	100 789	40 026	39.71	1272	1.26	73 692	16 201	21.98	1128	1.53
	2亿元（含）以上	291 420	146 320	50.21	11 573	3.97	186 590	46 418	24.88	3042	1.63
2015年	5000万元以下	115 787	48 792	42.14	986	0.85	76 699	21 248	27.70	553	0.72
	5000万（含）~2亿元	115 042	44 891	39.02	1696	1.47	79 320	20 002	25.22	1299	1.64
	2亿元（含）以上	345 353	181 697	52.61	12 570	3.64	218 014	73 291	33.62	6341	2.91
2016年	5000万元以下	178 269	73 182	41.05	992	0.56	119 276	31 677	26.56	686	0.58
	5000万（含）~2亿元	158 670	61 347	38.66	1144	0.72	102 736	26 280	25.58	955	0.93
	2亿元（含）以上	433 137	224 051	51.73	16 027	3.70	257 532	94 577	36.72	11 500	4.47
2017年	5000万元以下	253 770	97 146	38.28	1208	0.48	159 779	35 349	22.12	867	0.54
	5000万（含）~2亿元	189 489	68 959	36.39	1471	0.78	117 875	26 708	22.66	815	0.69
	2亿元（含）以上	526 783	270 411	51.33	18 934	3.59	295 381	108 529	36.74	13 456	4.56

三、高新技术企业的新产品销售收入

（一）新产品销售收入的总体情况

新产品销售收入也是衡量技术创新产出的重要指标。统计显示，近年来高新技术企业新产品销售收入持续增长，从 2013 年的 7.54 万亿元增长到 2017 年的 11.60 万亿元。新产品销售收入对高新技术企业销售收入的贡献总体表现较为平稳，在 45% 左右。相比而言，全国规模以上工业企业的新产品销售收入从 2013 年的 12.85 万亿元增长到 2016 年的 17.46 万亿元，户均新产品销售收入从 0.35 亿元增长到 0.46 亿元，远低于高新技术企业（表 3-13）。

表 3-13　2013—2017 年高新技术企业新产品销售收入

年度	全样本高新技术企业			全国规模以上工业企业[①]		
	新产品销售收入（万亿元）	户均新产品收入（亿元）	新产品销售收入占比（%）	新产品销售收入（万亿元）	户均新产品收入（亿元）	新产品销售收入占比（%）
2013	7.54	1.38	45.16	12.85	0.35	—
2014	8.42	1.35	46.11	14.29	0.38	—
2015	8.22	1.08	44.00	15.09	0.39	—
2016	9.56	0.96	43.87	17.46	0.46	—
2017	11.60	0.89	44.17	—	—	—

将高新技术企业划分为新旧办法认定的企业（表 3-14），我们发现高新技术企业户均新产品销售收入下降，主要是因为新认定高新技术企业的对应指标较低，2016—2017 年新认定高新技术企业户均新产品销售收入分别为 0.52 亿元、0.83 亿元，明显低于旧办法认定的企业。不过，新认定高新技术企业户均新产品销售收入呈现大幅增长态势，显示向好发展特点。

表 3-14　高新技术企业户均新产品销售收入（新旧办法对比）　　　　　　　　　　单位：亿元

企业类型	2013 年	2014 年	2015 年	2016 年	2017 年
旧办法认定	1.38	1.35	1.08	1.26	1.08
新办法认定	—	—	—	0.52	0.83

（二）新产品销售的规模分布

高新技术企业的新产品销售收入也与企业规模高度相关，企业规模越大，户均新产品销售收入也越高。如图 3-9 所示，规模超过 2 亿的大企业，户均销售收入明显高于中小规模企业。

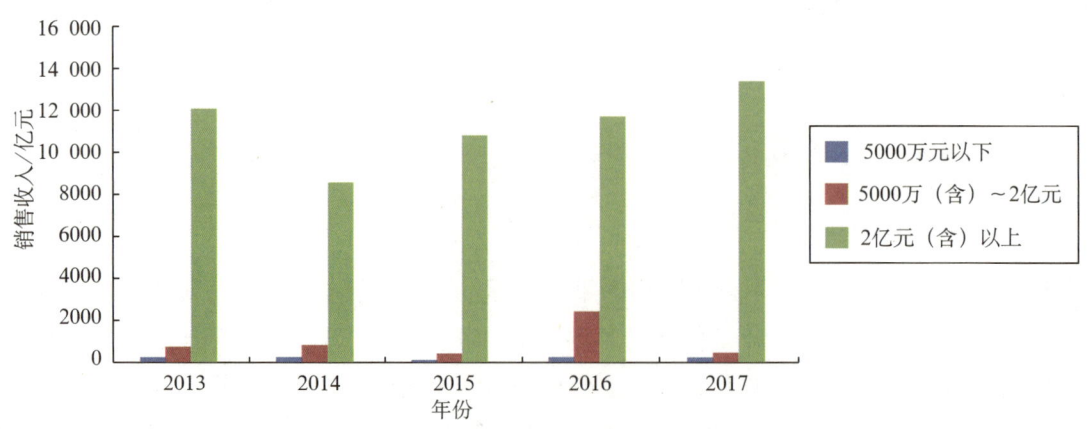

图 3-9　2013—2017 年不同规模高新技术企业户均新产品销售收入

---

① 资料来源于国家统计局网站（http://www.stats.gov.cn）。

与此同时，高新技术企业新产品销售收入占总销售收入的比重也随着企业规模增加而增大。大企业新产品销售收入占比略高于小企业，如表3-15所示，销售收入在2亿元（含）以上的大企业，新产品销售收入最高，其次是规模在5000万（含）~2亿元的中型企业。

表3-15　2013—2017年不同规模高新技术企业新产品销售收入占总销售收入的比例　　单位：%

年份	销售收入5000万元以下	销售收入5000万（含）~2亿元	销售收入2亿元（含）以上
2013	35.54	40.24	53.23
2014	34.58	40.60	46.97
2015	31.15	37.67	45.14
2016	31.47	31.93	44.98
2017	31.46	38.41	45.37

四、高新技术企业的技术收入

（一）技术收入的总体情况

高新技术企业不仅生产大量的新产品，同时也是技术的重要产出方。2013—2017年，全国高新技术企业的技术收入从1.08万亿元增长到3.42万亿元，增长超过两倍；高新技术企业户均技术收入也从1983.16万元增长到2621.83万元。技术收入占总收入的比重从5.59%增长到10.76%（表3-16）。

表3-16　2013—2017年高新技术企业技术收入

年份	技术收入（万亿元）	户均技术收入（万元）	技术收入占比（%）
2013	1.08	1983.16	5.59
2014	1.50	2393.21	6.89
2015	2.03	2668.34	9.14
2016	2.56	2558.06	9.80
2017	3.42	2621.83	10.76

（二）技术收入的规模分布

与高新技术企业的新产品销售收入类似，高新技术企业的技术收入也与企业规模高度相关，企业规模越大，户均技术收入也越高。如图3-10所示，规模超过2亿的大企业，户均销售收入明显高于中小规模企业。

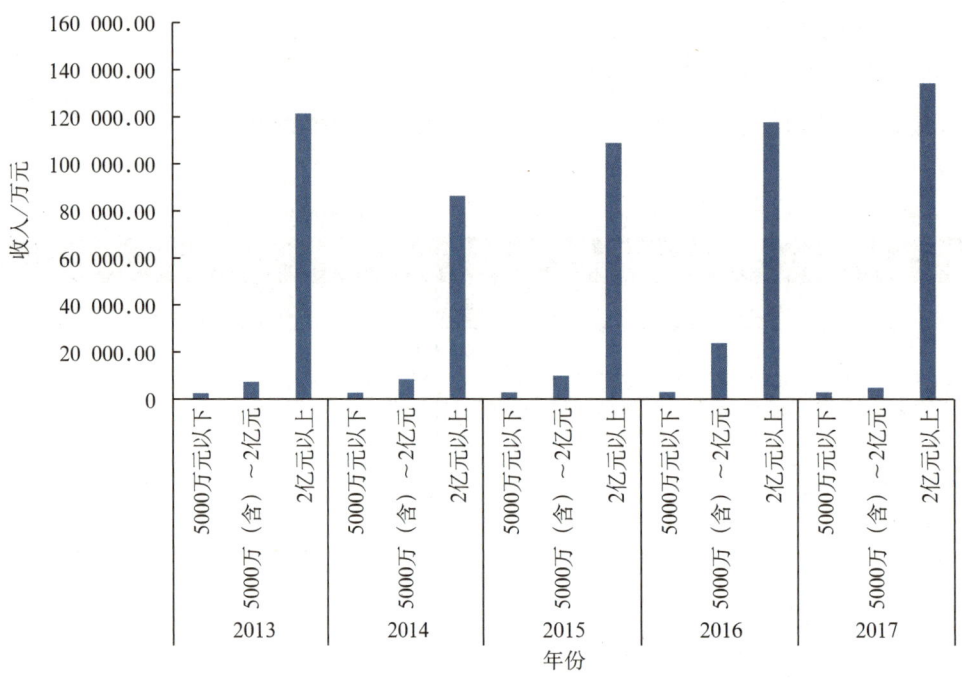

图 3-10　2013—2017 年不同规模高新技术企业户均技术收入

从高新技术企业技术收入占总收入的比重来看，小企业的技术收入占比明显高于大企业。如图 3-11 所示，销售收入在 5000 万元以下的小企业技术收入最高，其次是销售收入 5000 万（含）~2 亿元的中型企业。2014—2017 年，不同规模高新技术企业的技术收入占比均有不同程度的增长。

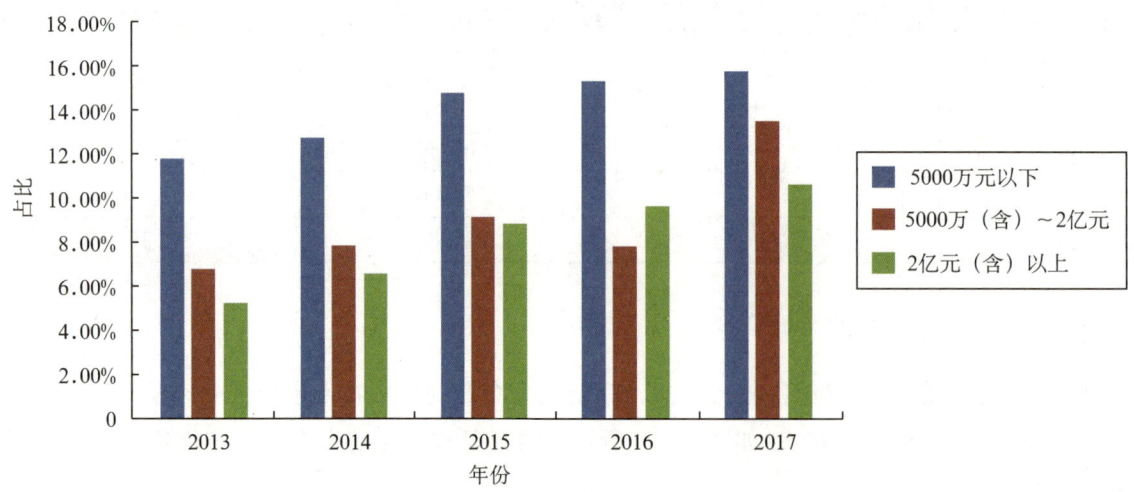

图 3-11　2013—2017 年不同规模高新技术企业技术收入占比

五、高新技术企业的高新技术产品出口

（一）高新技术产品出口的总体情况

近年来，我国高新技术企业的新产品出口逐步增长，从 2013 年的 20 025.98 亿元增长到 2017 年的 28 418.05 亿元，增幅 41.9%。高新技术产品出口占出口总额的比重也连续攀升，从 2013 年的 65.75% 增加至 2017 年的 75.12%。

与全国规模以上工业企业新产品出口相比，高新技术企业户均高新技术产品出口额明显增加，是全国规模以上工业企业新产品出口户均出口额的 3～6 倍，且出口占总出口比重明显高于全国规模以上工业企业（表 3-17）。

表 3-17　2013—2017 年高新技术企业高新技术产品出口情况

年度	全国高新技术企业			全国规模以上工业企业		
	新产品出口额（亿元）	户均高新技术产品出口额（万元）	高新技术产品出口占比（%）	新产品出口额（亿元）	户均新产品出口额（万元）	新产品出口占比（%）
2013	20 025.98	3662.20	65.75	22 853.47	618.00	20.26
2014	21 790.56	3483.37	70.00	26 904.38	711.76	22.72
2015	22 172.42	2912.02	74.63	29 132.68	760.64	25.11
2016	23 458.48	2345.57	75.61	32 713.10	863.14	27.76
2017	28 418.05	2175.43	75.12	—	—	—

将高新技术企业划分为新旧办法认定的企业，我们发现户均高新技术产品出口额的下降主要源于新认定的高新技术企业对应指标较低，按照新办法认定的高新技术企业 2016—2017 年户均高新技术产品出口额分别为 1237.39 万元、1996.12 万元，明显低于旧办法认定的高企（表 3-18）。

表 3-18　高新技术企业户均新产品出口额（新旧办法对比）　　　　　　　　　　单位：万元

政策	2013 年	2014 年	2015 年	2016 年	2017 年
旧办法认定	3662.20	3483.37	2912.02	3123.91	2783.92
新办法认定	—	—	—	1237.39	1996.12

（二）高新技术产品出口的规模分布

按规模划分可以看到，高新技术企业的高新技术产品出口额随着规模增长而大幅增加。2017 年，销售收入在 5000 万元以下企业的户均高新技术产品出口额仅为 678.74 万元，而销售收入在 5000 万（含）～2 亿元的企业户均高新技术产品出口额为 10 717.59 万元，销售收入超过 2 亿元（含）的企业户均高新技术产品出口额为 116 137.59 万元（图 3-12）。

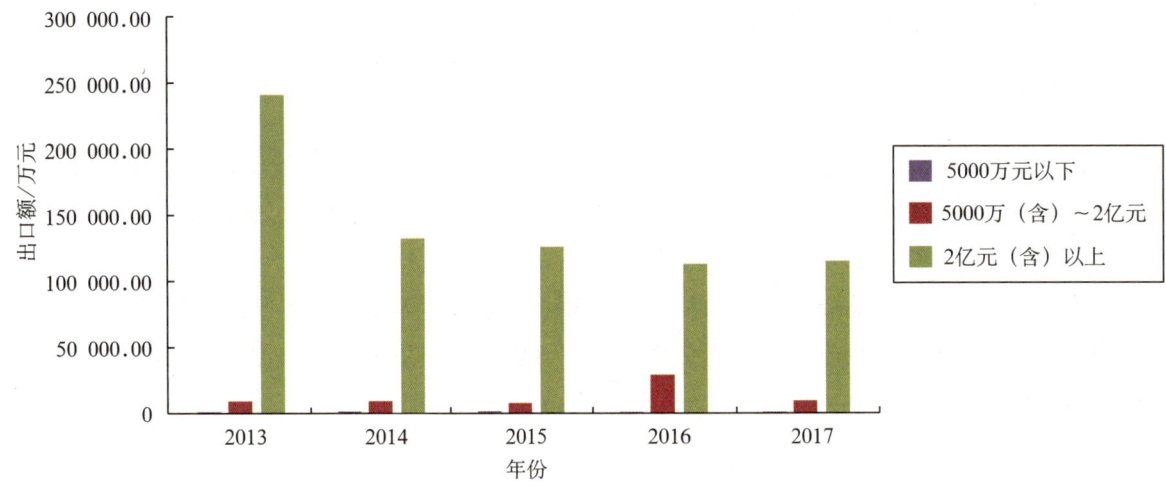

图 3-12　2013—2017 年不同规模高新技术企业户均技术产品出口额

从高新技术企业的高新技术产品出口占总出口的比重来看，与企业规模大小关联并不明显。如图 3-13 所示，2013—2014 年，销售收入在 5000 万（含）～2 亿元的企业，高新技术产品出口占比最高；而 2015—2017 年，高新技术产品出口占比随着企业规模增长而增加。这在一定程度上表明，大型高新技术企业的出口中，新产品销售收入的占比更多。

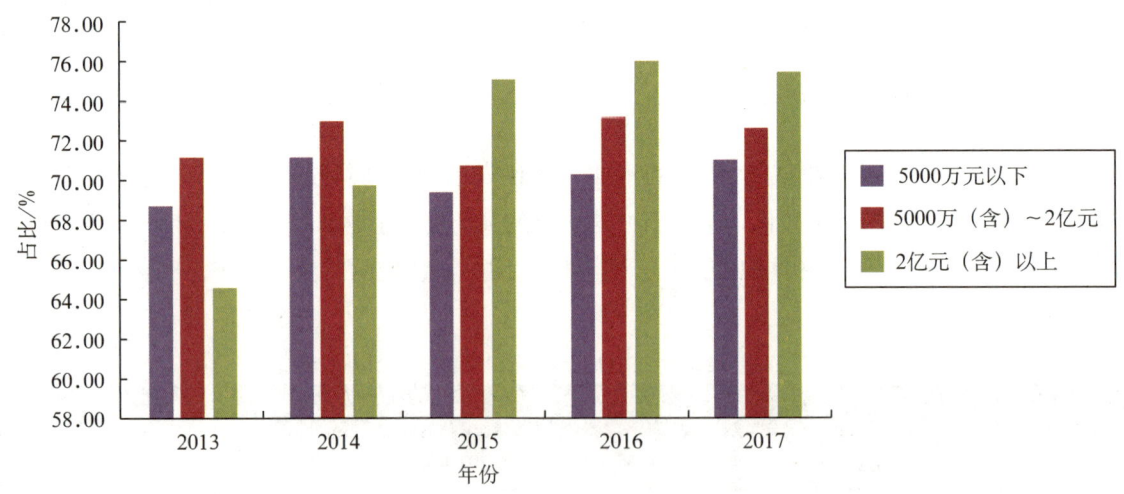

图 3-13　2013—2017 年不同规模高新技术企业高新技术产品出口占比

六、小结

① 2013 年以来，全国高新技术企业拥有的知识产权总量从 129.53 万件增长到 2017 年的 363.44 万件，年增长率平均值为 29.46%。相比而言，近年来，小企业所拥有户均知识产权数量较大企业上升更快，这显示出小企业创新能力不断增强，产权意识也有所提高，体现了新政策重点扶持中小企业

的初衷。

②专利是高新技术企业最主要的知识产权。2017年，全国高新技术企业拥有专利达到281.83万件，相比2013年的108.94万件而言，增长了1.59倍。与全国规模以上工业企业相比，高新技术企业户均申请的专利数是规模以上工业企业户均申请专利的10倍左右，是我国最具创新活力的群体。

③近年来高新技术企业新产品销售收入持续增长，从2013年的7.54万亿元增长到2017年的11.60万亿元。此外，新产品销售收入对高新技术企业销售收入的贡献总体趋于稳定，新产品销售收入占比在45%左右，且大企业的技术收入占比略高于小企业。

④近年来我国高新技术企业的高新技术产品出口额稳定增长，从2013年的20 025.98亿元增长到2017年的28 418.05亿元。高新技术产品出口占出口总额的比重也连续攀升，从2013年的65.75%增加至2017年的75.12%。与全国规模以上工业企业新产品出口相比，高新技术企业户均高新技术产品出口额明显高出，是全国规模以上工业企业新产品出口户均出口额的3~6倍，且出口占比也明显高于全国规模以上工业企业。

第四章
高新技术企业的经济贡献

改革开放以来,高新技术的发展日新月异,作为高新技术的载体——高新技术企业的经济发展情况,直接影响我国高新技术产业水平和国家整体科技实力。本章从经济贡献角度分析了高新技术企业经济指标的发展变化,并与全国规模以上工业企业进行比较,同时对比新旧办法认定下的高新技术企业部分经济指标,分析高新技术企业在促进我国经济增长、增加税收和提供就业上的贡献和作用。

一、高新技术企业的经济贡献

(一)总体发展情况

本部分选取营业收入、工业总产值、净利润、出口额、上缴税收和就业6个指标来分析高新技术企业的经济贡献。

1. 经济总量指标

表4-1、图4-1和图4-2反映了高新技术企业在2013—2017年各项经济指标及其变化。整体上,高新技术企业在促进我国经济增长、提供就业和上缴税收等方面起到了重要作用,各项指标总量呈现快速增长态势。2017年,高新技术企业的营业收入超过了31万亿元,比2013年增长近1倍;工业总产值比2013年增加了39%,达到了24万亿元以上;净利润达到了23 217.15亿元,是2013年的约1.8倍;出口额从2013年的4915.84亿美元增加到2017年的5600.69亿美元,是2013年的1.1倍;上缴税收达15 578.30亿元,是2013年的约1.7倍;吸纳就业人数达2735.48万人,比2013年增加约925万人。

表4-1 高新技术企业经济贡献的年度变化

指标 年份	企业数 (个)	营业收入 (亿元)	工业总产值 (亿元)	净利润 (亿元)	出口额 (亿美元)	上缴税收 (亿元)	就业 (万人)
2013	54 683	193 837.38	175 106.44	12 825.21	4915.84	9277.36	1810.20
2014	62 556	217 304.76	211 335.92	14 399.15	5068.61	10 674.81	1914.84
2015	76 141	222 234.13	185 305.56	14 894.78	4768.71	11 052.05	2045.24
2016	100 012	261 093.94	212 268.80	18 859.69	4672.70	13 159.15	2360.67
2017	130 632	318 374.09	243 897.97	23 217.15	5600.69	15 578.30	2735.48

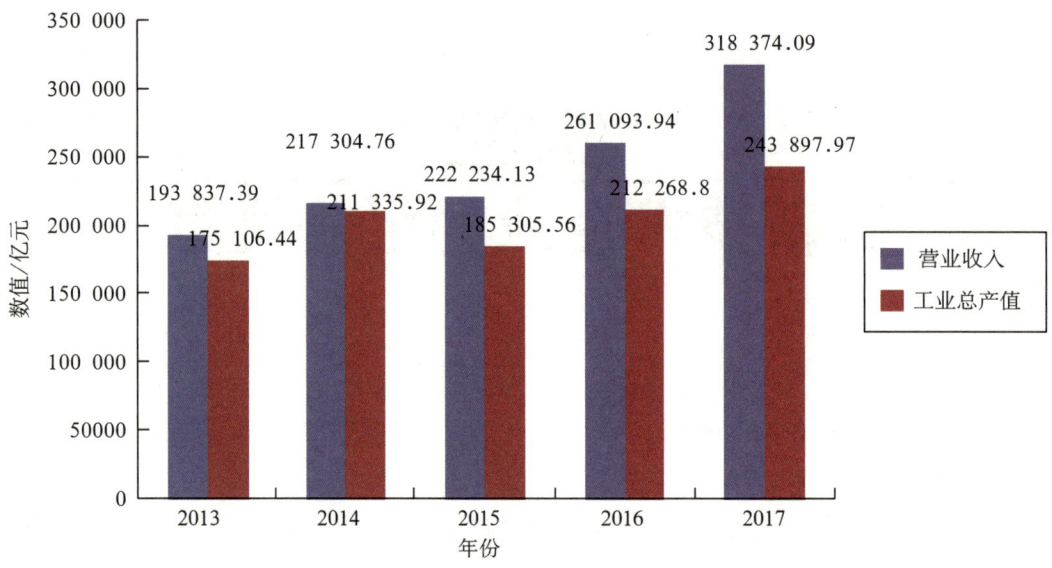

图 4-1　高新技术企业营业收入和工业总产值经济指标变化

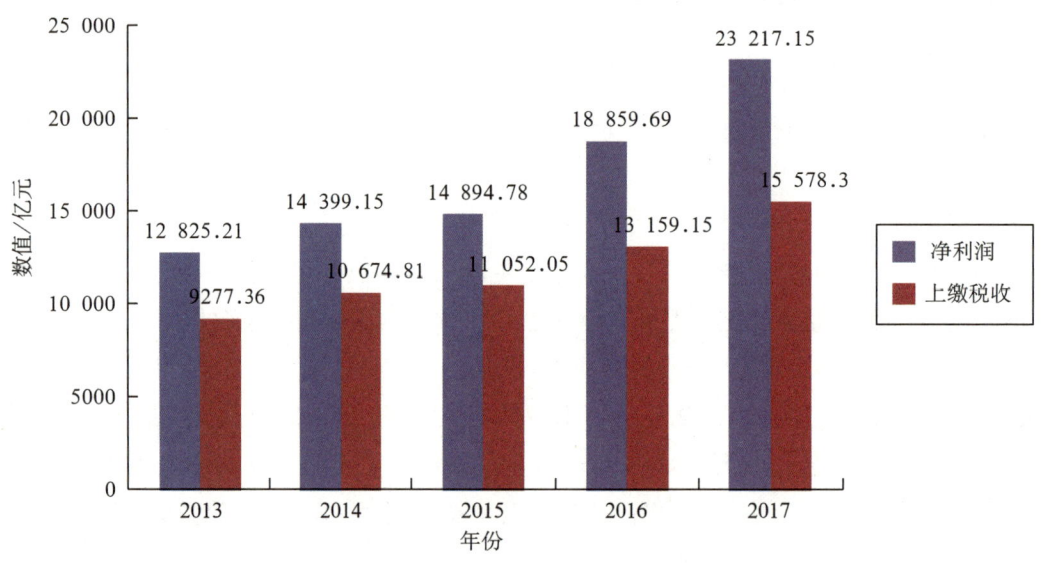

图 4-2　高新技术企业净利润和上缴税收经济指标变化

2. 经济指标增长率

表 4-2 显示，2013—2017 年，高新技术企业各项经济指标的增长速度整体呈现阶段性变化趋势。2013—2014 年，高新技术企业的经济贡献指标呈现快速增长；2015 年，高新技术企业部分经济指标的增长速度呈现下降趋势，尤其是工业总产值和出口额两个指标下降较为明显。2016 年，除了出口额继续下降外，其他经济指标开始快速回升。2017 年，高新技术企业各项经济指标相较上一年均有较快速增长。

表 4-2　高新技术企业经济贡献指标同比增长率　　　　　　　　　　　　　　单位：%

指标 年份	营业收入	工业总产值	净利润	出口额	上缴税收	就业
2013	15.43	15.02	17.71	6.62	10.70	11.63
2014	12.11	20.69	12.27	3.11	15.06	5.78
2015	2.27	-12.32	3.44	-5.92	3.53	6.81
2016	17.49	14.55	26.62	-2.01	19.07	15.42
2017	21.94	14.90	23.10	19.86	18.38	15.88

表4-3反映了2013—2016年高新技术企业对全国经济贡献的大小及其变化。高新技术企业在主营业务收入和提供就业上对全国的贡献是逐年增加的，其中主营业务收入占比从2013年的17.96%提高到2016年的21.89%，提高近4个百分点；提供就业占比由2013年的2.35%增加到2016年的3.04%，增加近1个百分点。高新技术企业的出口额占比基本维持在20%以上的水平，出口能力表现虽偶有波动，但总体相对稳定。

表 4-3　高新技术企业的经济贡献占全国对应经济指标比例　　　　　　　　　　单位：%

指标 年份	主营业务收入	出口额	上缴税收	就业
2013	17.96	22.25	8.39	2.35
2014	18.88	21.64	8.96	2.48
2015	19.47	20.98	8.85	2.64
2016	21.89	21.72	10.09	3.04

注：此处的全国经济指标是指全国范围的经济数据。其中，主营业务收入占比指高新技术企业主营业务收入占规模以上工业企业主营业务收入的比重；出口额占比指高新技术企业出口额占全国对外贸易货物出口额的比重。数据来源于历年《中国统计年鉴》。

（二）高新技术企业与全国规模以上工业企业的比较

高新技术企业与规模以上工业企业的经济贡献比较如表4-4和表4-5所示。数据显示，2013—2016年高新技术企业数量占全国规模以上工业企业数量的比例逐年提高，从2013年的14.79%提高到2016年的26.39%；利润总额占比较2013年提高7个百分点以上，达到27.19%，且2013—2016年高新技术企业利润总额占比始终高于其数量占比，可以看出高新技术企业的盈利能力普遍较好。

表 4-4　高新技术企业与规模以上工业企业的经济贡献比较

指标 年份	企业数量			利润总额		
	高新技术企业 （个）	规模以上工业企业 （个）	高新技术企业 占比（%）	高新技术企业 （亿元）	规模以上工业企业 （亿元）	高新技术企 业占比（%）
2013	54 683	369 800	14.79	13 743.42	68 378.90	20.10
2014	62 556	378 000	16.55	15 287.74	68 154.90	22.43
2015	76 141	383 000	19.88	15 798.11	66 187.07	23.87
2016	100 012	379 000	26.39	19 558.73	71 921.40	27.19

注：全国规模以上工业企业[①]的数据来源于《中国统计年鉴》和《中国工业统计年鉴》。高新技术企业的利润总额为其营业利润指标。占比指高新技术企业经济指标占规模以上工业企业经济指标的比重。

2013—2016 年，高新技术企业工业总产值占比在 2015 年出现显著下降之后，2016 年迅速回升，达到 18.43%，比 2013 年高出 1 个百分点；上缴税收占全国规模以上工业企业所得税的比重也在逐步提高。

表 4-5　高新技术企业与规模以上工业企业的经济贡献比较

指标 年份	工业总产值			上缴税收（企业所得税）		
	高新技术企业 （亿元）	规模以上工业企业 （亿元）	高新技术企业 占比（%）	高新技术企业 （亿元）	规模以上工业企业 （亿元）	高新技术企业 占比（%）
2013	175 106.44	1 019 405.30	17.18	2107.70	9476.42	22.24
2014	211 335.92	1 092 197.99	19.35	2411.11	9889.75	24.38
2015	185 305.56	1 104 026.70	16.78	2559.92	—	—
2016	212 268.80	1 151 950.07	18.43	3112.19	—	—

注：全国规模以上工业企业工业总产值指工业销售产值。占比指高新技术企业经济指标占规模以上工业企业经济指标的比重。

（三）高新技术企业经济贡献的规模特征

1. 数量的分布特征

表 4-6 反映了 2013—2017 年不同规模高新技术企业的数量年度变化及占比情况。总体上，营业收入范围在 5000 万（含）~ 2 亿元的高新技术企业数量占比较大。其中，2013—2017 年营业收入在 5000 万（含）~ 2 亿元的高新技术企业数量占比最大，占比年均在 23% 以上，但是有逐年下降的趋势；值得注意的是营业收入小于 500 万元的高新技术企业数量在逐年增加；营业收入在 5000 万元（含）以上的高新技术企业数量均在逐年减少。

[①] 根据国家统计局的定义，规模以上工业企业统计范围：2009—2010 年是指年主营业务收入在 500 万元及以上的工业企业，2011 年及以后则为年主营业务收入在 2000 万元及以上的工业企业。

表 4-6 不同规模高新技术企业的数量分布

指标 收入规模	数量（个）					占比（%）				
	2013年	2014年	2015年	2016年	2017年	2013年	2014年	2015年	2016年	2017年
500万元以下	4789	5873	9035	14 984	24 165	8.76	9.39	11.87	14.98	18.50
500万（含）～2000万元	9436	11 337	15 067	21 006	28 596	17.26	18.12	19.79	21.00	21.89
2000万（含）～5000万元	10 422	12 223	15 225	19 690	24 814	19.06	19.54	20.00	19.69	19.00
5000万（含）～2亿元	16 164	18 191	20 842	25 897	31 331	29.56	29.08	27.37	25.89	23.98
2亿（含）～5亿元	7378	7913	8617	10 008	11 754	13.49	12.65	11.32	10.01	9.00
5亿（含）～10亿元	3218	3493	3591	4081	4826	5.88	5.58	4.72	4.08	3.69
10亿（含）～50亿元	2715	2939	3182	3665	4287	4.96	4.70	4.18	3.66	3.28
50亿（含）～100亿元	341	341	347	401	511	0.62	0.55	0.46	0.40	0.39
100亿（含）以上	220	246	235	280	348	0.40	0.39	0.31	0.28	0.27

2. 营业收入的规模特征

表 4-7 反映了 2013—2017 年不同规模高新技术企业的营业收入年度变化及占比情况。总体上，规模相对较大（营业收入在 5 亿元以上）的高新技术企业的收入占比大。其中，营业收入在 10 亿（含）～50 亿元的高新技术企业收入占比最大，占比年均在 27% 以上；营业收入在 100 亿元（含）以上的高新技术企业的收入占比其次，占比均在 24% 以上；占比最少的是营业收入在 500 万元以下的高新技术企业，年均在 0.1% 左右。

表 4-7 不同规模高新技术企业的营业收入及占比

指标 收入规模	营业收入（亿元）					占比（%）				
	2013年	2014年	2015年	2016年	2017年	2013年	2014年	2015年	2016年	2017年
小于500万元	114.67	140.37	204.59	327.42	442.31	0.06	0.06	0.09	0.13	0.14
500万（含）～2000万元	1095.76	1317.80	1740.75	2383.75	3223.97	0.57	0.61	0.78	0.91	1.01
2000万（含）～5000万元	3422.48	4003.08	4955.30	6388.12	8040.20	1.77	1.84	2.23	2.45	2.53

续表

指标 收入规模	营业收入（亿元）					占比（%）				
	2013年	2014年	2015年	2016年	2017年	2013年	2014年	2015年	2016年	2017年
5000万（含）～2亿元	16 828.91	18 870.14	21 453.62	26 428.31	31 997.79	8.68	8.68	9.65	10.12	10.05
2亿（含）～5亿元	23 052.87	24 695.28	27 015.93	31 223.53	36 732.63	11.89	11.36	12.16	11.96	11.54
5亿（含）～10亿元	22 431.12	24 474.94	25 109.36	28 412.12	33 593.42	11.57	11.26	11.30	10.88	10.55
10亿（含）～50亿元	53 678.95	59 281.84	64 612.61	74 207.27	87 552.67	27.69	27.28	29.07	28.42	27.50
50亿（含）～100亿元	23 666.32	23 990.42	23 672.90	27 363.36	35 150.61	12.21	11.04	10.65	10.48	11.04
100亿（含）以上	49 546.30	60 530.89	53 469.06	64 359.06	81 640.49	25.56	27.86	24.06	24.65	25.64

注：占比指不同收入规模的高新技术企业经济指标占该经济指标总额的比重，下同。

从增长速度上看，营业收入在500万元以下的高新技术企业收入年度增长较为迅速，特别是在2016年实现了60%以上的快速增长；其次为营业收入在500万（含）～2000万元的高新技术企业，近年来增长速度在30%以上，这也符合小企业的成长特点（表4-8、图4-3）。

表4-8 不同规模高新技术企业营业收入年度变化　　　　　　　　　　　单位：%

指标 收入规模	增长速度			
	2014年	2015年	2016年	2017年
小于500万元	22.41	45.75	60.04	35.09
500万（含）～2000万元	20.26	32.10	36.94	35.25
2000万（含）～5000万元	16.96	23.79	28.91	25.86
5000万（含）～2亿元	12.13	13.69	23.19	21.07
2亿（含）～5亿元	7.12	9.40	15.57	17.64
5亿（含）～10亿元	9.11	2.59	13.15	18.24
10亿（含）～50亿元	10.44	8.99	14.85	17.98
50亿（含）～100亿元	1.37	−1.33	15.59	28.46
100亿元（含）以上	22.17	−11.67	20.37	26.85

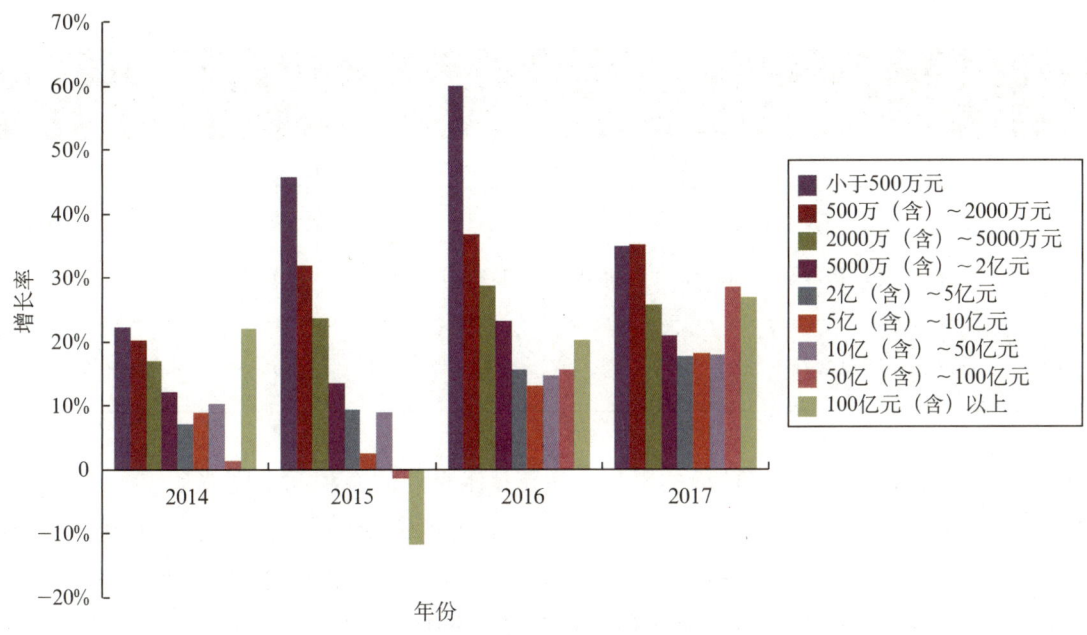

图 4-3 不同收入规模高新技术企业的营业收入增长率

3. 净利润的规模特征

表 4-9 反映了 2013—2017 年不同规模高新技术企业的净利润年度变化及占比情况。总体上，规模较大的高新技术企业的净利润贡献较大，营业收入在 10 亿（含）～ 50 亿元和 100 亿元（含）以上的高新技术企业净利润总和占全部高新技术企业利润的 50% 以上；而营业收入小于 500 万元的高新技术企业和营业收入在 500 万（含）～ 2000 万元间的高新技术企业净利润历年均为负值，值得关注。

表 4-9 不同规模高新技术企业的净利润及占比

指标 收入规模	净利润（亿元）					占比（%）				
	2013 年	2014 年	2015 年	2016 年	2017 年	2013 年	2014 年	2015 年	2016 年	2017 年
小于 500 万元	−48.10	−61.03	−119.13	−172.57	−311.18	−0.38	−0.42	−0.80	−0.92	−1.34
500 万（含）～ 2000 万元	−6.39	−13.37	−145.26	−83.88	−154.43	−0.05	−0.09	−0.98	0.44	−0.67
2000 万（含）～ 5000 万元	169.12	180.29	188.49	199.37	247.77	1.32	1.25	1.27	1.06	1.07
5000 万（含）～ 2 亿元	1208.57	1028.25	1444.15	1935.15	2174.93	9.42	7.14	9.70	10.26	9.37
2 亿（含）～ 5 亿元	1808.48	1915.99	2111.49	2594.79	2895.95	14.10	13.31	14.18	13.76	12.47
5 亿（含）～ 10 亿元	1736.36	1841.54	1936.31	2359.43	2663.22	13.54	12.79	13.00	12.51	11.47

续表

指标 收入规模	净利润（亿元）					占比（%）				
	2013年	2014年	2015年	2016年	2017年	2013年	2014年	2015年	2016年	2017年
10亿（含）~50亿元	3729.27	4166.33	4318.00	5639.17	6745.31	29.08	28.93	28.99	29.90	29.05
50亿（含）~100亿元	1337.34	1526.93	1498.52	1606.91	2254.13	10.43	10.60	10.06	8.52	9.71
100亿元（含）以上	2890.57	3814.22	3662.21	4781.33	6701.44	22.54	26.49	24.59	25.35	28.86

从增长速度上看，受宏观经济环境的影响，高新技术企业的净利润年度波动较大，2015—2016年尤为明显。其中，营业收入在500万（含）~2000万元的高新技术企业净利润波动尤其突出，从2014年的-13.37亿元急速下降至2015年的-145.26亿元，负增长率达到-986.46%。不过，2017年情况有所好转，除营业收入小于500万元和营业收入在500万（含）~2000万元的高新技术企业外，其他收入规模的高新技术企业净利润均有所增长（表4-10）。

表4-10 不同规模高新技术企业净利润年度变化 单位：%

指标 收入规模	增长速度			
	2014年	2015年	2016年	2017年
小于500万元	-26.88	-95.20	-44.86	-80.32
500万（含）~2000万元	-109.23	-986.46	42.26	84.11
2000万（含）~5000万元	6.60	4.55	5.77	24.28
5000万（含）~2亿元	-14.92	40.45	34.00	12.39
2亿（含）~5亿元	5.94	10.20	22.89	11.61
5亿（含）~10亿元	6.06	5.15	21.85	12.88
10亿（含）~50亿元	11.72	3.64	30.60	19.62
50亿（含）~100亿元	14.18	-1.86	7.23	40.28
100亿元（含）以上	31.95	-3.99	30.56	40.16

4. 出口的规模特征

表4-11反映了2013—2017年内不同规模高新技术企业的出口量年度变化及占比情况。总体上，规模大的高新技术企业出口贡献优势明显，营业收入在10亿（含）~50亿元和100亿元（含）以上的高新技术企业出口额总和约占全部高新技术企业出口总额的50%。相比之下，营业收入在500万元以下的高新技术企业出口贡献较小，近年来一直维持在0.01~0.02，这也说明了规模较小的高新技术企业的市场主要是在国内（表4-11）。

表 4-11　不同规模高新技术企业的出口额及占比

指标 收入规模	出口额（亿美元）					占比（%）				
	2013 年	2014 年	2015 年	2016 年	2017 年	2013 年	2014 年	2015 年	2016 年	2017 年
小于 500 万元	0.54	0.83	0.68	0.96	1.33	0.01	0.02	0.01	0.02	0.02
500 万（含）～ 2000 万元	10.11	11.82	13.21	15.81	20.51	0.21	0.23	0.28	0.34	0.37
2000 万（含）～ 5000 万元	48.16	52.06	61.87	69.85	87.90	0.98	1.03	1.30	1.49	1.57
5000 万（含）～ 2 亿元	351.24	369.703	400.80	442.34	541.92	7.15	7.29	8.40	9.47	9.68
2 亿（含）～ 5 亿元	564.97	641.89	607.69	608.57	725.29	11.49	12.66	12.74	13.02	12.95
5 亿（含）～ 10 亿元	604.97	612.62	585.48	558.39	645.57	12.31	12.09	12.28	11.95	11.53
10 亿（含）～ 50 亿元	1466.09	1587.65	1512.39	1400.83	1684.45	29.82	31.32	31.71	29.98	30.08
50 亿（含）～ 100 亿元	680.00	609.19	565.87	571.61	682.75	13.83	12.02	11.87	12.23	12.19
100 亿元（含）以上	1189.76	1182.86	1020.73	1004.34	1210.97	24.20	23.34	21.40	21.49	21.62

我国高新技术企业产品出口已经成为拉动全国商品外贸增长的新生力量。从增长速度上看，收入规模小的企业出口额增长较多，这可能与 2016 新办法认定了大量中小规模的高新技术企业有关。2015—2016 年，各个规模层次的高新技术企业的出口额变动较大，这与国际市场对中国的贸易限制有一定关系。中国政府在这一期间连续出台进出口政策抵御风险，如《国务院办公厅关于促进进出口稳定增长的若干意见》（国办发〔2015〕55 号），国家税务总局发布《市场采购贸易方式出口货物免税管理办法（试行）》的公告等，产生了积极效果。2017 年，不同规模的高新技术企业出口额均保持了一定程度的增长（表 4-12、图 4-4）。

表 4-12　不同规模高新技术企业出口额年度变化　　　　单位：%

指标 收入规模	增长速度			
	2014 年	2015 年	2016 年	2017 年
小于 500 万元	53.70	-18.07	41.18	38.54
500 万（含）～ 2000 万元	16.91	11.76	19.68	29.73
2000 万（含）～ 5000 万元	8.10	18.84	12.90	25.84
5000 万（含）～ 2 亿元	5.26	8.41	10.36	22.51
2 亿（含）～ 5 亿元	13.61	-5.33	0.14	19.18
5 亿（含）～ 10 亿元	1.26	-4.43	-4.63	15.61
10 亿（含）～ 50 亿元	8.29	-4.74	-7.38	20.25
50 亿（含）～ 100 亿元	-10.41	-7.11	1.01	19.44
100 亿元（含）以上	-0.58	-13.71	-1.61	20.57

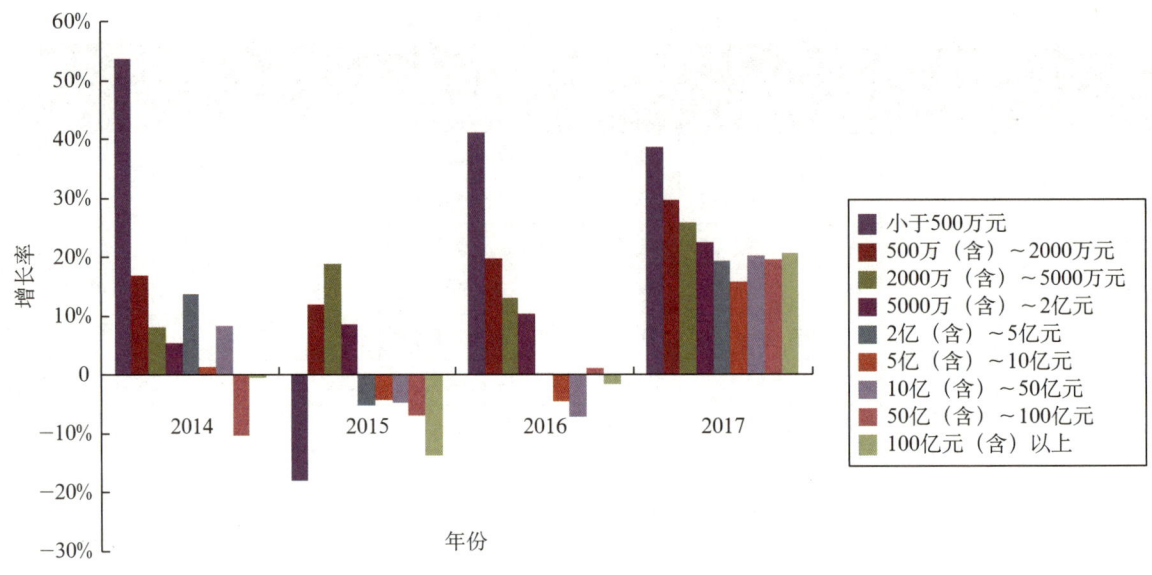

图 4-4 不同规模高新技术企业的出口额增长率

5. 上缴税收的规模特征

表 4-13 反映了 2013—2017 年不同规模高新技术企业的上缴税收年度变化及占比情况。总体上，规模大的高新技术企业的税收贡献比较大，营业收入在 10 亿（含）～ 50 亿元和 100 亿元（含）以上的高新技术企业上缴税收总和占全部高新技术企业上缴税收 50% 以上。另外，为国家税收贡献较大的高新技术企业还有 5000 万（含）～ 2 亿元、2 亿（含）～ 5 亿元、5 亿（含）～ 10 亿元及 50 亿（含）～ 100 亿元规模水平的高新技术企业。而 5000 万元以下规模的高新技术企业的上缴税收贡献很少。

表 4-13 不同规模高新技术企业的上缴税收及占比

指标 收入规模	上缴税收（亿元）					占比（%）				
	2013 年	2014 年	2015 年	2016 年	2017 年	2013 年	2014 年	2015 年	2016 年	2017 年
小于 500 万元	8.89	19.89	12.81	24.90	36.13	0.10	0.19	0.12	0.19	0.23
500 万（含）～ 2000 万元	68.10	78.92	99.95	136.54	177.84	0.73	0.74	0.90	1.04	1.14
2000 万（含）～ 5000 万元	199.44	230.94	291.27	367.76	448.36	2.15	2.16	2.64	2.79	2.88
5000 万（含）～ 2 亿元	961.15	1139.08	1258.98	1564.03	1794.73	10.36	10.67	11.39	11.89	11.52
2 亿（含）～ 5 亿元	1253.41	1334.04	1500.84	1797.64	2013.20	13.51	12.50	13.58	13.66	12.92
5 亿（含）～ 10 亿元	1121.81	1216.96	1305.29	1519.54	1738.89	12.09	11.40	11.81	11.55	11.16
10 亿（含）～ 50 亿元	2406.28	2676.07	2970.70	3508.93	4018.76	25.94	25.07	26.88	26.67	25.80
50 亿（含）～ 100 亿元	1004.26	942.02	1015.27	1095.17	1442.96	10.82	8.82	9.19	8.32	9.26
100 亿元（含）以上	2254.02	3036.88	2596.94	3144.63	3907.42	24.30	28.45	23.50	23.90	25.08

至于增长速度，高新技术企业所上缴税收的增长速度在 2014—2015 年有所波动，尤其是营业收入在 500 万元以下，50 亿（含）～ 100 亿元和 100 亿元（含）以上的高新技术企业波动较大，其他年份各个规模层次的高新技术企业上缴税收的增长速度呈现正增长态势（表 4-14、图 4-5）。

表 4-14 不同规模高新技术企业上缴税收年度变化

指标 收入规模	增长速度（%）			
	2014 年	2015 年	2016 年	2017 年
小于 500 万元	123.73	-35.60	94.38	45.10
500 万（含）～ 2000 万元	15.89	26.65	36.61	30.25
2000 万（含）～ 5000 万元	15.79	26.12	26.26	21.92
5000 万（含）～ 2 亿元	18.51	10.53	24.23	14.75
2 亿（含）～ 5 亿元	6.43	12.50	19.78	11.99
5 亿（含）～ 10 亿元	8.48	7.26	16.41	14.44
10 亿（含）～ 50 亿元	11.21	11.01	18.12	14.53
50 亿（含）～ 100 亿元	-6.20	7.78	7.87	31.76
100 亿元（含）以上	34.73	-14.49	21.09	24.26

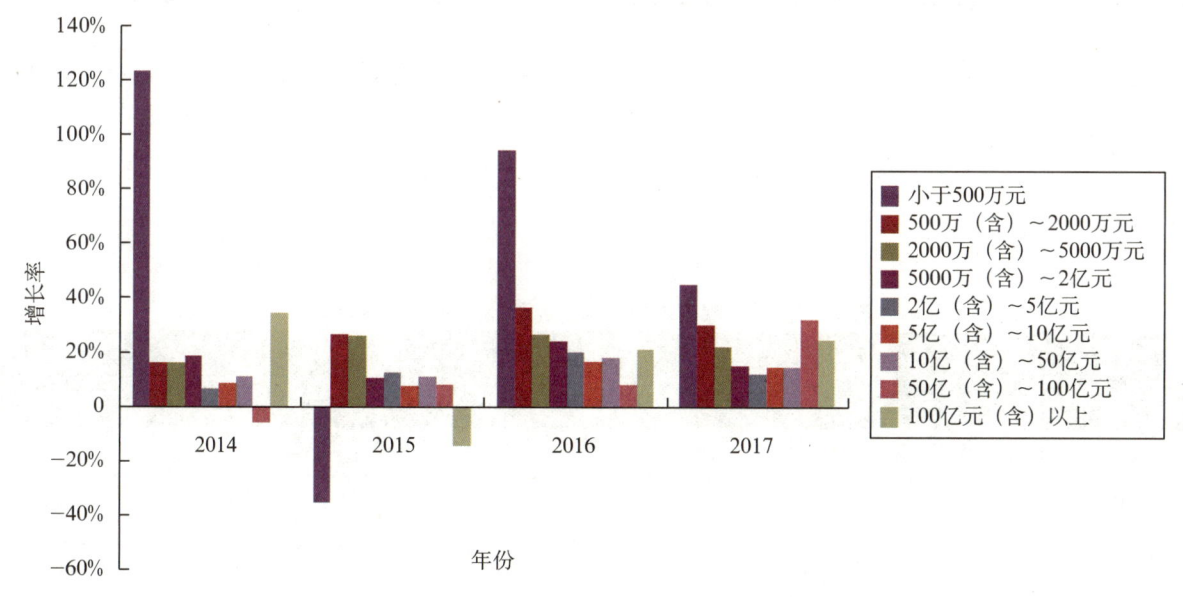

图 4-5 不同规模高新技术企业上缴税收增长率

6. 就业的规模特征

表 4-15 反映了 2013—2017 年不同规模高新技术企业的就业人数变化及占比情况。总体上，规模大的高新技术企业提供的就业较多。其中，营业收入在 10 亿元以上的高新技术企业提供的就业占全部就业人数的比重最多，超过 1/3；另外，提供就业比例较高的是营业收入在 5000 万（含）～ 2 亿元

和 2 亿（含）～ 5 亿元之间的高新技术企业，占比各年均在 15% 以上，说明中小企业对解决就业问题的贡献较大；而营业收入在 500 万元以下和 500 万（含）～ 2000 万元的高新技术企业所提供的就业相对较少。

表 4-15 不同规模高新技术企业的就业人数变化及占比

指标 收入规模	就业人数（万人）					占比（%）				
	2013 年	2014 年	2015 年	2016 年	2017 年	2013 年	2014 年	2015 年	2016 年	2017 年
小于 500 万元	12.99	15.15	20.82	32.18	46.72	0.72	0.79	1.02	1.36	1.71
500 万（含）～ 2000 万元	49.01	57.69	70.42	92.92	115.38	2.71	3.01	3.44	3.94	4.22
2000 万（含）～ 5000 万元	99.84	112.12	133.93	165.75	196.26	5.52	5.86	6.55	7.02	7.17
5000 万（含）～ 2 亿元	332.6	356.01	396.9	475.49	548.99	18.37	18.59	19.41	20.14	20.07
2 亿（含）～ 5 亿元	322.3	329.08	357.48	402.32	452.91	17.80	17.19	17.48	17.04	16.56
5 亿（含）～ 10 亿元	247.01	255.92	256.06	284.64	325.71	13.65	13.37	12.52	12.06	11.91
10 亿（含）～ 50 亿元	421.43	447.27	489.38	534.69	600.71	23.28	23.36	23.93	22.65	21.96
50 亿（含）～ 100 亿元	130.93	122.15	125.83	144.41	174.54	7.23	6.38	6.15	6.12	6.38
100 亿元（含）以上	194.08	219.44	194.42	228.29	274.25	10.72	11.46	9.51	9.67	10.03

从增长速度上看，各个规模层次的高新技术企业所提供的就业量在 2014—2015 年有所波动，尤其是营业收入在 50 亿（含）～ 100 亿元和 100 亿元（含）以上的高新技术企业，出现了一定程度的负增长。2015—2017 年，营业收入小于 500 万元的高新技术企业提供就业人数增速最快（表 4-16、图 4-6）。

表 4-16 不同规模高新技术企业就业人数年度增长率

指标 收入规模	增长率（%）			
	2014 年	2015 年	2016 年	2017 年
小于 500 万元	16.63	37.43	54.56	45.18
500 万（含）～ 2000 万元	17.71	22.07	31.95	24.17
2000 万（含）～ 5000 万元	12.30	19.45	23.76	18.41
5000 万（含）～ 2 亿元	7.04	11.49	19.80	15.46
2 亿（含）～ 5 亿元	2.10	8.63	12.54	12.57
5 亿（含）～ 10 亿元	3.61	0.05	11.16	14.43
10 亿（含）～ 50 亿元	6.13	9.41	9.26	12.35
50 亿（含）～ 100 亿元	-6.71	3.01	14.77	20.86
100 亿元（含）以上	13.07	-11.40	17.42	20.13

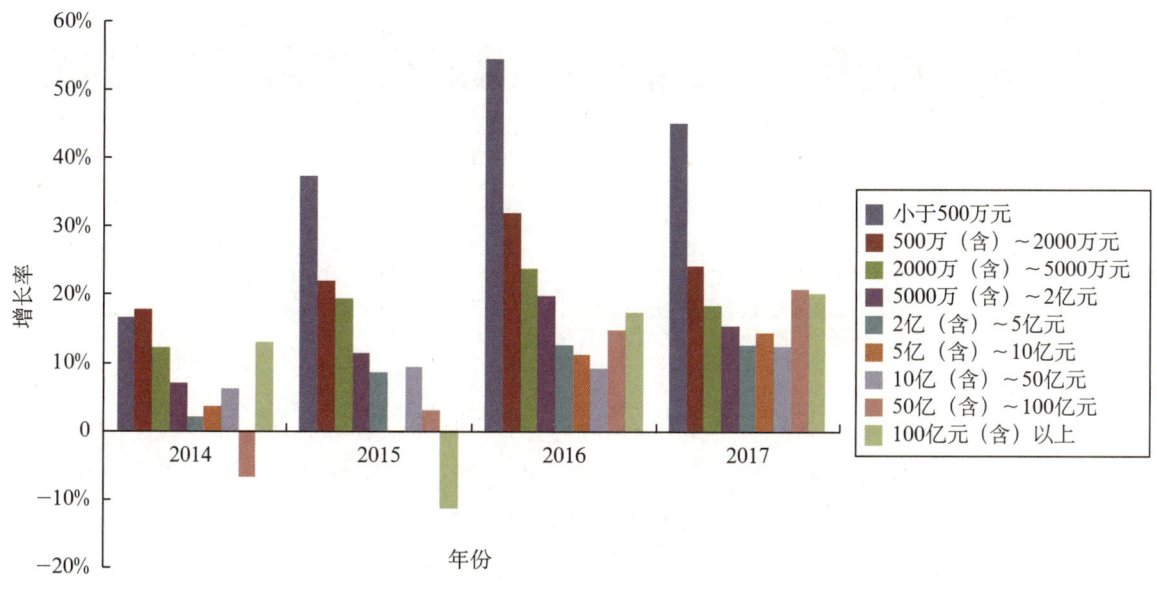

图 4-6 不同规模高新技术企业就业人数增长率

（四）高新技术企业户均经济贡献

1. 户均经济贡献

选取营业收入、净利润、出口额、上缴税收和就业的户均指标来分析高新技术企业的户均发展状况。如表 4-17 和表 4-18 所示，除了户均上缴税收在 2014 年有所波动之外，2013—2017 年高新技术企业的户均营业收入、户均净利润、户均出口额和户均就业都呈现递减趋势。

表 4-17 2013—2017 年高新技术企业户均经济贡献

年份	户均营业收入（万元）	户均净利润（万元）	户均出口额（万美元）	户均上缴税收（万元）	户均就业（个）
2013	35447.47	2345.37	898.97	1696.57	331.04
2014	34737.64	2301.80	810.25	1706.44	306.10
2015	29187.18	1956.21	626.30	1451.52	268.61
2016	26106.26	1885.74	467.21	1315.76	236.04
2017	24371.83	1777.29	428.74	1192.53	209.40

2013—2017 年，高新技术企业经济贡献户均经济指标年度递减率的变化在 2015 年波动较大，2017 年各指标值降幅有所减缓。

表 4-18　2013—2017 年高新技术企业经济贡献户均指标年度增长率　　　　　　　　　　　　　单位：%

年份	户均营业收入	户均净利润	户均出口额	户均上缴税收	户均就业
2013	-4.35	-2.45	-11.64	-8.27	-7.50
2014	-2.00	-1.86	-9.87	0.58	-7.53
2015	-15.98	-15.01	-22.70	-14.94	-12.25
2016	-10.56	-3.60	-25.40	-9.35	-12.13
2017	-6.64	-5.75	-8.23	-9.37	-11.29

注：2012 年高新技术企业户均经济贡献见《高新技术发展报告 2013》。

选取不同规模高新技术企业户均营业收入和户均净利润等指标进行进一步分析（表 4-19、表 4-20）发现：不同规模高新技术企业数量随年度变化均在增加，2015—2017 年，高新技术企业数量增幅较大，中小型高新技术企业的数量涨幅尤为明显。除 2014—2015 年外，不同规模高新技术企业户均营业收入各年变化不明显，较为稳定。收入规模在 100 亿元（含）以上的高新技术企业户均营业收入实现了连年递增。

表 4-19　不同规模高新技术企业户均营业收入　　　　　　　　　　　　　　　　　　　　　　单位：万元

收入规模 \ 年份	2013	2014	2015	2016	2017
小于 500 万元	239.44	239.01	226.44	218.51	183.04
500 万（含）～ 2000 万元	1161.25	1162.39	1155.34	1134.79	1127.42
2000 万（含）～ 5000 万元	3283.903	3275.04	3254.71	3244.35	3240.19
5000 万（含）～ 2 亿元	10 411.35	10 373.34	10 293.46	10 205.16	10 212.82
2 亿（含）～ 5 亿元	31 245.42	31 208.49	31 351.90	31 198.57	31 251.17
5 亿（含）～ 10 亿元	69 705.16	70 068.54	69 923.03	69 620.49	69 609.24
10 亿（含）～ 50 亿元	197 712.52	201 707.52	203 056.60	202 475.50	204 228.29
50 亿（含）～ 100 亿元	694 026.98	703 531.38	682 216.14	682 378.05	687 878.87
100 亿元（含）以上	2 252 104.55	2 460 605.29	2 275 279.15	2 298 537.86	2 345 991.09

户均净利润的变化与户均营业收入的变化基本保持了一致。收入规模在 100 亿元（含）以上的高新技术企业户均净利润实现了连年递增。

表 4-20　不同规模高新技术企业户均净利润　　　　　　　　　　　　　　　　　　　　　　单位：万元

收入规模 \ 年份	2013	2014	2015	2016	2017
小于 500 万元	-100.44	-103.92	-131.85	-115.17	-128.77
500 万（含）～ 2000 万元	-6.77	-11.79	-96.41	-39.93	-54.00

续表

年份 收入规模	2013	2014	2015	2016	2017
2000万（含）～5000万元	162.27	147.50	123.80	101.25	99.85
5000万（含）～2亿元	747.69	565.25	692.90	747.25	694.18
2亿（含）～5亿元	2451.18	2421.32	2450.38	2592.72	2463.80
5亿（含）～10亿元	5395.77	5272.09	5392.12	5781.50	5518.48
10亿（含）～50亿元	13 735.80	14 176.01	13 570.08	15 386.55	15 734.34
50亿（含）～100亿元	39 218.18	44 778.01	43 185.01	40 072.57	44 112.13
100亿元（含）以上	131 389.55	155 049.59	155 838.72	170 761.79	192 570.11

从2013—2017年不同规模高新技术企业的户均经济贡献变化可以看出，高新技术企业的户均营业收入、户均净利润、户均出口和户均就业呈现出的递减趋势可能与高新技术企业数量增长过快密切相关，营业收入或净利润的增长倍数要小于企业数量的增长倍数。

2. 与规模以上工业企业户均经济贡献的比较

本部分选取户均主营业务收入和户均营业利润两个指标进行对比分析（图4-7、图4-8）发现：高新技术企业的户均主营业务收入在2015—2016年低于全国规模以上工业企业的平均值，户均营业利润虽在2013—2016年均高于全国规模以上工业企业的平均值，但是二者差距却在逐年缩小，主要原因是这期间新认定的高新技术企业数量增长幅度远远大于同期全国规模以上工业企业的增长幅度，且与营业收入5000万元以下的企业数量较多有关。

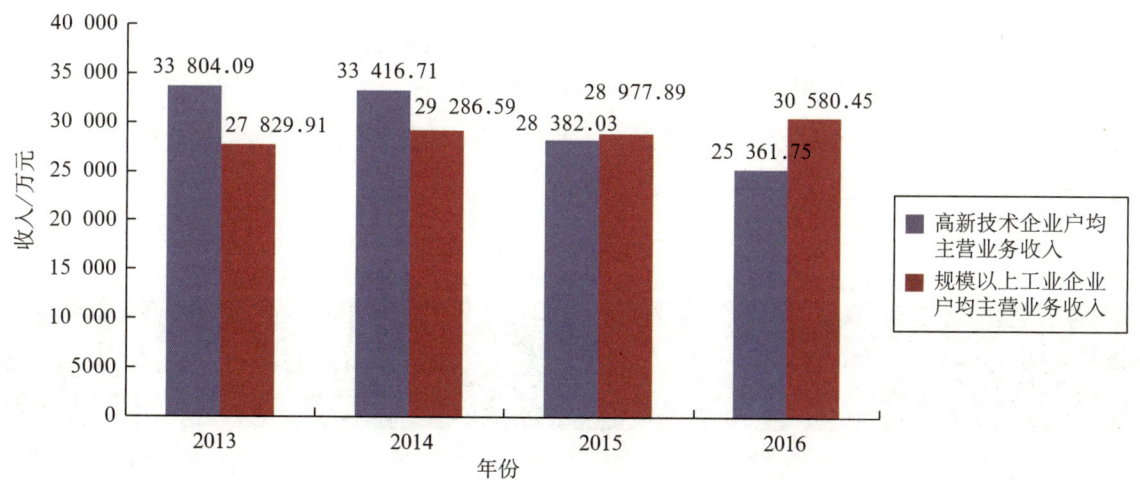

图4-7 高新技术企业与规模以上工业企业的户均主营业务收入对比

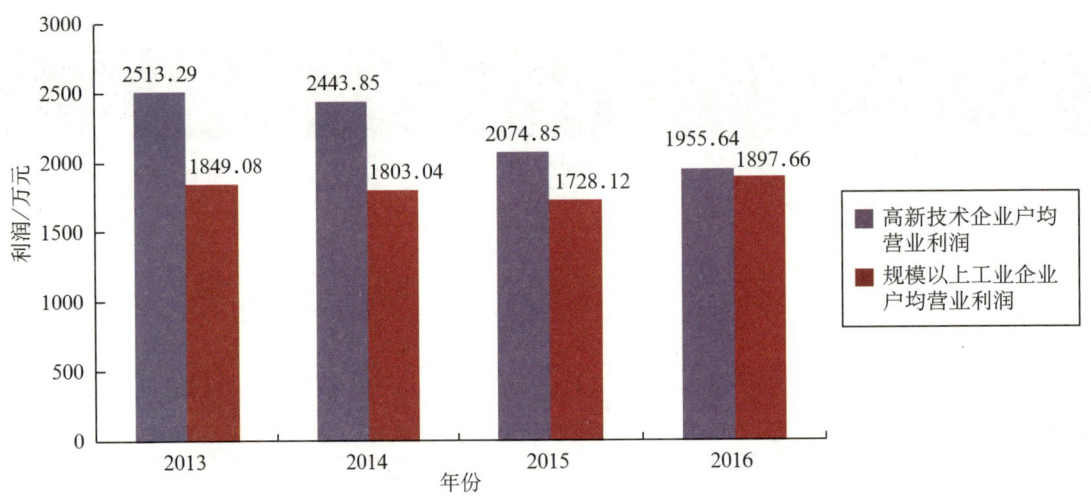

图 4-8 高新技术企业与规模以上工业企业的户均营业利润对比

二、新旧办法下高新技术企业经济贡献对比分析

本部分对 2016 年和 2017 年新旧办法下高新技术企业经济贡献主要指标进行对比分析,以期分析新办法下高新技术企业的经济特点。

（一）新旧办法下高新技术企业总体发展对比

选取营业收入、工业总产值、净利润、出口额、上缴税收和就业 6 个指标来比较分析 2016 年新旧办法下认定的高新技术企业的经济贡献。

如表 4-21 和表 4-22 所示：2016 年新办法认定的高新技术企业数量较 2016 年旧办法认定的高新技术企业略少,在总收入、工业总产值和净利润等经济指标方面之间的差距与数量之间的差距并不对等,经济指标表现远远落后于 2016 旧办法认定的高新技术企业。而 2017 年新办法认定的高新技术企业数量大幅激增,相比而言,总收入、工业总产值和净利润等经济指标远远超过 2017 年旧办法认定的高新技术企业,且与二者之间的数量差距基本保持一致。

表 4-21 新旧办法下高新技术企业经济贡献总体情况（2016 年）

指标 企业类型	企业数 （个）	营业收入 （亿元）	工业总产值 （亿元）	净利润 （亿元）	出口额 （亿美元）	上缴税收 （亿元）	就业 （万人）
旧办法	58 749	191 944.10	159 643.40	14 352.92	3593.66	9872.2	1665.58
新办法	41 263	69 149.84	52 625.43	4506.77	1079.04	3286.95	695.10

表 4-22　新旧办法下高新技术企业经济贡献总体情况（2017年）

指标 企业类型	企业数 （个）	营业收入 （亿元）	工业总产值 （亿元）	净利润 （亿元）	出口额 （亿美元）	上缴税收 （亿元）	就业 （万人）
旧办法	29 733	85 925.63	67 037.43	5560.84	1602.12	4109.67	723.5
新办法	100 899	232 448.46	176 860.54	17 656.31	3998.57	11 468.63	2011.98

（二）新旧办法下高新技术企业户均经济贡献

选取营业收入、净利润、出口额、上缴税收和就业的户均指标来分析高新技术企业的发展状况（表4-23）。2016—2017年，新办法认定的高新技术企业户均出口额增长最多，其次为户均上缴税收和户均就业。与此形成对比的是，旧办法认定的高新技术企业户均出口额下降最多，其次为户均就业和户均净利润。2017年新办法认定的高新技术企业中，存在很多旧办法认定的高新技术企业到期而重新认定的高新技术企业，这部分高新技术企业在出口额、上缴税收等方面表现强势。同时，新的《高新技术企业认定管理办法》使得近年来越来越多的中小型科技型企业申报高新技术企业，众多优惠政策提升了企业不断创新和发展的动力，各项经济指标表现较好。

表 4-23　2016—2017年新旧办法下高新技术企业户均经济贡献对比

年份	户均营业收入 （万元）	户均净利润 （万元）	户均出口额 （万美元）	户均上缴税收 （万元）	户均就业 （个）
2016 旧办法	32 671.89	27 173.81	2443.09	611.70	1680.40
2016 新办法	16 758.32	12 753.66	1092.21	261.50	796.59
2017 旧办法	28 899.08	22 546.47	1870.26	538.84	1382.19
2017 新办法	23 037.74	17 528.47	1749.90	396.29	1136.64

三、小结

① 整体上看，高新技术企业在促进我国的经济增长、提供就业和上缴税收上起到了重要作用。2013—2017年，高新技术企业的经济贡献呈现增长态势，但是其间波动较为明显。

② 2013—2017年，高新技术企业各项经济指标的增长速度整体呈现阶段性变化趋势。在全球经济增长乏力和我国经济增长速度下滑、政府调整经济结构的情况下，高新技术企业的经济指标也受到了较大影响。2015年，高新技术企业部分经济指标的增长速度呈现下降趋势，尤其是工业总产值和出口额两个指标下降较为明显。2017年，高新技术企业各项经济指标相较上一年均有较快速增长。

③ 2013—2016年，高新技术企业数占全国规模以上工业企业的比例逐年提高，显示我国企业发展质量逐渐提高。2013—2016年，高新技术企业利润总额占全国规模以上工业企业的比例较2013年提高近7个百分点，达到27.19%，且高新技术企业利润总额占比始终高于其数量占比，可以看出高新技术企业的盈利能力普遍较好。高新技术企业的户均主营业务收入在2015—2016年低于全国规模

以上工业企业的平均值，户均营业利润虽在 2013—2016 年均高于全国规模以上工业企业的平均值，但是二者差距却在逐年缩小。

④企业规模越大，高新技术企业提供的社会财富就越多。销售收入在 500 万元以下的高新技术企业在各方面经济指标表现并不抢眼，小规模高新技术企业的发展值得关注。

⑤ 2016 年新旧办法下高新技术企业各经济指标的贡献值差距较为明显。2017 年新旧办法下高新技术企业各经济指标的贡献值差距基本与高新技术企业的数量差距一致。从户均经济指标来看，2016—2017 年，新办法认定的高新技术企业各项户均指标提升十分显著，尤其是在出口额、上缴税收和就业等方面，新办法认定的高新技术企业的发展动力得到提升。

第五章
高新技术企业的经济效益

高新技术企业通过技术创新，运用新科技和先进技术改变生产过程中各要素的结合比例和结合方式，降低劳动力、资本、土地等要素的投入比例，提高生产效率。当科技创新达到一定程度，新科技会取代传统经济增长动力，突破资源约束，持续不断、快速有效地促进企业经济收益增长。

经济效益是衡量经济活动的综合指标，是量化分析判断高企经济效率的重要方式。本章以劳动生产率、资产收益率、净利润率和人均产出4个指标对高企进行分析。

①劳动生产率是指劳动者在一定时期内创造的劳动成果与其相适应的劳动消耗量的比值，是衡量劳动效率的重要指标。根据数据的可得性，本章计算劳动生产率采用公式为：劳动生产率 =（营业利润 + 税金及附加 + 应付职工薪酬）/ 从业人员平均数 × 100%。

②资产收益率，也称资产回报率，是用来衡量每单位资产创造多少净利润的指标。资产收益率是应用最为广泛的衡量盈利能力的指标之一，该指标越高，表明企业资产利用效果越好。资产收益率计算公式为：资产收益率 = 净利润 / 平均资产总额 × 100%。

③净利润率是指企业净利润与营业收入的比率，它反映企业营业收入创造净利润的能力。净利润率是企业销售的最终获利能力指标，比率越高，说明企业的获利能力越强。净利润率计算公式为：净利润率 = 净利润 / 营业收入 × 100%。

④人均产出是一个地区（或行业、单位）的总产出分摊到每一个人的平均值。本章中的高企人均产出计算公式为：人均产出 = 工业总产值 / 从业人员年平均人数 × 100%。

一、高新技术企业总体经济效益

（一）劳动生产率

2013—2017年高企劳动生产率及其变化趋势如表5-1和图5-1所示，整体上高企的劳动生产率呈现上升趋势，且自2015年劳动生产率上升幅度逐渐增加。2014年上升了5.59%，2015年上升了2.81%，2016年上升了6.73%，2017年上升了9.18%。

表 5-1　2013—2017 年高企的劳动生产率变化情况　　　　　　　　　　　　　　　单位：万元 / 人

年份	劳动生产率
2013	16.83
2014	17.77
2015	18.27
2016	19.50
2017	21.29

图 5-1　2013—2017 年高企的劳动生产率变化情况

（二）资产收益率

如表 5-2 和图 5-2 所示，2013—2017 年高企的资产收益率明显表现出递增上升趋势，年增长率平均值为 4.91%。

表 5-2　2013—2017 年高企总体资产收益率变化　　　　　　　　　　　　　　　　单位：%

年份	资产收益率
2013	4.07
2014	4.23
2015	4.57
2016	4.78
2017	4.93

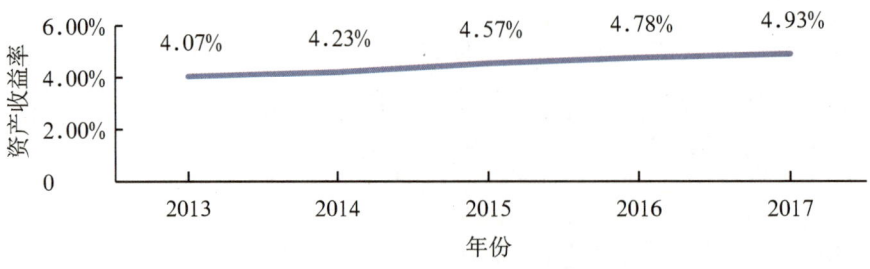

图 5-2　2013—2017 年高企总体资产收益率变化

（三）净利润率

如表 5-3 和图 5-3 所示，总体上高企的净利润率是逐年提升的。2013—2017 年平均增长幅度为 2.44%。其中，2016 年增幅最高，为 7.76%，其他年份 2014 年、2015 年、2017 年分别为 0.15%、1.06% 和 0.97%。

2016 年高企的净利润率增速明显，可能与营业税改增值税，高企税收优惠落实提高有关。2016 年新认定办法实施之后，地方政府积极落实高企政策，这也是高企 2016 年总体净利润率高速增长的原因之一。

表 5-3　2013—2017 年高企总体净利润率　　　　单位：%

年份	净利润率
2013	6.62
2014	6.63
2015	6.70
2016	7.22
2017	7.29

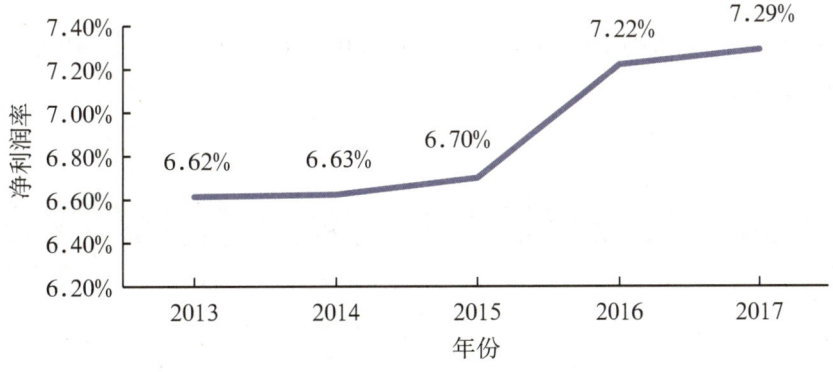

图 5-3　2013—2017 年高企总体净利润率变化趋势

（四）人均产出

如表 5-4 和图 5-4 所示，高企的人均产出 2014 年有所上升；2015—2017 年基本持平，但都低于 2013 年的水平，主要原因是近年来科技服务领域认定通过的高企数量越来越多。

表 5-4　2013—2017 年高企总体人均产出　　　　单位：万元/人

年份	2013	2014	2015	2016	2017
人均产出	98.29	112.10	91.67	91.63	91.49

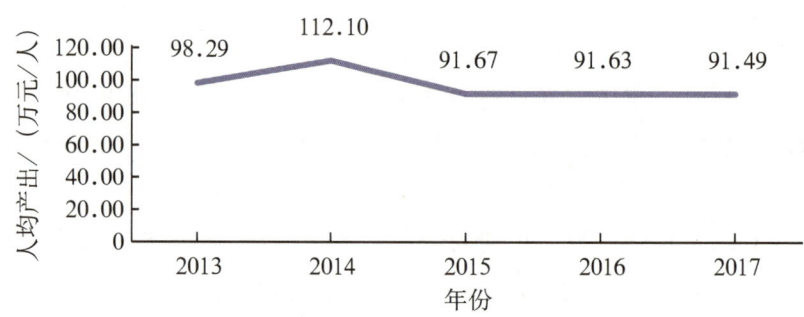

图 5-4　2013—2017 年高企总体人均产出

二、上市高新技术企业经济效益

（一）劳动生产率

如表 5-5 和图 5-5 所示，上市高企和非上市高企的劳动生产率都呈上升趋势，但上市高企劳动生产率上升趋势比非上市公司高企更明显。

上市高企劳动生产率 2014 年增长 14.87%，2015 年增长 0.85%，2016 年增长 11.07%，2017 年增长 18.06%。非上市高企劳动生产率 2014 年增长 3.95%，2015 年增长 3.44%，2016 年增长 5.57%，2017 年增长 6.85%。

总体上，上市高企比非上市高企劳动生产率更高。2013—2017 年，上市高企的平均劳动生产率高于非上市高企 6.13 万元／人。

表 5-5　2013—2017 年上市高企和非上市高企的劳动生产率对比　　　　单位：万元／人

年份	上市高企	非上市公司高企
2013	19.50	16.21
2014	22.40	16.85
2015	22.59	17.43
2016	25.09	18.40
2017	29.62	19.66

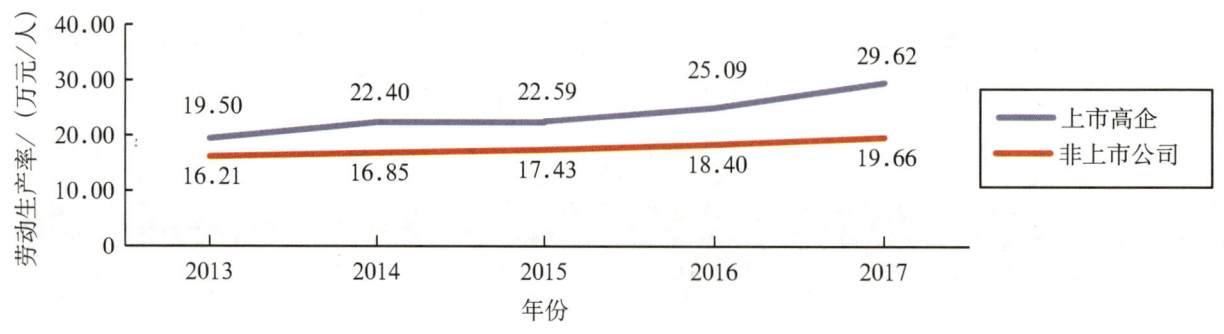

图 5-5　2013—2017 年上市高企和非上市高企的劳动生产率对比

（二）资产收益率

如表 5-6 和图 5-6 所示，除 2015 年之外，上市高企的资产收益率呈现增长态势，2015 年较 2014 年下降 6.41%，其他年份资产收益率环比均有增长。2014 年、2016 年、2017 年分别增长 27.78%、3.18%、16.35%。

非上市高企的资产收益率整体上也呈现逐年上升的趋势，仅 2014 年和 2017 年有小幅下滑，2013—2017 年平均资产收益率为 4.63%。

从表 5-6 和图 5-6 可以看出，上市高企与非上市高企的资产收益率没有太大的差距。

表 5-6 2013—2017 年上市高企和非上市高企总体资产收益率　　单位：%

年份	上市高企	非上市高企
2013	3.42	4.32
2014	4.37	4.20
2015	4.09	4.73
2016	4.22	4.99
2017	4.91	4.93

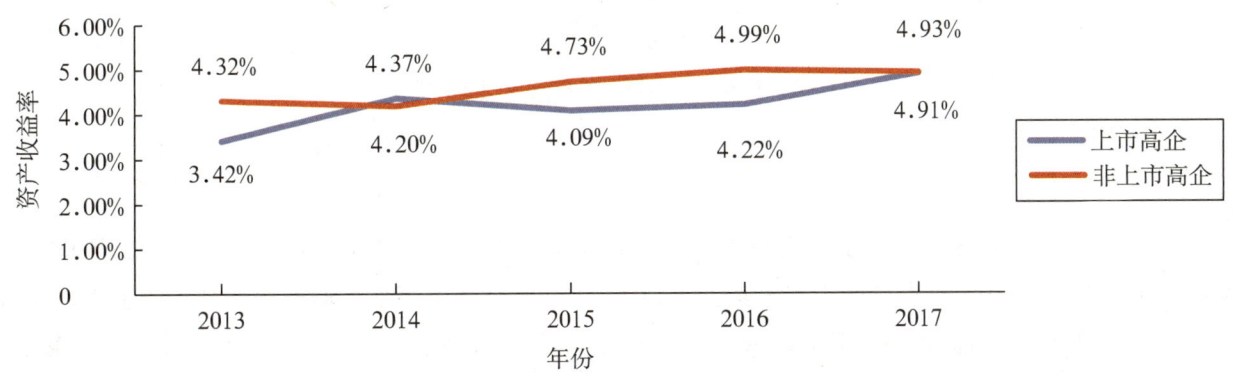

图 5-6 2013—2017 年上市高企和非上市高企总体资产收益率

（三）净利润率

如表 5-7 和图 5-7 所示，上市高企的净利润率是逐年稳步上升的，2013—2017 年净利润率平均值为 8.01%。2014—2017 年增幅分别为 9.20%、10.08%、7.65% 和 12.12%。非上市企业的净利润率增长不明显，且波动不大，净利润率平均值为 6.61%。值得注意的是，上市高企的净利润率明显高于非上市高企的，二者之间的净利润率差距在加大，差距趋势明显。

表 5-7　上市高企和非上市高企净利润率对比　　　　　　　　　　　　　　　　　　　　　单位：%

年份	上市高企	非上市高企
2013	6.63	6.61
2014	7.24	6.46
2015	7.97	6.40
2016	8.58	6.88
2017	9.62	6.68

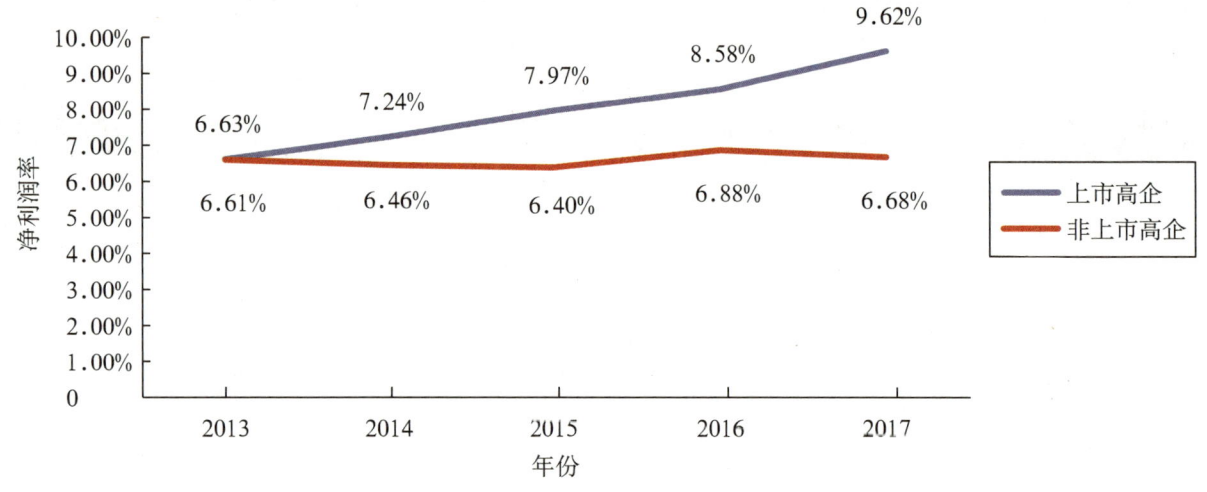

图 5-7　上市高企和非上市高企净利润率对比

（四）人均产出

如表 5-8 和图 5-8 所示，上市高企人均产出和非上市高企人均产出，与总体人均产出浮动趋势保持一致，2015—2017 年人均产出水平均低于 2014 年。但是上市高企人均产出远高于非上市高企人均产出，原因是非上市高企的数量占比远高于上市高企，而且上市高企中服务类企业的数量相对较少，因此导致二者出现较大差距。

表 5-8　2013—2017 年上市高企和非上市高企人均产出对比　　　　　　　　　　　　单位：万元/人

年份	上市高企人均产出	非上市高企人均产出
2013	121.20	93.00
2014	127.48	109.05
2015	113.38	87.43
2016	118.30	86.38
2017	123.39	85.21

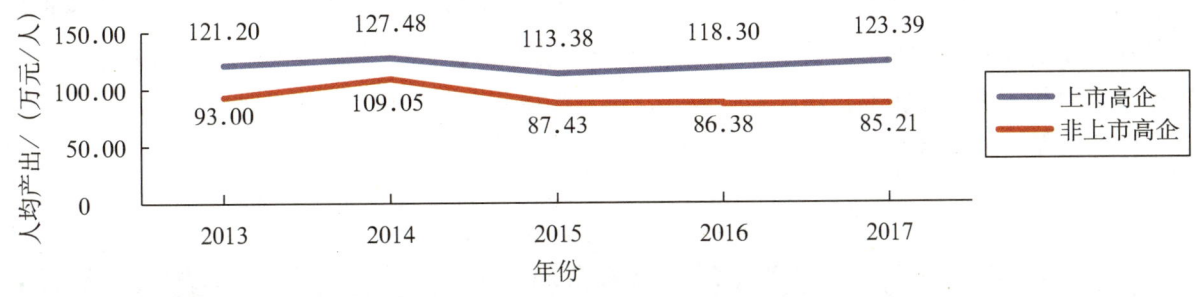

图 5-8　2013—2017 年上市高企和非上市高企人均产出对比

三、不同规模高新技术企业经济效益

（一）劳动生产率

表 5-9 反映了 2013—2017 年不同规模高企的劳动生产率。如表所示，劳动生产率最高的是销售收入 100 亿元以上的高企，2013—2016 年均维持在 30 万元／人以上，2017 年最低，为 26.54 万元／人。销售收入 50 亿～100 亿元的高企劳动生产率也相对较高，2013—2016 年均维持在 20 万元／人以上，同样 2017 年最低，为 19.53 万元／人。营业收入小于 500 万元的企业劳动生产率最低，2014 年、2015 年和 2017 年出现负值。

表 5-9　不同规模高企的劳动生产率　　　　　　　　　　　　　单位：万元／人

规模	劳动生产率				
	2013 年	2014 年	2015 年	2016 年	2017 年
销售收入 500 万元以下	0.62	−1.27	−0.97	0.07	−0.97
500 万（含）～ 2000 万元	4.99	4.01	3.22	2.93	1.59
2000 万（含）～ 5000 万元	7.68	6.85	5.54	5.22	4.35
5000 万（含）～ 2 亿元	10.23	9.05	8.11	7.48	7.37
2 亿（含）～ 5 亿元	13.76	13.56	12.49	11.83	11.15
5 亿（含）～ 10 亿元	16.06	15.65	15.74	15.28	13.81
10 亿（含）～ 50 亿元	19.46	19.28	17.55	17.31	15.91
50 亿（含）～ 100 亿元	22.19	25.48	24.60	22.69	19.53
100 亿元（含）以上	34.00	34.74	39.24	33.87	26.54

（二）资产收益率

如表 5-10 所示，除企业规模 5 亿（含）～ 10 亿元以下的企业外，规模越小，资产收益率越低。其中，500 万（含）～ 2000 万元及营业收入小于 500 万元规模的企业，资产收益率均为负值，平均值为 −1.25% 和 −4.77%；而 100 亿元（含）以上规模的企业资产收益率最高，2013—2017 年均值为 5.96%。

按照销售规模将高企分为大、中、小3档，从表5-10中看出，2013—2017年，不同规模的高企资产收益率呈现出不同的特点，大企业的资产收益率有所增长，中等微增长，小企业下降。2013—2017年经济环境复杂，小企业抗风险能力较差，资产收益率有所下降；而规模越大，企业抗风险能力越大，体现出高企的规模优势。

表5-10 不同规模高企的资产收益率

规模	收入规模	资产收益率（%）				
		2013年	2014年	2015年	2016年	2017年
小企业	销售收入500万元以下	−3.82	−2.33	−5.27	−5.15	−7.28
	500万（含）~2000万元	−0.17	−0.29	−2.72	−1.2	−1.87
中等企业	2000万（含）~5000万元	2.01	1.6	1.79	1.46	1.47
	5000万（含）~2亿元	3.38	2.75	3.75	4.09	4.15
	2亿（含）~5亿元	3.96	4.45	4.7	4.98	5.17
大企业	5亿（含）~10亿元	5.04	4.89	5.14	5.25	5.05
	10亿（含）~50亿元	4.6	4.43	4.48	4.98	5.11
	50亿（含）~100亿元	3.6	3.21	4.63	4.29	4.56
	100亿元（含）以上	4.26	6.17	6.31	6.32	6.74

具体而言，销售收入小于500万的企业，资产收益率总体表现出下降的趋势，2014年稍有提高为−2.33%，2017年最低为−7.28%；收入规模为500万（含）~2000万元的企业，也呈现同样的趋势；规模100亿元（含）以上的高企，资产收益率表现出逐年上升的趋势，2013年最低为4.26%，2017年最高为6.74%，高企资产收益率表现出明显的规模优势（图5-9）。

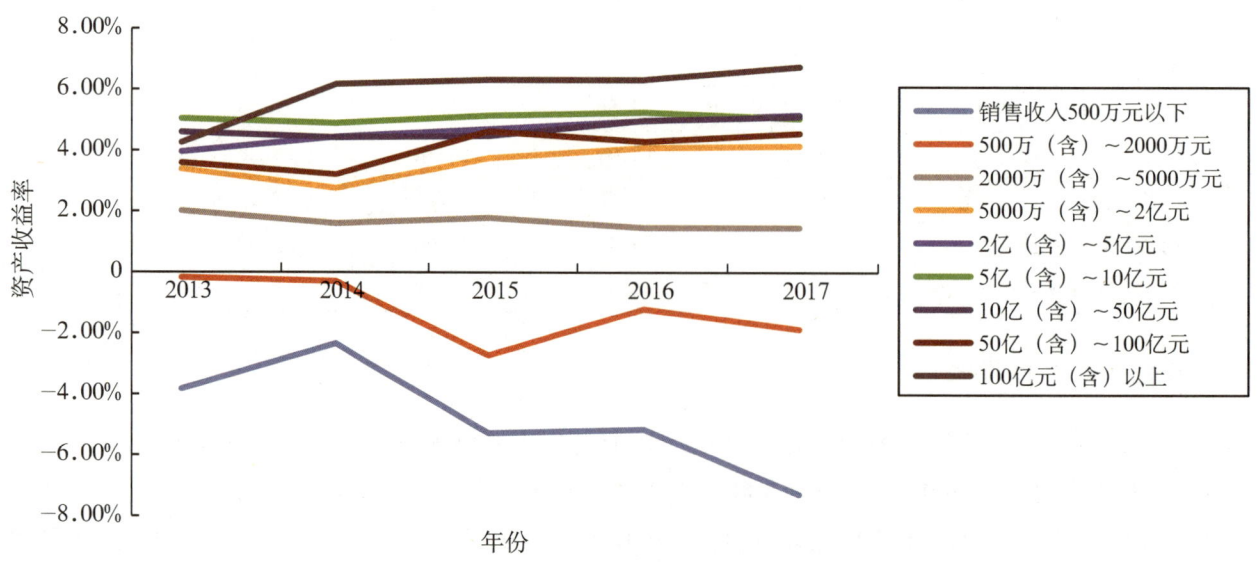

图5-9 不同规模高企的资产收益率变化情况

(三)净利润率

如表 5-11 所示,销售收入 2000 万元(含)以上规模的企业,基本上随着规模增长,净利润率也随之增长。其中,2 亿(含)~ 5 亿元规模企业净利润率最高,2013—2017 年平均净利润率为 7.92%。而 500 万(含)~ 2000 万元规模企业净利润率 2013—2017 年均为负数,平均值为 -3.65%;销售收入小于 500 万元的企业净利润率更低,平均值为 -53.34%。

表 5-11 不同规模高企净利润率

规模	净利润率(%)					
	2013 年	2014 年	2015 年	2016 年	2017 年	平均值
销售收入 500 万元以下	-41.95	-43.48	-58.23	-52.71	-70.35	-53.34
500 万(含)~ 2000 万元	-0.58	-1.01	-8.34	-3.52	-4.79	-3.65
2000 万(含)~ 5000 万元	4.94	4.5	3.8	3.12	3.08	3.89
5000 万(含)~ 2 亿元	7.18	5.45	6.73	7.32	6.8	6.70
2 亿(含)~ 5 亿元	7.84	7.76	7.82	8.31	7.88	7.92
5 亿(含)~ 10 亿元	7.74	7.52	7.71	8.3	7.93	7.84
10 亿(含)~ 50 亿元	6.95	7.03	6.68	7.6	7.7	7.19
50 亿(含)~ 100 亿元	5.65	6.36	6.33	5.87	6.41	6.12
100 亿元(含)以上	5.83	6.3	6.85	7.43	8.21	6.92

从图 5-10 中可以看出,销售收入 5000 万以下的企业净利润率为负数,且逐年呈现下降的趋势。销售收入小于 500 万的企业净利润率均为负数且下降明显,年均下降幅度为 15.39%,2015 年和 2017 年下降明显,分别为 33.92% 和 33.47%。

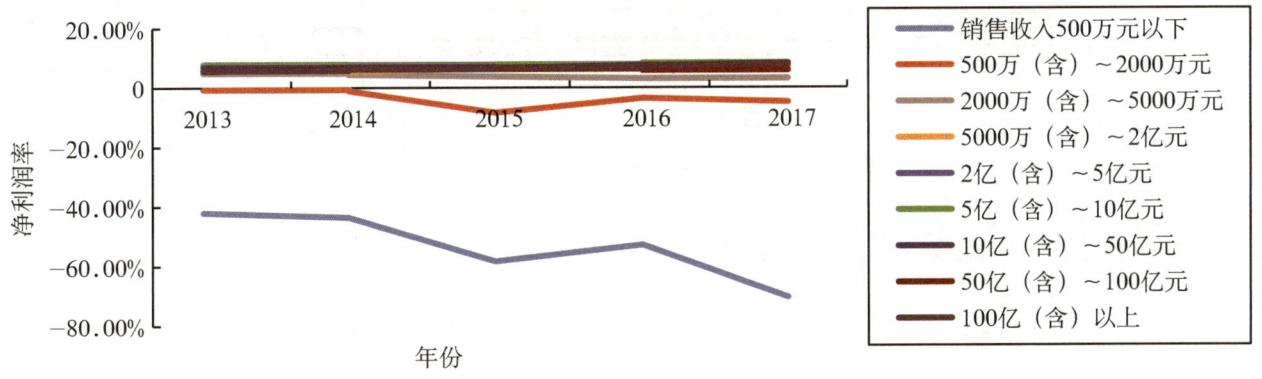

图 5-10 不同规模高企净利润率

（四）人均产出

从表 5-12 中可以看出，收入规模在 10 亿（含）～ 50 亿元的高企，人均产出与总体人均产出水平保持一致，2014 年人均产出增高，为 163.57 万元／人，2015—2017 年基本保持一致；其他收入规模的高企，人均产出随年份变化并不明显。

由表 5-12 和图 5-11 可以看出，不同规模高企的人均产出呈现出非常明显的规模优势，收入规模越大，人均产出水平越高；收入规模越小，人均产出水平越低。

表 5-12　2013—2017 年不同规模高企人均产出　　　　　　　　单位：万元／人

规模	2013 年	2014 年	2015 年	2016 年	2017 年
销售收入 500 万元以下	10.32	7.08	6.60	6.72	6.36
500 万（含）～ 2000 万元	30.26	17.79	18.95	17.73	18.71
2000 万（含）～ 5000 万元	41.02	32.01	30.23	30.62	31.79
5000 万（含）～ 2 亿元	46.70	49.26	47.44	50.87	48.90
2 亿（含）～ 5 亿元	68.15	70.70	68.07	68.87	70.44
5 亿（含）～ 10 亿元	86.34	89.63	87.27	87.68	88.80
10 亿（含）～ 50 亿元	116.55	163.57	111.47	114.65	114.32
50 亿（含）～ 100 亿元	153.35	173.35	150.64	146.15	148.03
100 亿元（含）以上	230.08	236.92	217.17	217.39	214.59

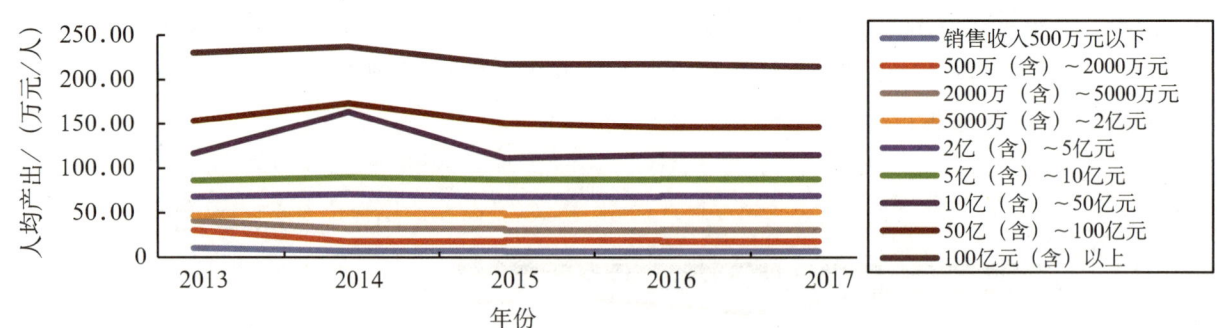

图 5-11　2013—2017 年不同规模高企人均产出

四、不同技术领域高新技术企业经济效益

（一）劳动生产率

表 5-13 和图 5-12 显示了 2013—2017 年不同技术领域高企的劳动生产率变化情况。

2013—2017 年，核应用技术领域高企的劳动生产率变化较大，2015 年达到 32.08 万元／人，之后迅速回落，2016 年为 15.88 万元／人。地球、空间、海洋工程领域高企 2016 年劳动生产率为 13.80 万元／人，较上年下降较大，之后又迅速上升。

除上述两个技术领域外，其他各技术领域高企的劳动生产率基本保持平稳，且呈现出稳步上升的趋势。

表 5-13 高企技术领域分布劳动生产率　　　　　　　　　　　　　　　　　单位：万元／人

技术领域	2013 年	2014 年	2015 年	2016 年	2017 年
电子信息技术	19.07	19.65	20.53	22.31	24.53
生物、医药技术	18.97	19.16	20.49	21.72	23.91
新材料	14.14	13.75	13.71	15.53	17.69
光机电一体化	14.47	15.65	14.97	15.48	17.00
新能源及节能技术	14.32	15.31	17.64	19.38	19.59
环境保护	17.46	19.45	19.39	20.15	24.15
航空航天	13.56	18.33	20.30	20.87	22.77
地球、空间、海洋工程	23.44	23.48	21.85	13.80	20.06
核应用技术	15.45	23.70	32.08	15.88	28.97
其他高技术	19.20	21.44	20.75	21.64	23.11

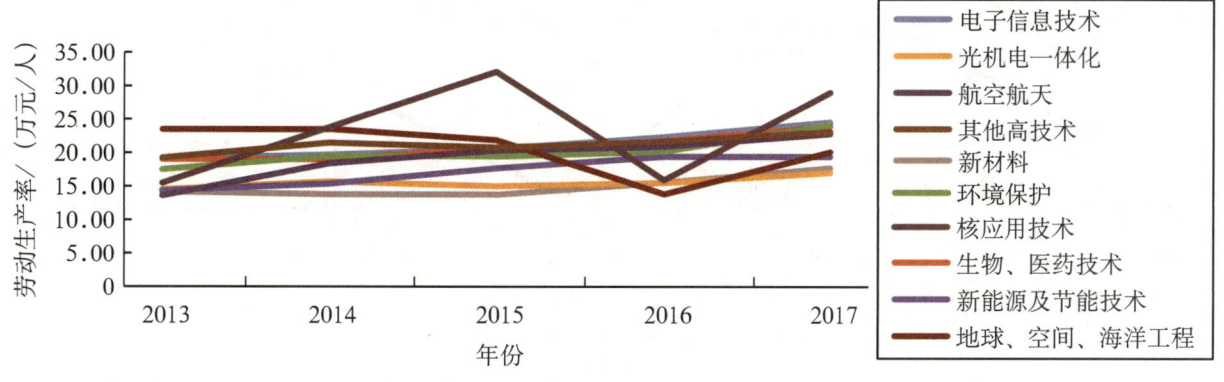

图 5-12　高企技术领域分布劳动生产率趋势

（二）资产收益率

表 5-14 和图 5-13 显示了 2013—2017 年不同技术领域的高企资产收益率及变化趋势。

资产收益率高的生物、医药技术和电子信息技术，平均值为 6.68% 和 6.45%，且变化不大。新能源及节能技术 2014—2016 持续增长，增长分别为 24.84%、87.96%、3.06%，2017 年有所下降，下降幅度为 11.35%。

表 5-14 高企技术领域分布资产收益率   单位：%

技术领域	2013年	2014年	2015年	2016年	2017年
电子信息技术	6.70	6.80	6.25	6.33	6.16
生物、医药技术	5.84	6.34	6.96	7.12	7.12
新材料	3.76	2.79	2.91	3.90	4.66
光机电一体化	3.95	4.28	4.21	4.17	4.59
新能源及节能技术	1.53	1.91	3.59	3.70	3.28
环境保护	4.43	4.01	3.83	4.23	4.66
航空航天	2.92	2.91	2.76	2.73	3.28
地球、空间、海洋工程	0.50	2.60	2.22	−0.81	1.11
核应用技术	1.92	4.53	6.33	1.35	5.32
其他高技术	4.71	4.14	4.46	4.47	4.38

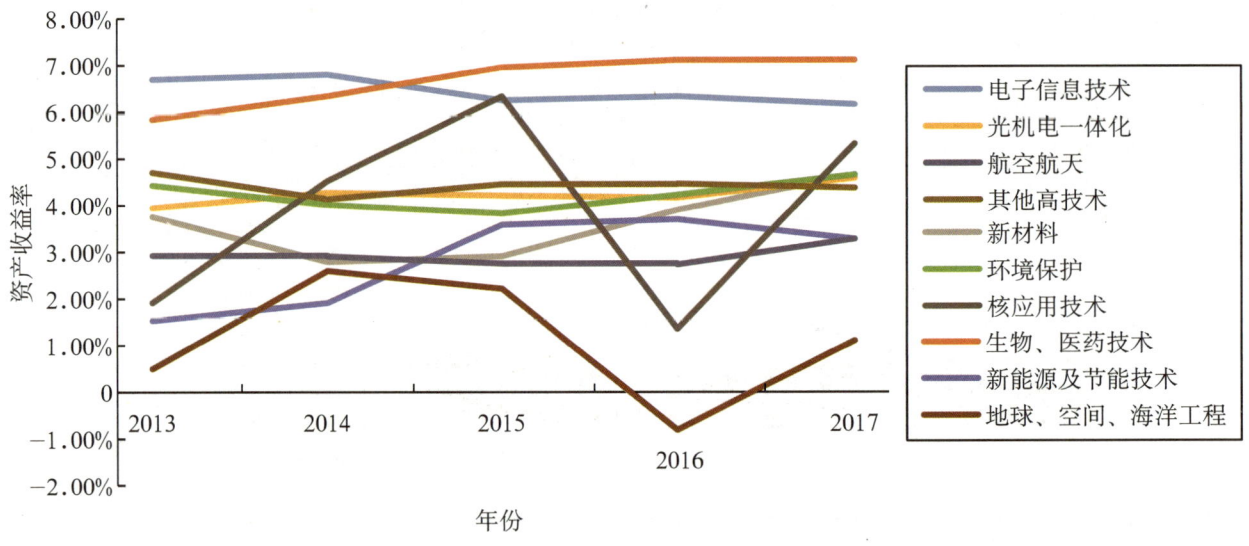

图 5-13 不同技术领域的高企资产收益率

（三）净利润率

表 5-15 和图 5-14 显示了 2013—2017 年不同技术领域高企净利润率及变化趋势。

净利润率高的 3 个领域是核应用技术，生物、医药技术和电子信息技术，2013—2017 年净利润率平均值分别为 10.86%、10.60% 和 8.99%。净利润率低的 3 个领域分别为地球、空间、海洋工程，新材料和新能源及节能技术，2013—2017 年净利润率平均值分别为 3.05%、4.96% 和 5.23%。

表 5-15　不同技术领域的高企净利润率　　　　　　　　　　　　　　　　　　　　　　单位：%

	2013 年	2014 年	2015 年	2016 年	2017 年
电子信息技术	8.27	8.77	8.67	9.53	9.70
生物、医药技术	9.54	9.67	10.60	11.24	11.96
新材料	4.79	4.22	4.14	5.66	6.01
光机电一体化	6.58	6.70	6.51	6.57	6.96
新能源及节能技术	4.63	4.55	5.58	5.89	5.49
环境保护	7.25	7.70	7.41	8.61	8.76
航空航天	6.49	8.70	7.98	7.71	7.41
地球、空间、海洋工程	4.33	5.46	4.65	−2.25	3.08
核应用技术	5.23	11.34	17.88	4.19	15.65
其他高技术	6.33	6.03	5.91	5.86	5.53

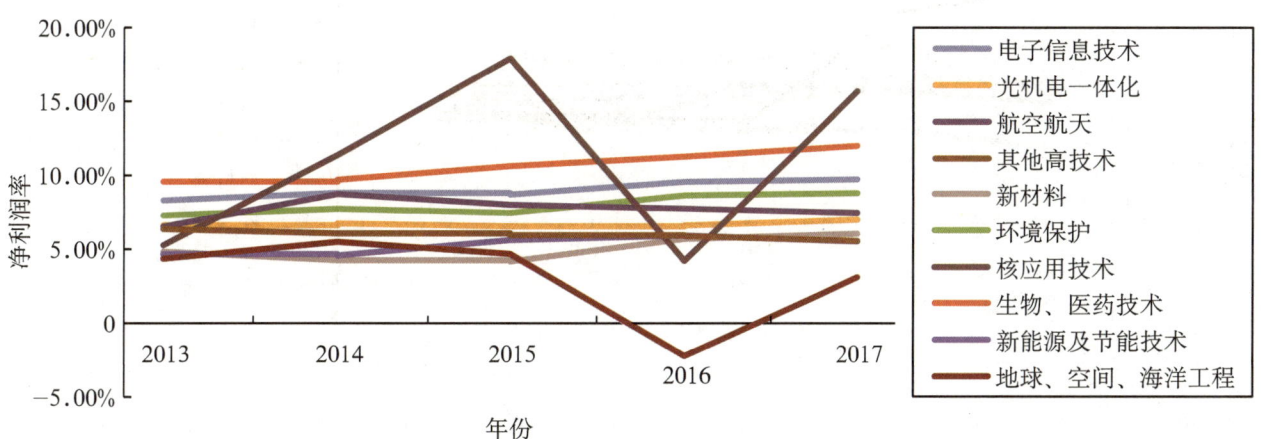

图 5-14　不同技术领域的高企净利润率

（四）人均产出

从技术领域来看，新能源及节能技术、新材料是人均产出较高的技术领域。而航空航天、电子信息技术是属于人均产出较低的技术领域。地球、空间、海洋工程技术领域高企在 2013—2017 人均产出下降明显（表 5-16、图 5-15）。

表 5-16　2013—2017 年不同技术领域高企人均产出　　　　　　　　　　　　　　　　单位：万元/人

	2013 年	2014 年	2015 年	2016 年	2017 年
电子信息技术	73.62	77.98	66.84	66.88	61.49
生物、医药技术	103.87	101.39	100.59	100.02	100.49
新材料	126.76	128.69	117.21	114.29	126.71

续表

	2013 年	2014 年	2015 年	2016 年	2017 年
光机电一体化	95.85	97.89	87.65	95.15	92.18
新能源及节能技术	113.00	122.26	124.44	124.76	125.18
环境保护	95.03	100.67	86.41	80.05	93.83
航空航天	55.41	67.46	66.92	74.63	75.02
地球、空间、海洋工程	169.01	153.86	73.91	77.56	81.35
核应用技术	88.11	95.19	100.28	67.12	85.09
其他高技术	98.15	108.72	92.90	89.83	83.71

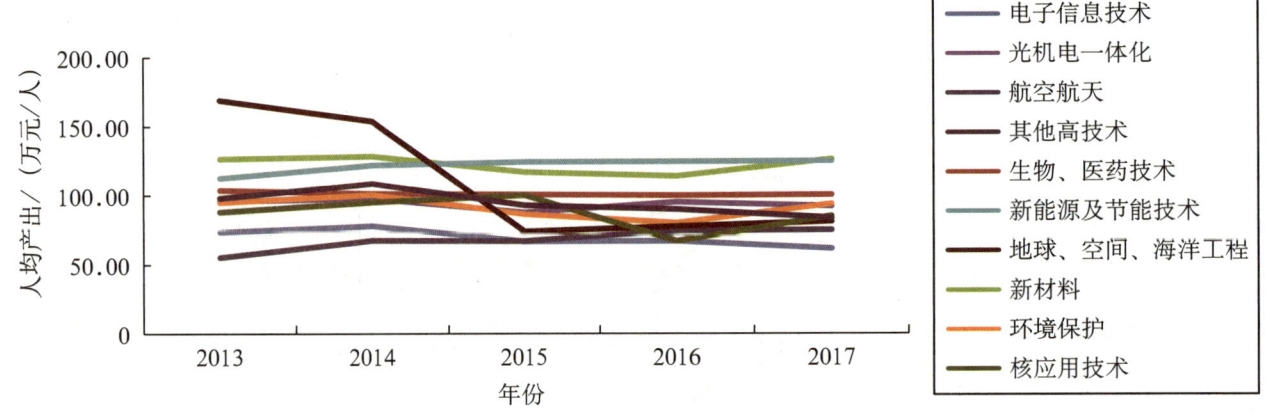

图 5-15　2013—2017 年不同技术领域的高企人均产出

五、2016 年新旧办法认定下高新技术企业比较

（一）劳动生产率

2016 年新办法认定的高企劳动生产率为 16.88 万元／人，较旧办法认定的 20.58 万元／人减少了 3.70 万元／人。同样，上市高企在新办法下的劳动生产率也小于旧办法的，上市高企新办法比旧办法减少了 1.68 万元／人（表 5-17）。

表 5-17　2016 年新旧办法认定的高企劳动生产率比较　　　　单位：万元／人

	劳动生产率	
	2016 新办法	2016 旧办法
全部	16.88	20.58
上市高企	23.65	25.33

对于不同规模的高企，销售收入小于 500 万的企业，新办法认定的高企劳动生产率明显高于旧办法认定的高企；规模 500 万（含）~ 2000 万元、2000 万~ 5000 万元、50 亿元（含）以上的高企，新办法认定的高企资产收益率均高于旧办法认定的高企。而收入规模在 5000 万~ 50 亿元的高企，新办法认定的高企的劳动生产率略低于旧办法认定的（表 5-18）。

表 5-18　2016 年新旧办法认定的不同规模高企劳动生产率比较　　　　单位：万元/人

规模	劳动生产率	
	新办法	旧办法
销售收入 500 万元以下	0.69	−0.50
500 万（含）~ 2000 万元	5.80	4.57
2000 万（含）~ 5000 万元	8.41	7.79
5000 万（含）~ 2 亿元	11.93	12.49
2 亿（含）~ 5 亿元	15.88	16.60
5 亿（含）~ 10 亿元	17.78	20.54
10 亿（含）~ 50 亿元	23.26	24.23
50 亿（含）~ 100 亿元	27.79	24.78
100 亿元（含）以上	42.94	42.36

（二）资产收益率

2016 年，新办法认定的高企资产收益率均高于旧办法的；上市高企中，新办法认定的高企资产收益率也比旧办法认定的高企略高（表 5-19）。

表 5-19　2016 年新旧办法认定的高企资产收益率比较　　　　单位：%

	资产收益率	
	新办法	旧办法
全部	4.81	4.77
上市高企	4.45	4.19

对于不同规模的高企，2016 年新办法认定的高企，销售收入小于 500 万和 5 亿（含）~ 50 亿元规模的企业，比旧办法认定的企业资产收益率低；其他收入规模档次的高企，新办法认定的高企的资产收益率比旧办法认定的高企略微提升（表 5-20）。

表 5-20　新旧办法认定的不同收入规模高企 2016 年资产收益率比较　　　　单位：%

规模	资产收益率	
	新办法	旧办法
销售收入 500 万元以下	−7.73	−3.89
500 万（含）～ 2000 万元	−1.06	−1.29
2000 万（含）～ 5000 万元	1.84	1.26
5000 万（含）～ 2 亿元	4.32	3.99
2 亿（含）～ 5 亿元	5.77	4.71
5 亿（含）～ 10 亿元	4.88	5.36
10 亿（含）～ 50 亿元	4.56	5.10
50 亿（含）～ 100 亿元	5.38	4.08
100 亿元（含）以上	7.10	6.09

（三）净利润率

2016 年，新办法认定的高企净利润率为 6.25%，旧办法认定的高企净利润率为 7.48%；新办法认定的较旧办法认定的也同样有所下降，下降幅度为 1.76%。新办法认定的上市高企高企净利润率下降，与新认定高企中规模较小企业数量比例较高有关（表 5-21）。

表 5-21　2016 年新旧办法认定的高企净利润率比较　　　　单位：%

企业类型	净利润率	
	新办法	旧办法
全部	6.52	7.48
上市高企	7.08	8.84

2016 年，销售收入 5000 万元以下的高企，新办法认定的企业净利润率比旧办法认定的有所提升，其中销售收入在 500 万以下的企业提升较为明显，增长率为 7.28%。销售收入在 5000 万（含）～ 100 亿元的高企，新办法认定的净利润比旧办法认定的均有略微下降。销售收入在 100 亿元（含）以上的高企，新办法认定的较旧办法认定的略有上升，上升幅度为 1.92%（表 5-22）。

表 5-22　2016 年新旧办法认定的不同规模高企资产净利润率比较　　　　单位：%

规模	净利润率	
	新办法	旧办法
销售收入 500 万元以下	−49.24	−56.52
500 万（含）～ 2000 万元	−2.55	−4.38
2000 万（含）～ 5000 万元	3.24	3.04
5000 万（含）～ 2 亿元	6.42	7.85
2 亿（含）～ 5 亿元	7.73	8.57

续表

规模	净利润率	
	新办法	旧办法
5亿（含）～10亿元	6.50	8.98
10亿（含）～50亿元	5.94	8.14
50亿（含）～100亿元	5.70	5.92
100亿元（含）以上	8.94	7.02

（四）人均产出

2016年，新办法认定的高企人均产出均低于旧办法认定的高企；上市高企中，新办法认定的高企人均产出较旧办法认定的低19.37万元／人（表5-23）。

表5-23 2016年新旧办法认定的高企人均产出比较　　　单位：万元／人

	人均产出	
	新办法	旧办法
全部	77.91	97.28
上市高企	101.66	121.03

2016年，新办法认定的高企，销售收入小于500万元的企业人均产出比旧办法认定的低0.94万元／人；规模在500万元（含）～100亿元的高企，新办法认定的高企人均产出高于旧办法认定的；但销售收入100亿元（含）以上的高企，新办法认定的高企人均产出比旧办法认定的低82.17万元／人，差距较为明显（表5-24）。

表5-24 2016年新旧办法认定的不同规模高企人均产出比较　　　单位：万元／人

规模	人均产出	
	新办法	旧办法
销售收入500万元以下	6.27	7.21
500万（含）～2000万元	18.62	17.01
2000万（含）～5000万元	31.25	30.19
5000万（含）～2亿元	56.43	47.71
2亿（含）～5亿元	69.94	68.40
5亿（含）～10亿元	88.27	87.46
10亿（含）～50亿元	120.48	113.05
50亿（含）～100亿元	151.24	145.00
100亿元（含）以上	152.99	235.16

六、2017年新旧办法认定的高新技术企业比较

（一）劳动生产率

2017年，新办法认定的高企劳动生产率为21.75万元／人，比旧办法认定的，增加了1.70万元／人；新办法认定的上市高企劳动生产率30.23万元／人，较旧办法认定的高企增加了2.36万元／人（表5-25）。

表5-25　2017年新旧办法认定的高企劳动生产率比较　　单位：万元／人

	劳动生产率	
	新办法	旧办法
全部	21.75	20.05
上市高企	30.23	27.87

对于不同规模的高企，销售收入100亿元（含）以上的高企，新办法认定的劳动生产率比旧办法认定的有大幅提高，高出22.02万元／人。

其他规模的高企，新办法认定和旧办法认定的劳动生产率相差不大。其中，相差最大的是销售收入500万元以下的高企，新办法认定的比旧办法认定的低1.75万元／人，相差最小的是销售收入2000万（含）～5000万元的高企，新办法认定的只比旧办法认定的低0.23万元／人（表5-26）。

表5-26　2017年不同规模高企劳动生产率比较　　单位：万元／人

规模	劳动生产率	
	新办法	旧办法
销售收入500万元以下	−0.92	0.83
500万（含）～2000万元	5.00	4.73
2000万（含）～5000万元	8.46	8.69
5000万（含）～2亿元	12.64	12.92
2亿（含）～5亿元	17.02	16.76
5亿（含）～10亿元	20.69	19.78
10亿（含）～50亿元	26.25	25.67
50亿（含）～100亿元	30.22	28.88
100亿元（含）以上	56.55	34.53

（二）资产收益率

2017年，新办法认定的高企和上市高企的资产收益率均略高于旧办法认定的（表5-27）。

表 5-27　2017 年新旧办法认定的高企资产收益率比较　　单位：%

	资产收益率	
	新办法	旧办法
全部高企	5.12	4.39
上市高企	5.17	4.20

2017 年，销售收入 500 万以下的高企资产收益率新办法认定的比旧办法认定的降低了 3.42%；销售收入 10 亿（含）～50 亿元的高企资产收益率新办法认定的比旧办法认定的降低了 0.26%；而其他规模的高企资产收益率新办法认定的均比旧办法的均有所上升（表 5-28）。

表 5-28　2017 年新旧办法认定的不同规模高企的资产收益率比较　　单位：%

规模	资产收益率	
	新办法	旧办法
销售收入 500 万元以下	-8.34	-4.92
500 万（含）～2000 万元	-1.82	-1.98
2000 万（含）～5000 万元	1.56	1.25
5000 万（含）～2 亿元	4.24	3.93
2 亿（含）～5 亿元	5.28	4.89
5 亿（含）～10 亿元	5.08	4.95
10 亿（含）～50 亿元	5.04	5.30
50 亿（含）～100 亿元	4.75	4.11
100 亿元（含）以上	7.47	4.56

（三）净利润率

2017 年，新办法认定的高企的净利润率为 7.60%，比旧办法认定的高企多 1.13 个百分点。新办法认定的上市高企净利润率为 10.19%，比旧办法认定的上市高企多出 2.08 个百分点（表 5-29）。

表 5-29　2017 新旧办法认定的高企资产净利润率比较　　单位：%

	净利润率	
	新办法	旧办法
全部	7.60	6.47
上市高企	10.19	8.11

如表 5-30 所示，销售收入小于 2000 万元的高企，新旧办法认定的净利润率都为负值，不过新办法认定的高企资产净利润率略高于旧办法认定的高企。销售收入 2000 万（含）~ 2 亿元、10 亿（含）~ 50 亿元的企业，新办法认定的高企资产净利润率度都低于旧办法认定的高企。销售收入 2 亿（含）~ 10 亿元、50 亿（含）~ 100 亿元、100 亿元（含）以上的高企，新办法认定的高企资产净利润率都高于旧办法认定的高企。

表 5-30　2017 年新旧办法认定的不同规模高企资产净利润率比较　　　　单位：%

规模	净利润率	
	新办法	旧办法
销售收入 500 万元以下	−68.80	−76.93
500 万（含）~ 2000 万元	−4.28	−6.80
2000 万（含）~ 5000 万元	3.08	3.09
5000 万（含）~ 2 亿元	6.75	6.92
2 亿（含）~ 5 亿元	7.99	7.62
5 亿（含）~ 10 亿元	8.05	7.62
10 亿（含）~ 50 亿元	7.68	7.77
50 亿（含）~ 100 亿元	6.50	6.19
100 亿元（含）以上	9.40	5.07

（四）人均产出

2017 年，新办法认定的高企人均产出低于旧办法认定的高企，上市高企也呈现相同的特征（表 5-31）。

表 5-31　2017 年新旧办法认定的高企人均产出比较　　　　单位：万元/人

	人均产出	
	新办法	旧办法
全部	90.43	94.39
上市高企	121.02	130.14

至于不同规模的高企，2107 年，销售收入 5 亿（含）~ 50 亿元新办法认定的高企，其人均产出均高于旧办法认定的，分别高出 3.34 万元/人和 3.69 万元/人。销售收入 100 亿元（含）以上的新办法认定的高企，其人均产出比旧办法认定的高企高 16.47 万元/人。而其他收入规模档次的高企，新旧办法认定的高企人均产出差异变化不大（表 5-32）。

表 5-32 新旧办法认定下的不同规模高企资产人均产出比较　　　　　　　　单位：万元／人

规模	人均产出	
	新办法	旧办法
销售收入 500 万元以下	6.24	6.97
500 万（含）～ 2000 万元	18.89	18.03
2000 万（含）～ 5000 万元	31.94	31.33
5000 万（含）～ 2 亿元	48.74	49.34
2 亿（含）～ 5 亿元	69.93	71.80
5 亿（含）～ 10 亿元	87.89	91.23
10 亿（含）～ 50 亿元	113.32	117.01
50 亿（含）～ 100 亿元	147.96	148.21
100 亿（含）以上	219.49	203.02

七、小结

①高新技术企业的劳动生产率、资产收益率和净利润率都呈现稳步增长趋势，显示高新技术企业在利用技术获取产出和盈利方面的能力在逐步增强。

②不同规模的高新技术企业的经济效益呈现不同特点。企业收入规模越大，企业劳动生产率和资产收益率越高，说明高新技术企业具有明显的规模优势。净利润率呈现相对独特的规模特点，销售收入 2 亿（含）～ 5 亿元规模企业净利润率最高，而不是销售收入在 100 亿元（含）以上的高企；营业收入小于 2000 万元的高新技术企业，其平均净利润率为负值。

③从企业所属技术领域看，2013—2017 年，核应用技术和地球、空间、海洋工程领域内的高新技术企业，其劳动生产率变、资产收益率和净利润率变化幅度较大。但是，生物、医药技术和电子信息技术领域的高新技术企业，其资产收益率和净利润率都较高，且较为稳定。

第六章
高新技术企业的行业特征

推进经济结构战略性调整是加快转变经济发展方式的主攻方向，而优化产业结构是重中之重。分析和掌握高新技术企业的行业特征，更好地发挥高新技术企业政策的引导作用，对于加快产业升级，推动现代服务业高质量发展壮大具有重要意义。

一、高新技术企业数量的行业分布

《国民经济行业分类》（GB/T 4754—2017）和国家统计局《三次产业划分规定》按照生产性质将行业分成 20 个门类，同时细分为 97 个行业大类。根据实际情况，本章主要分析高新技术企业所属的门类行业，如 A 类农林牧渔业、B 类采矿业、C 类制造业等。

2016 年 1 月 1 日起，科技部、财政部和国家税务总局对高新技术企业认定开始实施新版认定办法。统计显示 2017 年全国高企均主要分布在制造业，信息传输、软件和信息技术服务业，科学研究和技术服务业。2013—2017 年，制造业高企历年占比分别是 72.06%、71.23%、69.53%、66.62%、63.38%，出现了逐年下降的趋势，但总量占据高企的绝大部分（表 6-1、图 6-1），制造业仍然是我国经济的重要支撑。从增长速度上看，文化体育和娱乐业、教育门类的高企数量增长最快；信息传输、软件和信息技术服务业，科学研究和技术服务业占比上升，说明我国经济呈现服务业化趋势。

表 6-1 2013—2017 年高企数量的行业分布   单位：家

行业	2013 年	2014 年	2015 年	2016 年	2016 年新	2017 年	2017 年新
农林牧渔业（A 类）	369	470	524	757	397	1157	947
采矿业（B 类）	182	187	279	308	114	327	240
制造业（C 类）	39 405	44 558	52 938	66 623	26 108	82 799	62 901
电力、热力、燃气及水生产和供应业（D 类）	343	415	590	799	356	1017	786
建筑业（E 类）	660	845	1076	1513	703	2283	1828
批发零售业（F 类）	1092	1350	1837	2528	1134	2986	2227
交通运输、仓储和邮政业（G 类）	103	127	133	215	123	299	252
信息传输、软件和信息技术服务业（I 类）	8677	9951	12443	17490	7871	26058	20889

续表

行业	2013年	2014年	2015年	2016年	2016年新	2017年	2017年新
金融业（J类）①	59	71	108	158	73	193	146
租赁和商业服务业（L类）	274	336	514	871	432	983	766
科学研究和技术服务业（M类）	2879	3454	4722	7247	3229	10306	8119
水利、环境和公共设施管理业（N类）	386	521	570	843	380	1264	1012
教育（P类）	28	44	75	132	62	204	157
卫生和社会工作（Q类）	21	27	41	62	36	89	72
文化体育和娱乐业（R类）	49	72	138	242	117	372	307
其他②	156	128	153	224	128	295	250

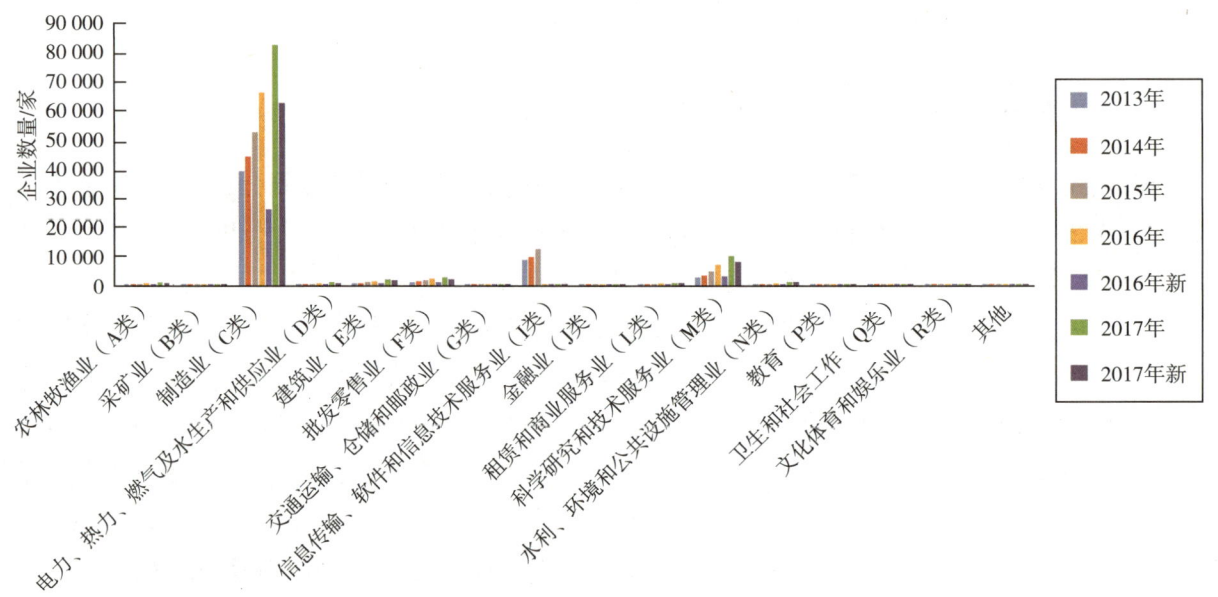

图 6-1 2013—2017 年高新技术企业数量的行业分布

二、高新技术企业经济贡献和效益的行业特征

本部分主要从总收入、净利润、上缴税收、出口等总量指标及户均收入、户均净利润、户均上缴税收、户均出口等户均指标衡量经济贡献的行业特征，利用人均收入、人均净利润、全行业的净资产收益率等指标来测评我国高企经济效益的行业特征。

---

① 金融业既包括货币金融服务、资本市场服务、保险业等传统金融业态，又包括非金融机构支付服务、金融信息服务等新兴金融业态。
② 此处的其他主要包括住宿和餐饮业、房地产、居民服务和其他服务等。

（一）经济贡献

1. 总量指标

从总收入、净利润、上缴税收、出口等总量指标来看，制造业，信息传输、软件和信息技术服务，建筑业，科学研究和技术服务业这4个行业的经济贡献最为突出。从趋势上看，近几年除出口有波动外，其他各项指标上升趋势明显（表6-2至表6-6）。

表6-2 2013—2017年高企总量经济贡献的行业特征（总收入）　　　　　　　　　　单位：亿元

行业	总收入				
	2013年	2014年	2015年	2016年	2017年
农林牧渔业	595.9	613.5	503.8	646.0	776.1
采矿业	3295.6	2212.1	1916.1	1797.7	3743.7
制造业	158 945.7	17 3201.8	172 812.5	198 470.9	235 153.8
电力、热力、燃气及水生产和供应业	1652.1	1992.6	2800.6	2783.3	2924.6
建筑业	8150.3	12 926.6	16 122.6	22 854.9	31 338.7
批发零售业	2095.3	2886.6	2343.5	2382.3	2608.3
交通运输、仓储和邮政业	666.3	712.9	932.7	1174.7	1361.1
信息传输、软件和信息技术服务业	9665.4	12 010.3	13 696.0	18 458.5	24 667.3
金融业	204.0	188.0	241.5	339.8	1027.5
租赁和商业服务业	737.1	849.5	749.7	1133.0	1038.3
科学研究和技术服务业	6965.6	8467.3	8857.6	9303.8	11 422.5
水利、环境和公共设施管理业	587.6	961.4	783.2	1101.3	1487.6
教育	32.0	46.1	64.8	110.7	198.4
卫生和社会工作	22.7	26.6	38.4	60.6	85.9
文化体育和娱乐业	53.2	86.1	172.4	299.8	309.9
其他	168.6	123.4	198.7	176.6	230.3

表6-3 2013—2017年高企总量经济贡献的行业特征（净利润）　　　　　　　　　　单位：亿元

行业	净利润				
	2013年	2014年	2015年	2016年	2017年
农林牧渔业	36.0	33.5	40.1	57.9	49.8
采矿业	131.6	89.7	66.3	12.9	238.3
制造业	9687.4	10 438.3	10 711.8	13 285.6	16 261.5
电力、热力、燃气及水生产和供应业	106.4	158.3	236.6	249.0	263.9
建筑业	287.3	468.5	567.1	758.1	894.5
批发零售业	111.6	147.6	150.6	146.0	130.5
交通运输、仓储和邮政业	38.5	32.2	35.7	72.3	119.0

续表

行业	净利润				
	2013年	2014年	2015年	2016年	2017年
信息传输、软件和信息技术服务业	1570.4	2008.0	2015.1	3151.3	3832.1
金融业	24.5	21.1	27.0	40.3	196.4
租赁和商业服务业	45.5	108.1	110.4	151.7	54.1
科学研究和技术服务业	700.5	787.3	801.0	761.4	935.3
水利、环境和公共设施管理业	65.7	78.3	85.2	105.5	150.0
教育	3.1	4.8	8.6	8.9	17.1
卫生和社会工作	3.3	4.6	5.6	11.2	16.7
文化体育和娱乐业	2.9	12.3	21.7	44.5	44.9
其他	10.4	6.5	11.9	3.1	13.2

表6-4 2013—2017年高企总量经济贡献的行业特征（上缴税收） 单位：亿元

行业	上缴税收				
	2013年	2014年	2015年	2016年	2017年
农林牧渔业	21.5	9.8	9.0	11.8	12.4
采矿业	201.8	145.4	149.7	143.8	274.4
制造业	7484.9	8388.1	8474.9	9859.7	11474.5
电力、热力、燃气及水生产和供应业	63.6	105.0	118.3	191.6	156.1
建筑业	270.4	443.5	588.1	799.8	894.4
批发零售业	79.8	91.0	96.2	100.4	108.6
交通运输、仓储和邮政业	20.6	24.3	23.0	38.7	48.9
信息传输、软件和信息技术服务业	675.8	902.3	1035.8	1342.6	1739.5
金融业	17.3	12.9	16.9	23.6	93.3
租赁和商业服务业	17.9	40.6	32.8	57.6	47.5
科学研究和技术服务业	374.0	449.8	441.8	495.3	599.2
水利、环境和公共设施管理业	28.1	45.8	43.8	58.6	79.6
教育	2.0	3.3	3.9	6.8	15.7
卫生和社会工作	1.5	0.8	1.2	1.8	3.0
文化体育和娱乐业	2.2	4.6	8.6	18.3	18.8
其他	16.1	7.7	8.1	8.6	12.4

表 6-5　2013—2017 年高企总量经济贡献的行业特征（出口）　　　　　　　　　　　　　　　　　　　　　单位：亿美元

行业	出口				
	2013 年	2014 年	2015 年	2016 年	2017 年
农林牧渔业	5.2	5.5	3.0	3.9	3.3
采矿业	14.4	13.5	11.0	6.0	6.4
制造业	4646.9	4706.4	4492.2	4406.4	5288.0
电力、热力、燃气及水生产和供应业	24.1	27.7	32.8	28.1	22.9
建筑业	25.5	63.2	52.2	37.6	56.6
批发零售业	29.6	27.7	21.3	18.5	25.4
交通运输、仓储和邮政业	0.8	0.9	0.4	0.3	0.6
信息传输、软件和信息技术服务业	70.0	65.3	65.8	71.3	99.9
金融业	0.0	0.0	0.0	0.0	0.0
租赁和商业服务业	2.7	0.3	0.2	0.3	0.3
科学研究和技术服务业	91.5	107.4	87.9	93.0	87.7
水利、环境和公共设施管理业	3.7	0.8	0.4	5.1	6.2
教育	0.0	0.0	0.0	0.0	0.0
卫生和社会工作	0.0	0.0	0.0	0.0	0.0
文化体育和娱乐业	0.2	1.2	1.4	0.9	1.0
其他	1.2	48.7	0.1	1.4	2.3

表 6-6　2013—2017 年高企总量经济贡献的行业特征（就业）　　　　　　　　　　　　　　　　　　　　　单位：人

行业	就业				
	2013 年	2014 年	2015 年	2016 年	2017 年
农林牧渔业	55 630	68 530	53 861	71 850	92 857
采矿业	219 479	213 262	268 636	292 890	337 832
制造业	14 758 163	15 289 052	16 088 634	18 068 840	20 379 853
电力、热力、燃气及水生产和供应业	92 048	99 709	132 852	153 284	156 442
建筑业	364 468	527 164	658 455	839 889	1 130 673
批发零售业	102 421	118 307	127 928	153 600	165 727
交通运输、仓储和邮政业	46 190	51 398	47 544	73 944	89 371
信息传输、软件和信息技术服务业	1 404 333	1 547 957	1 781 632	2 190 777	2 686 189
金融业	19 525	32 755	33 793	43 375	50 720
租赁和商业服务业	39 200	56 090	70 144	107 852	98 119
科学研究和技术服务业	616 087	724 451	818 676	980 917	1 181 431
水利、环境和公共设施管理业	47 764	72 899	62 671	87 760	124 692
教育	6883	9021	15 323	25 471	59 071
卫生和社会工作	5259	5973	9232	13 726	18 256
文化体育和娱乐业	7259	10 557	25 518	33 490	30 122
其他	30 210	24 744	19 508	27 436	58 374

2. 户均收入

2017年，户均收入排名前3的行业依次是建筑业、采矿业、金融业（表6-7）。2013—2017年，无论是新办法还是旧办法认定的高企，制造业，电力、热力、燃气及水生产和供应业，交通运输、仓储和邮政业这3个行业的户均收入呈现缓慢下降趋势，基本上与整体经济发展趋势相吻合（表6-8）。

表6-7 2013—2017年按行业分类的高企户均收入　　　　　　　　　　　　　　　　　　　　单位：万元

行业	2013年	2014年	2015年	2016年	2017年
农林牧渔业	16 149.05	13 052.61	9614.47	8533.19	6708.29
采矿业	181 078.50	118 294.09	68 677.24	58 368.27	114 486.75
制造业	40 336.43	38 871.09	32 644.33	29 790.15	28 400.56
电力、热力、燃气及水生产和供应业	48 166.83	48 013.74	47 468.45	34 835.38	28 757.09
建筑业	123 489.67	152 978.04	149 838.3	151 056.7	137 269.67
批发零售业	19 187.39	21 381.87	12 757.24	9423.57	8734.99
交通运输、仓储和邮政业	64 686.91	56 134.17	70 124.97	54 637.31	45 522.92
信息传输、软件和信息技术服务业	11 139.08	12 069.46	11 007	10 553.75	9466.32
金融业	34 576.51	26 474.89	22 357.43	21 509.21	53 239.10
租赁和商业服务业	26 902.22	25 282.29	14 586.06	13 007.82	10 562.12
科学研究和技术服务业	24 194.64	24 514.34	18 758.13	12 838.16	11 083.39
水利、环境和公共设施管理业	15 222.96	18 452.71	13 740.37	13 063.91	11 768.68
教育	11 411.02	10 481.67	8639.56	8389.96	9727.09
卫生和社会工作	10 794.48	9855.41	9376.34	9771.23	9656.52
文化体育和娱乐业	10 854.73	11 960.88	12 489.36	12 387.81	8329.58
其他	10 807.69	9640.63	12 986.93	7883.93	7806.78

表6-8 2016—2017年新旧办法认定的按行业分类的高企户均收入　　　　　　　　　　　　　　　　　　单位：万元

行业	2016年	2016年新办法认定	2017年	2017年新办法认定
农林牧渔业	8533.19	7620.81	6708.29	5967.1
采矿业	58 368.27	50 435.79	114 486.75	115 068.16
制造业	29 790.15	18 116.85	28 400.56	27 066.81
电力、热力、燃气及水生产和供应业	34 835.38	22 518.09	28 757.09	26 145.72
建筑业	151 056.7	141 479.38	137 269.67	124 642.88
批发零售业	9423.57	7507.73	8734.99	8043.4
交通运输、仓储和邮政业	54 637.31	27 864.79	45 522.92	32 083.82
信息传输、软件和信息技术服务业	10 553.75	6912.75	9466.32	9437.81
金融业	21 509.21	13 388.05	53 239.1	50 827.61

续表

行业	2016年	2016年新办法认定	2017年	2017年新办法认定
租赁和商业服务业	13 007.82	9834.67	10 562.12	8619.72
科学研究和技术服务业	12 838.16	7380.84	11 083.39	10 404.64
水利、环境和公共设施管理业	13 063.91	10 951.31	11 768.68	11 567.46
教育	8389.96	5692.6	9727.09	10 688.53
卫生和社会工作	9771.23	9039.27	9656.52	10 405.55
文化体育和娱乐业	12 387.81	8334.87	8329.58	8333.64
其他	7883.93	8022.93	7806.78	7821.72

3. 户均净利润

2017年，净利润排名前3的行业依次为金融业，采矿业，交通运输、仓储和邮政业（表6-9）。与2013年相比较而言，大多数行业的户均净利润呈下降趋势，但金融业户均净利润上升最为明显。2017年新办法认定的采矿业、卫生和社会工作行业户均净利润表现增长，与宏观经济态势基本一致（表6-10）。

表6-9　2013—2017年按行业分类的高企户均净利润　　　　　　　　单位：万元

行业	2013年	2014年	2015年	2016年	2017年
农林牧渔业	975.99	712.29	765.35	764.25	430.85
采矿业	7232.58	4798.28	2376.79	418.35	7286.23
制造业	2458.43	2342.63	2023.47	1994.14	1963.97
电力、热力、燃气及水生产和供应业	3103.27	3814.24	4010.53	3116.88	2594.46
建筑业	4352.35	5544.94	5270.13	5010.66	3917.94
批发零售业	1021.94	1092.97	819.90	577.48	436.92
交通运输、仓储和邮政业	3733.89	2535.83	2686.41	3364.82	3979.78
信息传输、软件和信息技术服务业	1809.82	2017.88	1619.48	1801.77	1470.60
金融业	4157.48	2965.59	2504.22	2552.31	10174.91
租赁和商业服务业	1661.29	3218.51	2146.99	1741.91	550.42
科学研究和技术服务业	2433.14	2279.45	1696.27	1050.62	907.55
水利、环境和公共设施管理业	1703.00	1502.88	1494.86	1251.15	1186.61
教育	1109.94	1087.20	1147.85	672.39	837.28
卫生和社会工作	1582.04	1688.82	1363.28	1807.67	1880.67
文化体育和娱乐业	596.26	1713.02	1569.61	1838.48	1207.08
其他	666.67	507.81	777.78	138.39	447.46

表 6-10　2016—2017 年新旧办法认定下按行业分类的高企户均净利润　　　　　单位：万元

行业	2016 年	2016 年新办法认定	2017 年	2017 年新办法认定
农林牧渔业	764.25	595.21	430.85	301.25
采矿业	418.35	2819.71	7286.23	8634.96
制造业	1994.14	1023.94	1963.97	1936.17
电力、热力、燃气及水生产和供应业	3116.88	1691.18	2594.46	2183.84
建筑业	5010.66	4686.15	3917.94	3544.76
批发零售业	577.48	239.43	436.92	236.59
交通运输、仓储和邮政业	3364.82	3471.85	3979.78	3901.78
信息传输、软件和信息技术服务业	1801.77	1383.86	1470.60	1563.14
金融业	2552.31	1450.31	10174.91	9981.62
租赁和商业服务业	1741.91	248.70	550.42	552.12
科学研究和技术服务业	1050.62	521.95	907.55	786.42
水利、环境和公共设施管理业	1251.15	749.32	1186.61	1089.04
教育	672.39	51.27	837.28	879.98
卫生和社会工作	1807.67	2208.39	1880.67	2217.08
文化体育和娱乐业	1838.48	485.17	1207.08	946.44
其他	138.39	−259.83	447.46	415.13

4. 户均上缴税收

2017 年，户均上缴税收排名前 3 的行业依次是采矿业、金融业、建筑业（表 6-11）。新高新技术企业政策实施后中小企业数量占比增加，导致户均上缴税收下降。

表 6-11　2013—2017 年按行业分类的高企户均上缴税收　　　　　单位：万元

行业	2013 年	2014 年	2015 年	2016 年	2017 年
农林牧渔业	583.42	209.23	171.43	156.49	106.77
采矿业	11 088.30	7772.98	5366.57	4669.64	8390.07
制造业	1899.47	1882.50	1600.92	1479.93	1385.83
电力、热力、燃气及水生产和供应业	1853.42	2531.03	2005.34	2398.59	1535.00
建筑业	4096.52	5248.73	5465.49	5285.95	3917.70
批发零售业	730.59	673.87	523.82	397.35	363.70
交通运输、仓储和邮政业	1996.45	1911.73	1726.01	1801.26	1636.95
信息传输、软件和信息技术服务业	778.83	906.73	832.45	767.65	667.54
金融业	2931.76	1823.70	1565.23	1492.27	4835.01
租赁和商业服务业	654.13	1209.16	637.87	661.63	483.09
科学研究和技术服务业	1299.01	1302.23	935.56	683.45	581.46

续表

行业	2013年	2014年	2015年	2016年	2017年
水利、环境和公共设施管理业	728.18	879.40	767.73	694.73	629.73
教育	725.74	740.04	521.23	514.06	770.00
卫生和社会工作	705.33	280.02	290.21	295.12	341.45
文化体育和娱乐业	439.40	632.65	623.74	756.57	506.24
其他	1032.05	601.56	529.41	383.93	420.34

5. 户均出口

2017年，户均出口排名前3的行业依次为制造业，建筑业，电力、热力、燃气及水生产和供应业。近5年行业数据整体呈现出逐年下降的趋势（表6-12）。

表6-12 2013—2017年按行业分类的高企户均出口　　单位：万美元

行业	2013年	2014年	2015年	2016年	2017年
农林牧渔业	141.64	116.45	56.71	50.85	28.65
采矿业	792.86	721.76	393.04	195.25	196.36
制造业	1179.27	1056.25	848.59	661.39	638.66
电力、热力、燃气及水生产和供应业	701.34	668.43	555.82	351.54	225.63
建筑业	386.72	748.49	485.54	248.42	248.06
批发零售业	271.23	205.00	115.76	73.25	85.08
交通运输、仓储和邮政业	75.57	69.66	32.17	14.77	19.14
信息传输、软件和信息技术服务业	80.64	65.63	52.87	40.76	38.34
金融业	0.00	0.08	0.78	0.00	1.23
租赁和商业服务业	98.30	8.55	3.23	3.33	3.34
科学研究和技术服务业	317.74	310.87	186.15	128.30	85.06
水利、环境和公共设施管理业	96.17	14.40	7.75	60.75	48.68
教育	0.23	0.13	0.00	0.00	0.00
卫生和社会工作	0.43	0.00	0.00	0.00	0.12
文化体育和娱乐业	39.22	166.97	99.84	35.54	27.37
其他	78.88	3807.89	7.38	61.62	76.30

6. 户均就业

2017年，户均就业[①]排名前3的行业依次为采矿业，建筑业，交通运输、仓储和邮政业（表6-13）。2013—2017年，制造业，电力、热力、燃气及水生产和供应业，科学研究和技术服务业等

---

① 从业人员数以"从业人员年平均数"选取计算。

行业就业人数均出现下降趋势。一方面受宏观就业形势影响；另一方面新认定高新技术企业的中小企业占比增大，而中小企业吸纳就业人数有限。

表 6-13　2013—2017 年按行业分类的高企就业　　　　　　　　　　　　　　　　单位：人

行业	2013 年	2014 年	2015 年	2016 年	2017 年
农林牧渔业	151	146	103	95	80
采矿业	1206	1140	963	951	1033
制造业	375	343	304	271	246
电力、热力、燃气及水生产和供应业	268	240	225	192	154
建筑业	552	624	612	555	495
批发零售业	94	88	70	61	56
交通运输、仓储和邮政业	448	405	357	344	299
信息传输、软件和信息技术服务业	162	156	143	125	103
金融业	331	461	313	275	263
租赁和商业服务业	143	167	136	124	100
科学研究和技术服务业	214	210	173	135	115
水利、环境和公共设施管理业	124	140	110	104	99
教育	246	205	204	193	290
卫生和社会工作	250	221	225	221	205
文化体育和娱乐业	148	147	185	138	81
其他	194	193	128	122	198

（二）经济效益

1. 人均收入

2017 年，人均收入排名前 3 的行业依次是建筑业，金融业，电力、热力、燃气及水生产和供应业（表 6-14）。2013—2017 年，多数行业的人均收入基本保持稳定、小幅波动态势。

表 6-14　2013—2017 年按行业分类的高企人均收入　　　　　　　　　　　　　　单位：万元

行业	2013 年	2014 年	2015 年	2016 年	2017 年
农林牧渔业	107.12	89.52	93.54	89.90	83.59
采矿业	150.16	103.73	71.33	61.38	110.82
制造业	107.70	113.28	107.41	109.84	115.39
电力、热力、燃气及水生产和供应业	179.48	199.84	210.81	181.58	186.94
建筑业	223.62	245.21	244.86	272.12	277.17
批发零售业	204.57	243.99	183.19	155.10	157.38
交通运输、仓储和邮政业	144.25	138.70	196.17	158.86	152.30

续表

行业	2013年	2014年	2015年	2016年	2017年
信息传输、软件和信息技术服务业	68.83	77.59	76.87	84.26	91.83
金融业	104.48	57.39	71.45	78.35	202.59
租赁和商业服务业	188.04	151.45	106.88	105.05	105.82
科学研究和技术服务业	113.06	116.88	108.19	94.85	96.68
水利、环境和公共设施管理业	123.02	131.88	124.97	125.49	119.30
教育	46.42	51.12	42.29	43.48	33.59
卫生和社会工作	43.10	44.55	41.64	44.14	47.08
文化体育和娱乐业	73.27	81.57	67.54	89.51	102.87
其他	55.81	49.88	101.86	64.35	39.45

2. 人均净利润

2017年，人均净利润排名前3的行业依次为金融业，电力、热力、燃气及水生产和供应业，文化体育和娱乐业（表6-15）。与2015年相比，金融业2017年人均净利润增幅最大；租赁和商业服务业2017年较前4年降幅最大。

表6-15 2013—2017年按行业分类的高企人均净利润　　　　　　　　　　　　　单位：万元

行业	2013年	2014年	2015年	2016年	2017年
农林牧渔业	6.47	4.89	7.45	8.05	5.37
采矿业	6.00	4.21	2.47	0.44	7.05
制造业	6.56	6.83	6.66	7.35	7.98
电力、热力、燃气及水生产和供应业	11.56	15.88	17.81	16.25	16.87
建筑业	7.88	8.89	8.61	9.03	7.91
批发零售业	10.90	12.47	11.77	9.50	7.87
交通运输、仓储和邮政业	8.33	6.27	7.51	9.78	13.31
信息传输、软件和信息技术服务业	11.18	12.97	11.31	14.38	14.27
金融业	12.56	6.43	8.00	9.30	38.72
租赁和商业服务业	11.61	19.28	15.73	14.07	5.51
科学研究和技术服务业	11.37	10.87	9.78	7.76	7.92
水利、环境和公共设施管理业	13.76	10.74	13.60	12.02	12.03
教育	4.52	5.30	5.62	3.48	2.89
卫生和社会工作	6.32	7.63	6.05	8.17	9.17
文化体育和娱乐业	4.02	11.68	8.49	13.28	14.91
其他	3.43	2.65	6.12	1.13	2.26

3. 全行业净资产收益率

根据公式全面摊薄净资产收益率 = 报告期净利润 ÷ 期末净资产计算，2017年全行业的净资产收益率排名前3的行业依次为金融业，信息传输、软件和信息技术服务业，卫生和社会工作。同时，2014—2017年，制造业的净资产收益率逐年平缓上升；卫生和社会工作下降趋势明显（表6-16）。

表6-16 2013—2017年高企的全行业净资产收益率　　　　　　　　　　　　　　　　单位：%

行业	2013年	2014年	2015年	2016年	2017年
农林牧渔业	6.46	5.81	6.83	6.86	4.93
采矿业	1.62	3.39	2.81	0.47	5.27
制造业	9.07	9.05	9.62	10.11	10.77
电力、热力、燃气及水生产和供应业	2.14	11.95	12.67	11.26	8.82
建筑业	12.30	11.18	11.87	12.56	11.09
批发零售业	9.87	10.95	12.03	9.14	7.42
交通运输、仓储和邮政业	14.06	12.30	9.82	12.27	12.67
信息传输、软件和信息技术服务业	18.85	18.44	15.15	16.26	16.50
金融业	10.61	10.45	11.32	11.51	16.76
租赁和商业服务业	6.95	5.16	5.42	5.79	3.72
科学研究和技术服务业	14.45	12.84	11.43	8.66	8.92
水利、环境和公共设施管理业	12.07	5.90	10.61	10.40	10.27
教育	20.20	11.75	16.63	12.74	10.55
卫生和社会工作	38.23	38.53	28.74	19.91	16.01
文化体育和娱乐业	6.05	15.11	8.27	6.93	9.07
其他	11.17	6.37	13.35	1.94	7.1

三、高新技术企业技术创新的行业特征

本部分主要从研发人员占比、研发投入强度、专利情况、新产品销售收入占比等指标来分析高企技术创新的行业特征。

（一）研发人员占比

2017年，研发人员占比[①]排名前3的行业为科学研究和技术服务业，信息传输、软件和信息技术服务业，建筑业。金融业除2013年外，2017年较前3年研发人员占比增速明显（表6-17）。在2017年新办法认定下，信息传输、软件和信息技术服务业及科学研究和技术服务业研发人员占比增速明显（表6-18）。

---

① 研发人员占比 = 研发人员 / 企业当年职工总数 ×100%。

表 6-17 2013—2017 年按行业分类的研发人员占比　　　　　　　　　　　　　　　　单位：%

行业	2013年	2014年	2015年	2016年	2017年
农林牧渔业	13.92	10.56	14.86	13.76	12.78
采矿业	9.70	7.18	8.56	10.59	11.32
制造业	15.27	15.15	14.81	14.86	14.86
电力、热力、燃气及水生产和供应业	11.91	13.94	13.61	13.40	12.67
建筑业	14.26	15.29	15.77	15.86	16.73
批发零售业	13.99	12.75	12.84	10.10	10.54
交通运输、仓储和邮政业	8.75	7.67	8.88	6.19	11.20
信息传输、软件和信息技术服务业	10.74	11.15	13.01	16.58	19.84
金融业	12.06	6.66	6.12	7.15	10.67
租赁和商业服务业	6.87	6.46	3.90	5.74	6.86
科学研究和技术服务业	21.15	20.23	19.25	20.48	20.60
水利、环境和公共设施管理业	18.62	17.57	18.14	16.88	15.66
教育	1.15	1.92	1.12	2.51	2.10
卫生和社会工作	11.60	8.54	7.52	9.58	10.25
文化体育和娱乐业	10.62	11.16	3.47	8.68	12.74
其他	3.92	4.16	9.12	8.09	5.33

表 6-18 2016—2017 年新旧办法认定的按行业分类的研发人员占比　　　　　　　　　　单位：%

行业	2016年	2016年新办法认定	2017年	2017年新办法认定
农林牧渔业	13.76	13.44	12.78	12.53
采矿业	10.59	9.98	11.32	11.43
制造业	14.86	13.09	14.86	14.96
电力、热力、燃气及水生产和供应业	13.40	16.26	12.67	12.77
建筑业	15.86	16.25	16.73	16.72
批发零售业	10.10	10.75	10.54	11.10
交通运输、仓储和邮政业	6.19	7.02	11.20	11.05
信息传输、软件和信息技术服务业	16.58	15.05	19.84	21.14
金融业	7.15	8.06	10.67	9.61
租赁和商业服务业	5.74	8.81	6.86	7.41
科学研究和技术服务业	20.48	18.55	20.60	20.99
水利、环境和公共设施管理业	16.88	14.49	15.66	14.78
教育	2.51	3.52	2.10	1.66
卫生和社会工作	9.58	7.68	10.25	10.72
文化体育和娱乐业	8.68	9.96	12.74	12.32
其他	8.09	6.69	5.33	5.01

（二）研发投入强度

2017年，研发投入强度[①]较高的行业为信息传输、软件和信息技术服务业，科学研究和技术服务业等。2013—2016年，批发零售业研发投入强度呈逐年下降趋势，2017年出现增长（表6-19）。在2017年新办法认定下，信息传输、软件和信息技术服务业，租赁和商业服务业及交通运输、仓储和邮政业行业研发投入强度呈增长趋势（表6-20）。

表6-19　2013—2017年按行业分类的高企研发投入强度　　　　　　　　　　　　　　单位：%

行业	2013年	2014年	2015年	2016年	2017年
农林牧渔业	1.84	2.82	2.69	2.36	2.05
采矿业	1.76	2.65	4.22	3.43	3
制造业	3	2.88	3.02	3.13	3.05
电力、热力、燃气及水生产和供应业	1.81	2.07	1.98	2.19	1.92
建筑业	3.45	3.55	3.5	3.5	3.16
批发零售业	8.42	6.48	4.57	2.42	3.14
交通运输、仓储和邮政业	1.26	2.19	1.4	1.76	2.87
信息传输、软件和信息技术服务业	6.68	6.93	10.82	13.38	13.18
金融业	5.96	4.21	3.01	5.53	4.88
租赁和商业服务业	6.69	6.98	2.98	3.14	3.49
科学研究和技术服务业	10.95	11.52	9.07	11.15	12.12
水利、环境和公共设施管理业	4.26	4.08	4.12	4.2	3.9
教育	0.88	1.04	0.44	1.04	2.23
卫生和社会工作	4.24	5.44	5.8	6.77	4.91
文化体育和娱乐业	2.7	4.09	1.16	2.64	4.5
其他	2.99	2.83	15.05	3.32	3.37

表6-20　2016—2017年新旧办法认定的按行业分类的高企研发投入强度　　　　　　　单位：%

行业	2016年	2016年新办法认定	2017年	2017年新办法认定
农林牧渔业	2.36	2.24	2.05	2.01
采矿业	3.43	2.1	3	2.42
制造业	3.13	2.93	3.05	3.14
电力、热力、燃气及水生产和供应业	2.19	2.93	1.92	1.92
建筑业	3.5	3.97	3.16	2.86
批发零售业	2.42	2.66	3.14	3.29
交通运输、仓储和邮政业	1.76	1.91	2.87	3.32
信息传输、软件和信息技术服务业	13.38	14.24	13.18	14.48

---

① 研发投入强度＝研发经费内部支出／产品销售收入×100%。

续表

行业	2016年	2016年新办法认定	2017年	2017年新办法认定
金融业	5.53	4.07	4.88	4.9
租赁和商业服务业	3.14	3.96	3.49	4.66
科学研究和技术服务业	11.15	14.47	12.12	12.54
水利、环境和公共设施管理业	4.2	3.45	3.9	4.05
教育	1.04	1.68	2.23	1.72
卫生和社会工作	6.77	7.39	4.91	5.3
文化体育和娱乐业	2.64	2.21	4.5	4.85
其他	3.32	2.67	3.37	3.70

（三）专利情况

这部分主要使用当年专利授权、户均当年专利授权量、累计拥有发明专利和户均累计拥有发明专利等指标来介绍专利数量和质量情况。

2017年，高企当年专利授权较多的行业分别是制造业，信息传输、软件和信息技术服务业，科学研究和技术服务业；而户均当年专利授权量排名前3的行业依次为采矿业、建筑业、制造业（表6-21）。从趋势上看，2013—2017年电力、热力、燃气及水的生产和供应业，科学研究和技术服务业的户均专利授权量逐年下降（表6-22）。

表6-21　2013—2017年按行业分类的高企当年专利授权情况　　　　　　　单位：件

行业	当年专利授权				
	2013年	2014年	2015年	2016年	2017年
农林牧渔业	1339	1072	1089	1544	2594
采矿业	1388	1455	2188	2458	2578
制造业	302 355	275 285	310 827	392 640	453 866
电力、热力、燃气及水生产和供应业	2453	2279	2916	3691	3915
建筑业	4980	6234	8168	12 474	16 879
批发零售业	2581	2277	2448	3880	4741
交通运输、仓储和邮政业	201	216	270	408	556
信息传输、软件和信息技术服务业	13 085	11 904	18 863	28 665	42 468
金融业	57	44	35	31	154
租赁和商业服务业	466	527	790	806	921
科学研究和技术服务业	17 178	18 670	22 936	28 674	37 904
水利、环境和公共设施管理业	1652	1913	2168	3293	4510
教育	5	23	3	38	88
卫生和社会工作	43	22	84	94	125
文化体育和娱乐业	223	90	763	523	1247
其他	80	121	485	325	489

表 6-22　2013—2017 年按行业分类的高企户均当年专利授权情况　　　　　　　　　　　　　　　　单位：件

行业	户均当年专利授权				
	2013 年	2014 年	2015 年	2016 年	2017 年
农林牧渔业	3.63	2.28	2.08	2.04	2.24
采矿业	7.63	7.78	7.84	7.98	7.88
制造业	7.67	6.18	5.87	5.89	5.48
电力、热力、燃气及水生产和供应业	7.15	5.49	4.94	4.62	3.85
建筑业	7.55	7.38	7.59	8.24	7.39
批发零售业	2.36	1.69	1.33	1.53	1.59
交通运输、仓储和邮政业	1.95	1.7	2.03	1.9	1.86
信息传输、软件和信息技术服务业	1.51	1.2	1.52	1.64	1.63
金融业	0.97	0.62	0.32	0.2	0.8
租赁和商业服务业	1.7	1.57	1.54	0.93	0.94
科学研究和技术服务业	5.97	5.41	4.86	3.96	3.68
水利、环境和公共设施管理业	4.28	3.67	3.8	3.91	3.57
教育	0.18	0.52	0.04	0.29	0.43
卫生和社会工作	2.05	0.81	2.05	1.52	1.4
文化体育和娱乐业	4.55	1.25	5.53	2.16	3.35
其他	0.51	0.95	3.17	1.45	1.66

2017 年，累计拥有发明专利较多的行业分别是制造业，信息传输、软件和信息技术服务业，科学研究和技术服务业；而户均累计拥有发明专利排名前 3 的行业依次为采矿业、制造业、科学研究与技术服务业（表 6-23）。从趋势上看，2013—2017 年，制造业，信息传输、软件和信息技术服务业，科学研究和技术服务业的累计拥有发明专利数量逐年显著提升。制造业、采矿业近 2 年户均累计拥有发明专利提高较快，制造业户均整体呈现上升态势（表 6-24）。

表 6-23　2013—2017 年按行业分类的高企累计拥有发明专利量　　　　　　　　　　　　　　　　单位：件

行业	累计拥有发明专利				
	2013 年	2014 年	2015 年	2016 年	2017 年
农林牧渔业	929	1311	1466	2241	3113
采矿业	915	1152	1727	5095	3651
制造业	230 568	255 194	352 358	511 567	622 211
电力、热力、燃气及水生产和供应业	1000	1519	2614	3422	4037
建筑业	2501	4156	5941	9759	13 935
批发零售业	2614	3472	4526	4594	7390
交通运输、仓储和邮政业	146	220	354	517	699

续表

行业	累计拥有发明专利				
	2013年	2014年	2015年	2016年	2017年
信息传输、软件和信息技术服务业	27 217	25 778	35 421	57 416	80 590
金融业	61	82	40	51	468
租赁和商业服务业	875	455	1161	996	996
科学研究和技术服务业	18 278	24 772	35 834	50 729	67 472
水利、环境和公共设施管理业	1118	1723	2308	3143	4423
教育	2	5	24	24	43
卫生和社会工作	23	34	65	105	138
文化体育和娱乐业	49	72	131	476	715
其他	174	154	587	513	538

表6-24　2013—2017年按行业分类的高企户均累计拥有发明专利量　　单位：件

行业	户均累计拥有发明专利				
	2013年	2014年	2015年	2016年	2017年
农林牧渔业	2.52	2.79	2.80	2.96	2.69
采矿业	5.03	6.16	6.19	16.54	11.17
制造业	5.85	5.73	6.66	7.68	7.51
电力、热力、燃气及水生产和供应业	2.92	3.66	4.43	4.28	3.97
建筑业	3.79	4.92	5.52	6.45	6.10
批发零售业	2.39	2.57	2.46	1.82	2.47
交通运输、仓储和邮政业	1.42	1.73	2.66	2.40	2.34
信息传输、软件和信息技术服务业	3.14	2.59	2.85	3.28	3.09
金融业	1.03	1.15	0.37	0.32	2.42
租赁和商业服务业	3.19	1.35	2.26	1.14	1.01
科学研究和技术服务业	6.35	7.17	7.59	7.00	6.55
水利、环境和公共设施管理业	2.90	3.31	4.05	3.73	3.50
教育	0.07	0.11	0.32	0.18	0.21
卫生和社会工作	1.10	1.26	1.59	1.69	1.55
文化体育和娱乐业	1.00	1.00	0.95	1.97	1.92
其他	1.12	1.20	3.84	2.29	1.82

（四）新产品销售收入占比

新产品销售收入占全部产品销售收入的比重可以衡量产品创新对整个销售收入的贡献，也可反映新产品创新周期、更新换代频率和市场竞争能力等。2017年，新产品销售收入占比排名前3的行业依次为制造业，采矿业，电力、热力、燃气及水生产和供应业。近几年来，制造业，电力、热力、燃气及水生产和供应业的新产品销售收入占比一直保持在较高水平且数量稳定（表6-25）。

表6-25 2013—2017年按行业分类的高企新产品销售收入占比　　　　　　单位：%

行业	2013年	2014年	2015年	2016年	2017年
农林牧渔业	28.57	40.00	27.24	22.74	23.40
采矿业	33.85	34.19	17.75	23.83	41.89
制造业	46.86	47.35	46.52	47.22	47.74
电力、热力、燃气及水生产和供应业	33.60	36.69	33.24	35.51	29.81
建筑业	31.76	41.34	28.32	22.30	24.45
批发零售业	14.89	38.78	40.42	16.62	19.90
交通运输、仓储和邮政业	21.85	24.49	10.81	18.15	13.74
信息传输、软件和信息技术服务业	26.57	25.88	19.79	20.14	20.11
金融业	9.85	27.31	6.27	7.49	8.74
租赁和商业服务业	43.38	20.72	13.90	9.42	15.01
科学研究和技术服务业	37.75	43.80	28.78	28.22	24.82
水利、环境和公共设施管理业	39.89	45.48	30.43	33.74	13.55
教育	66.65	51.28	36.66	23.93	26.40
卫生和社会工作	0.42	9.66	6.15	3.96	2.42
文化体育和娱乐业	64.98	45.88	22.69	17.02	22.50
其他	18.71	26.03	23.11	24.06	15.13

四、制造业高企的特点分析

强大的制造业对于一个国家保持经济长期繁荣、提升知识创造和创新能力具有不可替代的重要作用。从发展格局和趋势看，全球制造业正迎来新变局，主要发达国家都在大力推动先进制造业，我国加快推动战略性新兴产业、先进制造业健康发展，充分利用高新技术企业政策恰逢其时。

（一）数量分布

2017年，制造业高企主要分布在专用设备制造业，通用设备制造业，计算机、通信和其他电子设备制造业，电气机械和器材制造业，化学原料和化学制品制造业（表6-26、图6-2）。这5个行业的集中度由2013年的58.62%下降至2017年的56.72%。

从2013—2017年增长速度上看，金属制品业、橡胶和塑料制品业、非金属矿物制品业高企数量呈现上升趋势。

表 6-26　2013—2017 年制造业高企数量占比的行业分布　　　　　　　　　　单位：%

制造业	大类	2013 年	2014 年	2015 年	2016 年	2017 年
农副食品加工业	13	1.20	1.29	1.48	1.50	1.40
食品制造业	14	1.09	1.14	1.22	1.25	1.21
酒、饮料和精制茶制造业	15	0.20	0.20	0.24	0.28	0.30
烟草制品业	16	0.02	0.03	0.03	0.02	0.02
纺织业	17	1.12	1.10	1.14	1.21	1.39
纺织服装、服饰业	18	0.16	0.16	0.14	0.20	0.23
皮革、毛皮、羽毛及其制品和制鞋业	19	0.14	0.15	0.18	0.20	0.25
木材加工和木、竹、藤、棕、草制品业	20	0.36	0.37	0.42	0.44	0.45
家具制造业	21	0.20	0.25	0.31	0.43	0.58
造纸和纸制品业	22	0.53	0.52	0.49	0.59	0.67
印刷和记录媒介复制业	23	0.68	0.67	0.72	0.78	0.85
文教、工美、体育和娱乐用品制造业	24	0.47	0.51	0.58	0.76	0.88
石油加工、炼焦和核燃料加工业	25	0.26	0.25	0.28	0.26	0.25
化学原料和化学制品制造业	26	8.38	8.15	7.93	7.74	7.72
医药制造业	27	6.32	5.94	5.52	5.02	4.47
化学纤维制造业	28	0.39	0.34	0.33	0.32	0.28
橡胶和塑料制品业	29	3.21	3.36	3.61	3.89	4.23
非金属矿物制品业	30	3.40	3.42	3.57	3.71	3.84
黑色金属冶炼和压延加工业	31	0.81	0.89	0.89	0.83	0.82
有色金属冶炼和压延加工业	32	1.95	1.93	2.04	1.89	1.89
金属制品业	33	3.82	3.87	3.88	4.11	4.52
通用设备制造业	34	11.39	11.80	12.68	12.67	12.60
专用设备制造业	35	14.97	14.69	13.69	13.36	12.80
汽车制造业	36	5.74	5.81	5.74	5.47	5.32
铁路、船舶、航空航天和其他运输设备制造业	37	2.08	2.10	2.07	2.05	2.02
电气机械和器材制造业	38	11.68	11.90	11.50	11.49	11.58
计算机、通信和其他电子设备制造业	39	12.20	11.94	12.02	12.31	12.02
仪器仪表制造业	40	5.76	5.52	5.40	5.26	5.15
其他制造业	41	1.12	1.33	1.44	1.50	1.67
废弃资源综合利用业	42	0.17	0.20	0.24	0.25	0.29
金属制品、机械和设备修理业	43	0.18	0.17	0.22	0.22	0.30

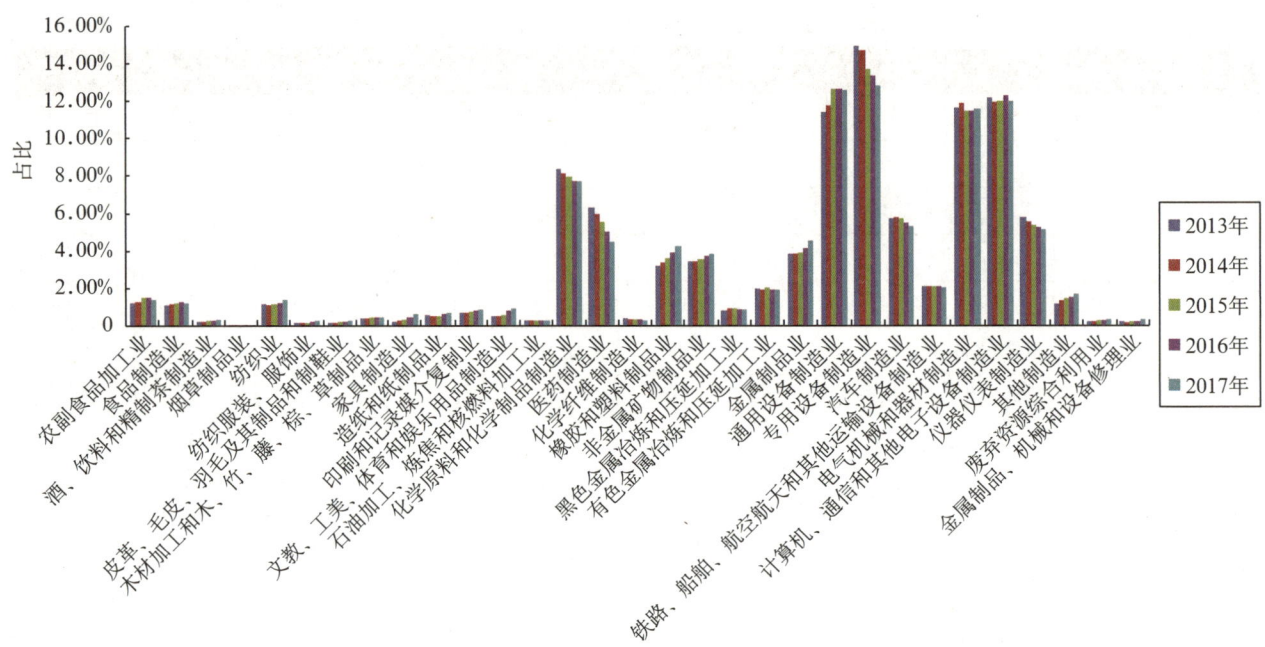

图 6-2 2013—2017 年制造业高企数量占比的行业分布

（二）技术创新

1. 总体情况

制造业高企的技术创新在全部高企中占据重要角色，有力地支撑了我国制造业的可持续发展。2013—2017 年，我国制造业高企的户均研发人员、研发人员占比、户均 R&D 经费支出、户均专利申请量、专利授权量／申请量呈现逐年下降趋势；研发投入强度、累计拥有发明专利数／累计拥有专利数、新产品销售收入则呈现出小幅波动、整体增长的态势（表 6-27）。2017 年，全国共有 82 799 家制造业高企，数量占全部高企的 63.38%；制造业高企研发投入达到 6791.37 亿元，占全部高企研发投入的 73.19%；制造业高企当年申请专利 731 401 件，占全国高企当年申请专利 75.40%；制造业高企新产品销售收入 106 285.18 亿元，占全部高企当年新产品销售收入 47.74%。

新认定管理办法对研发投入强度、发明专利赋予权重等进行了调整，因此户均 R&D 经费支出、累计拥有发明专利数／累计拥有专利数等指标变化可能与政策调整有关。

表 6-27 2013—2017 年制造业高企的技术创新情况

年份	户均研发人员（人）	研发人员占比（%）	户均 R&D 经费支出（万元）	R&D 投入强度（%）①	户均专利申请量（件）	专利授权量／申请量（%）	累计拥有发明专利数／累计拥有专利数（%）	新产品销售收入占比（%）
2013	57.2	15.27	1133.57	3.00	10.4	73.56	24.40	46.87
2014	52.0	15.15	1047.81	2.88	8.9	69.58	21.74	47.35

① R&D 投入强度 = R&D 经费内部支出／产品销售收入 ×100%。

续表

年份	户均研发人员（人）	研发人员占比（%）	户均R&D经费支出（万元）	R&D投入强度（%）①	户均专利申请量（件）	专利授权量/申请量（%）	累计拥有发明专利数/累计拥有专利数（%）	新产品销售收入占比（%）
2015	45.0	14.81	932.28	3.02	8.7	67.14	23.71	46.52
2016	40.3	14.86	880.54	3.13	9.0	65.24	26.79	47.22
2017	36.6	14.86	820.22	3.05	8.8	62.05	27.12	47.74

2. 对比分析

2017年研发投入强度排名前3的行业分别为铁路、船舶、航空航天和其他运输设备制造业，仪器仪表制造业，计算机、通信和其他电子设备制造业；户均拥有发明专利数排名前3的行业分别为计算机、通信和其他电子设备制造业，铁路、船舶、航空航天和其他运输设备制造业，医药制造业；新产品销售收入占比较高的行业依次为纺织服装、服饰业，铁路、船舶、航空航天和其他运输设备制造业，化学纤维制造业。从研发投入强度比较来看，高新技术企业要远远高于规模以上工业企业（表6-28）。

表6-28 2017年制造业企业的技术创新

制造业	研发投入强度（%）	
	规模以上工业企业	高新技术企业
农副食品加工业	0.46	2.03
食品制造业	0.67	2.53
酒、饮料和精制茶制造业	0.58	2.29
烟草制品业	0.22	3.66
纺织业	0.64	2.59
纺织服装、服饰业	0.53	2.39
皮革、毛皮、羽毛及其制品和制鞋业	0.46	2.26
木材加工和木、竹、藤、棕、草制品业	0.47	2.29
家具制造业	0.63	2.50
造纸和纸制品业	0.97	2.53
印刷和记录媒介复制业	0.69	2.37
文教、工美、体育和娱乐用品制造业	0.63	2.94
石油加工、炼焦和核燃料加工业	0.36	1.43
化学原料和化学制品制造业	1.11	2.38
医药制造业	1.97	3.63
化学纤维制造业	1.34	2.50
橡胶和塑料制品业	1.01	2.63

续表

制造业	研发投入强度（%）	
	规模以上工业企业	高新技术企业
非金属矿物制品业	0.61	2.46
黑色金属冶炼和压延加工业	0.99	2.25
有色金属冶炼和压延加工业	0.85	1.94
金属制品业	0.95	2.57
通用设备制造业	1.53	3.15
专用设备制造业	1.78	3.79
汽车制造业	1.38	2.53
铁路、船舶、航空航天和其他运输设备制造业	2.53	4.72
电气机械和器材制造业	1.73	2.78
计算机、通信和其他电子设备制造业	1.88	4.24
仪器仪表制造业	2.11	4.60
其他制造业	1.31	3.36
废弃资源综合利用业	0.42	2.15
金属制品、机械和设备修理业	1.35	2.81

（三）经济贡献和效益

1. 总体情况

2013—2017年，我国制造业高企户均收入、户均净利润、户均上缴税收、户均出口、户均就业5项指标均呈现出逐年下降态势（表6-29）。2017年，全国共有82 799家制造业高企，数量占全部高企的63.38%，但是制造业高企实现总收入23 5153.79亿元，占全部高企总收入的73.86%；制造业高企上缴税收11 474.52亿元，占全国高企上缴税收的73.66%；制造业高企出口35 719.14亿元，占全国高企当年出口总额的94.42%；制造业高企提供就业2037.99万人，占全国高企提供就业的76.44%。

表6-29 我国制造业高企的经济贡献

年份	户均收入（万元）	户均净利润（万元）	户均上缴税收（万元）	户均出口（万元）	户均就业（人）
2013年	40 346.66	2459.11	1900.04	7309.73	374.6
2014年	38 886.05	2343.52	1883.03	6490.84	343.2
2015年	32 647.22	2023.65	1601.06	5287.49	303.9
2016年	29 791.95	1994.40	1480.05	4392.12	271.2
2017年	28 400.56	1963.97	1385.83	4313.96	246.1

2017年，在制造业的行业大类中，计算机、通信和其他电子设备制造业，汽车制造业，电气机械和器材制造业总收入表现较为突出；而汽车制造业，计算机、通信和其他电子设备制造业，医药制造业获得的净利润较多。在上缴税收方面，汽车制造业，计算机、通信和其他电子设备制造业，电气机械和器材制造业贡献较大。计算机、通信和其他电子设备制造业，电气机械和器材制造业，通用设备制造业的出口额名列前茅。计算机、通信和其他电子设备制造业，电气机械和器材制造业，汽车制造业提供的就业较多（表6-30）。

表6-30 2017年制造业高企细分行业的经济贡献

制造业	总收入（亿元）	净利润（亿元）	上缴税收（亿元）	出口额（亿元）	就业（万人）
农副食品加工业	3225.35	148.17	72.82	204.52	18.62
食品制造业	2376.79	275.04	186.40	292.06	21.47
酒、饮料和精制茶制造业	637.92	51.60	58.07	36.23	5.32
烟草制品业	48.74	13.06	6.21	1.07	0.35
纺织业	2933.44	170.12	117.62	766.05	40.00
纺织服装、服饰业	506.35	43.44	37.32	114.55	10.10
皮革、毛皮、羽毛及其制品和制鞋业	518.14	32.51	27.57	121.39	8.52
木材加工和木、竹、藤、棕、草制品业	535.55	28.25	28.13	99.94	6.96
家具制造业	1137.66	85.38	66.83	348.40	17.89
造纸和纸制品业	3330.50	315.30	172.98	281.61	18.59
印刷和记录媒介复制业	1064.70	99.33	65.34	138.90	15.51
文教、工美、体育和娱乐用品制造业	942.16	61.42	41.84	374.77	18.08
石油加工、炼焦和核燃料加工业	2277.69	83.53	79.14	5.48	5.20
化学原料和化学制品制造业	18 297.91	1339.20	875.91	1815.02	116.90
医药制造业	10 365.78	1746.01	1178.44	869.37	113.46
化学纤维制造业	1630.28	79.23	54.03	167.19	10.87
橡胶和塑料制品业	6681.72	382.55	292.68	1255.67	74.94
非金属矿物制品业	6137.09	493.21	356.01	847.00	79.20
黑色金属冶炼和压延加工业	110 34.08	554.54	310.44	779.83	41.50
有色金属冶炼和压延加工业	11 230.67	407.72	350.63	703.88	51.11
金属制品业	6291.20	322.22	262.86	1143.49	80.21
通用设备制造业	16 880.72	1158.13	918.33	2260.30	185.15
专用设备制造业	13 090.84	986.80	717.66	1957.36	157.12
汽车制造业	32 624.87	2350.32	1889.78	2206.97	199.21
铁路、船舶、航空航天和其他运输设备制造业	10 014.18	533.55	397.33	1694.18	89.24
电气机械和器材制造业	28 252.55	1699.27	1180.79	4881.72	235.70
计算机、通信和其他电子设备制造业	37 112.22	2301.64	1392.86	11 626.35	336.23

续表

制造业	总收入（亿元）	净利润（亿元）	上缴税收（亿元）	出口额（亿元）	就业（万人）
仪器仪表制造业	3264.50	340.03	220.96	406.01	47.83
其他制造业	1936.48	120.36	69.37	270.21	24.97
废弃资源综合利用业	495.11	28.98	26.75	29.26	2.97
金属制品、机械和设备修理业	278.60	10.55	19.42	20.35	4.77

在制造业的行业大类中，户均净利润排名前3的行业依次为黑色金属冶炼和压延加工业，烟草制品业，造纸和纸制品业。户均上缴税收排名前3的行业依次为黑色金属冶炼和压延加工业，汽车制造业，石油加工、炼焦和核燃料加工业。户均出口排名前3的行业依次为计算机、通信和其他电子设备制造业，黑色金属冶炼和压延加工业，铁路、船舶、航空航天和其他运输设备制造业。户均提供就业排名前3的行业分别为黑色金属冶炼和压延加工业，铁路、船舶、航空航天和其他运输设备制造业，纺织服装、服饰业（表6-31）。

表6-31 2017年制造业高企细分行业的经济效益

制造业	户均净利润（万元）	户均上缴税收（万元）	户均出口（万元）	户均就业（人）
农副食品加工业	1275.09	626.72	1760.05	160
食品制造业	2753.14	1865.91	2923.51	215
酒、饮料和精制茶制造业	2106.11	2370.09	1478.70	217
烟草制品业	6874.99	3269.99	564.66	184
纺织业	1479.35	1022.74	6661.28	348
纺织服装、服饰业	2250.77	1933.62	5935.16	523
皮革、毛皮、羽毛及其制品和制鞋业	1578.35	1338.13	5892.71	414
木材加工和木、竹、藤、棕、草制品业	763.52	760.24	2700.96	188
家具制造业	1775.04	1389.39	7243.18	372
造纸和纸制品业	5712.00	3133.69	5101.67	337
印刷和记录媒介复制业	1412.96	929.49	1975.86	221
文教、工美、体育和娱乐用品制造业	840.18	572.32	5126.88	247
石油加工、炼焦和核燃料加工业	4054.98	3841.91	266.10	252
化学原料和化学制品制造业	2095.12	1370.32	2839.52	183
医药制造业	4715.13	3182.40	2347.75	306
化学纤维制造业	3415.09	2328.72	7206.65	468
橡胶和塑料制品业	1092.68	836.00	3586.62	214
非金属矿物制品业	1551.94	1120.22	2665.20	249
黑色金属冶炼和压延加工业	8131.13	4551.88	11 434.49	608

续表

制造业	户均净利润（万元）	户均上缴税收（万元）	户均出口（万元）	户均就业（人）
有色金属冶炼和压延加工业	2603.60	2239.03	4494.78	326
金属制品业	861.09	702.45	3055.82	214
通用设备制造业	1110.38	880.47	2167.12	178
专用设备制造业	930.94	677.04	1846.56	148
汽车制造业	5331.95	4287.15	5006.73	452
铁路、船舶、航空航天和其他运输设备制造业	3187.29	2373.57	10 120.56	533
电气机械和器材制造业	1772.48	1231.66	5092.02	246
计算机、通信和其他电子设备制造业	2312.98	1399.72	11 683.60	338
仪器仪表制造业	797.63	518.32	952.40	112
其他制造业	870.27	501.62	1953.81	181
废弃资源综合利用业	1202.49	1110.13	1214.29	123
金属制品、机械和设备修理业	423.74	779.79	817.11	192

2. 对比分析

从2016年户均收入来看，半数以上行业的制造业高企的户均收入要高于规模以上工业企业的水平，其中黑色金属冶炼和压延加工业，造纸和纸制品业，化学纤维制造业，铁路、船舶、航空航天和其他运输设备制造业等行业高企户均收入高于规模以上工业企业较多；烟草制品业，石油加工、炼焦和核燃料加工业等行业高企户均收入低于规模以上工业企业较多（表6-32）。

表6-32 2016年制造业企业户均收入　　　　　　　　　　　　单位：万元

行业	规模以上工业企业	高企
农副食品加工业	26 460.02	31 144.35
食品制造业	26 490.52	24 800.56
酒、饮料和精制茶制造业	26 627.45	31 843.11
烟草制品业	678 623.44	29 765.07
纺织业	20 678.52	26 258.37
纺织服装、服饰业	15 371.55	33 014.10
皮革、毛皮、羽毛及其制品和制鞋业	17 374.86	31 113.49
木材加工和木、竹、藤、棕、草制品业	16 213.23	16 448.00
家具制造业	15 197.58	25 662.42
造纸和纸制品业	22 202.88	56 227.05
印刷和记录媒介复制业	14 445.80	18 010.71
文教、工美、体育和娱乐用品制造业	18 345.16	14 440.50
石油加工、炼焦和核燃料加工业	184 074.52	88 670.82

续表

行业	规模以上工业企业	高企
化学原料和化学制品制造业	35 509.90	29 709.17
医药制造业	37 403.67	31 208.81
化学纤维制造业	42 760.88	72 220.32
橡胶和塑料制品业	17 737.76	20 950.40
非金属矿物制品业	17 701.72	19 599.07
黑色金属冶炼和压延加工业	72 942.56	111 645.05
有色金属冶炼和压延加工业	76 047.83	64 644.63
金属制品业	19 254.77	18 164.26
通用设备制造业	20 354.90	17 091.45
专用设备制造业	21 254.62	13 463.64
汽车制造业	56 128.59	76 644.03
铁路、船舶、航空航天和其他运输设备制造业	39 063.92	68 136.53
电气机械和器材制造业	31 197.74	32 151.42
计算机、通信和其他电子设备制造业	65 450.98	40 517.00
仪器仪表制造业	21 988.22	8467.27
其他制造业	14 782.95	13 181.36
废弃资源综合利用业	25 732.11	14 531.83
金属制品、机械和设备修理业	31 911.59	15 506.31

中国制造是中国崛起的基础，制造业的发展与创新对于优化产业结构、增强国际竞争力具有重要的战略意义，应进一步发挥高新技术企业政策作用，提升高新技术企业实力，着力加强自主创新能力建设，推动制造业迈上新台阶。

五、小结

本章主要从数量分布、经济贡献（效益）和技术创新等角度考察我国高企行业特征，并且对制造业高企进行了专门分析，主要结论如下：

① 2017年，高企主要分布在制造业，信息传输、软件和信息技术服务业，科学研究和技术服务业。2013—2017年，制造业高企占比从72.06%下降至63.38%，仍占据高企总量的绝大部分。

② 从经济贡献角度分析，总收入、净利润、上缴税收、出口等指标表明，2017年制造业，信息传输、软件、信息技术服务，建筑业，科学研究、技术服务业的经济贡献最为突出。户均收入排名前3的行业依次是建筑业，采矿业，金融业；户均净利润排名前3的行业依次为金融业，采矿业，交通运输、仓储和邮政业；采矿业，金融业，建筑业的户均上缴税收较多；制造业，建筑业，电力、热力、燃气及水生产和供应业的户均出口较多。

③ 从经济效益角度分析，2017年，人均收入排名前3的行业依次为建筑业，金融业，电力、热力、

燃气及水生产和供应业；人均净利润排名前 3 的行业依次为金融业，电力、热力、燃气及水生产和供应业，文化体育和娱乐业；全行业的净资产收益率排名前 3 的行业依次为金融业，信息传输、软件和信息技术服务业，卫生和社会工作。

④在技术创新方面，2017 年研发人员占比排名前 3 的行业为科学研究和技术服务业，信息传输、软件和信息技术服务业，建筑业等行业；2013—2017 年，信息传输、软件和信息技术服务业，教育业的研发人员占比增长显著；2017 年，研发投入强度较高的行业为信息传输、软件和信息技术服务业，科学研究和技术服务业等；当年专利授权较多的行业分别是制造业，信息传输、软件和信息技术服务业，科学研究和技术服务业，而户均当年专利授权量排名前 3 的行业依次为采矿业，建筑业，制造业；累计拥有发明专利较多的行业分别是制造业，信息传输、软件和信息技术服务业，科学研究和技术服务业，而户均累计拥有发明专利排名前 3 的行业依次为采矿业，制造业，科学研究和技术服务业。近年来，制造业，电力、热力、燃气及水生产和供应业的新产品销售收入占比一直保持在较高水平，而采矿业 2017 年新产品销售收入占比较 2016 年增长显著。

⑤ 2017 年，制造业高企主要分布在专用设备制造业，通用设备制造业，计算机、通信和其他电子设备制造业，电气机械和器材制造业，化学原料和化学制品制造业。2013—2017 年，制造业高企的户均研发人员，研发人员占比，户均 R&D 经费支出，户均专利申请量，专利授权量、申请量呈现逐年下降趋势；研发投入强度，累计拥有发明专利数／累计拥有专利数，新产品销售收入则呈现出小幅波动、整体增长的态势。2013—2017 年，制造业高企的户均收入、户均净利润、户均上缴税收、户均出口、户均就业均呈现出连续下降态势。从 2016 年户均收入来看，50% 以上行业的制造业高企的户均收入要高于规模以上工业企业的水平，其中黑色金属冶炼和压延加工业，造纸和纸制品业，化学纤维制造业，铁路、船舶、航空航天和其他运输设备制造业等行业高企户均收入高于规模以上工业企业较多；烟草制品业，石油加工、炼焦和核燃料加工业等行业高企户均收入低于规模以上工业企业较多。

第七章
高新技术企业的区域特征

高新技术企业与所在区域的经济、社会发展相互作用和影响，高新技术企业的表现成为衡量区域经济活力、创新能力、发展潜力等的重要指标。由于各地区资源禀赋和经济基础等条件的差异，不同区域的高新技术企业也表现出不同的分布特征，本章以我国31个省级行政区划单位+5个计划单列市为基础，选取了反映高新技术企业区域分布、经济贡献、经济效益、技术创新、企业规模、国家高新区内外差异等若干指标[①]，分析高新技术企业的区域特征。

一、高新技术企业的数量分布

（一）高新技术企业在三大经济带[②]的分布

从依据经济带划分的东中西部地区来看，东中西部地区的高新技术企业数量在2013—2017年均有所增长，且各地区高新技术企业数量比例保持相对稳定；2017年东部地区高新技术企业数量占全国总量的75.30%，中部地区的平均占比为15.49%，西部地区的平均占比为10.13%。这与新办法认定的高新技术企业在三大经济带的分布情况基本相同。这显示我国高新技术企业地域分布的不平衡性十分明显（表7-1、表7-2和图7-1、图7-2）。

表7-1 2013—2017年全国高新技术企业在三大经济带的数量分布情况

经济带	2013年		2014年		2015年		2016年		2017年	
	企业数（家）	占比（%）	企业数（家）	占比（%）	企业数（家）	占比（%）	企业数（家）	占比（%）	企业数（家）	占比（%）
东部地区	41154	75.26	46060	73.63	55667	73.11	74547	74.54	98366	75.30
中部地区	8341	15.25	9886	15.80	12266	16.11	15336	15.33	19570	14.98
西部地区	5188	9.49	6610	10.57	8208	10.78	10129	10.13	12696	9.72

注：数据来源于火炬统计。

---

① 本章使用的指标所依据的数据均为高新技术企业调查统计口径数据，与各年度处于认定有效期内的存量数据有所差别。
② 全国划分为东、中、西部三大经济带。其中东部地区包括北京、天津、河北、辽宁、上海、江苏、浙江、福建、山东、广东、海南11个省级行政单位及大连、宁波、厦门、青岛、深圳5个计划单列市；中部地区包括黑龙江、吉林、山西、安徽、江西、河南、湖北、湖南；西部地区包括四川、重庆、贵州、云南、西藏、陕西、甘肃、青海、宁夏、新疆、广西、内蒙古。

表 7-2　2016—2017 年新办法认定的高企在三大经济带的数量分布情况

经济带	2016 年		2017 年	
	企业数（家）	占比（%）	企业数（家）	占比（%）
东部地区	31 247	75.72	76 394	75.71
中部地区	6002	14.55	14 963	14.83
西部地区	4014	9.73	9542	9.46

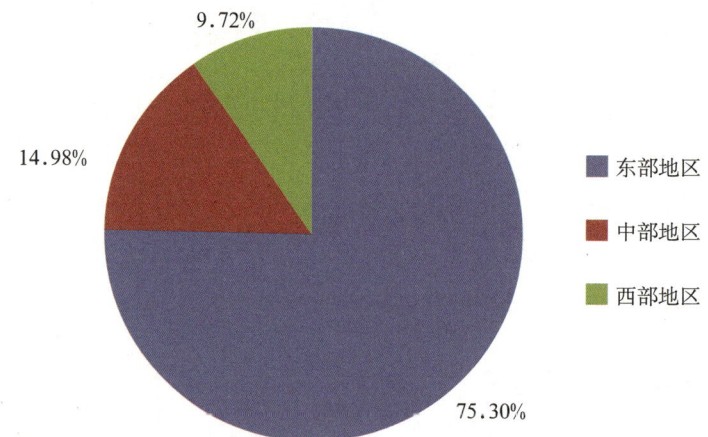

图 7-1　2017 年全国高新技术企业在三大经济带的数量分布情况

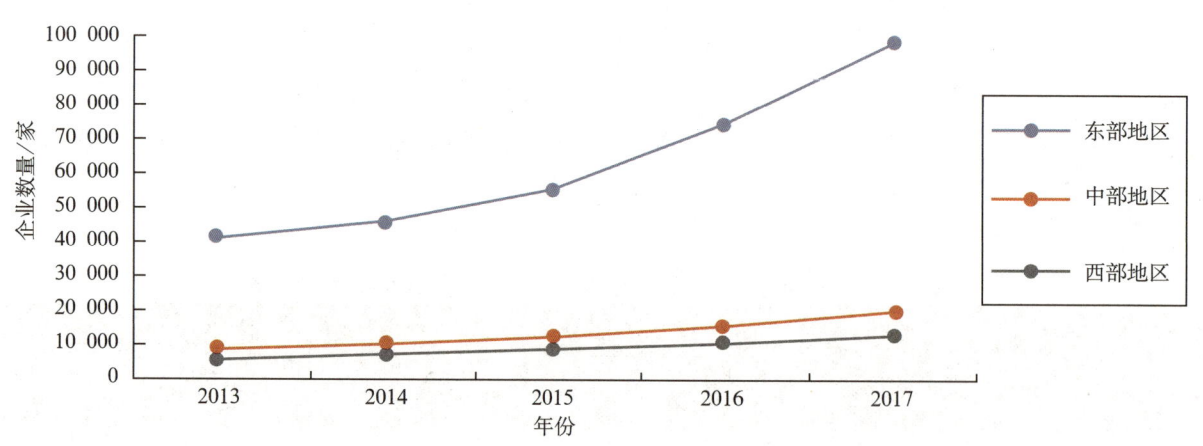

图 7-2　2013—2017 年全国高新技术企业在不同经济带的分布

（二）高新技术企业在不同地区的分布

1. 全部高新技术企业地区分布情况

图 7-3 显示了 2017 年高新技术企业在 31 个省级行政区划单位和 5 个计划单列市的分布情况。数据显示，广东、北京、江苏、深圳、浙江、上海和湖北是全国高新技术企业分布最为集中的地区，在计划单列市中深圳的高新技术企业数量仍处在领先地位。以上 7 个省（市）的高新技术企业数量合计

达 83 043 家，占全国总量的 63.58%，在新办法认定下，该比值为 64.09%。

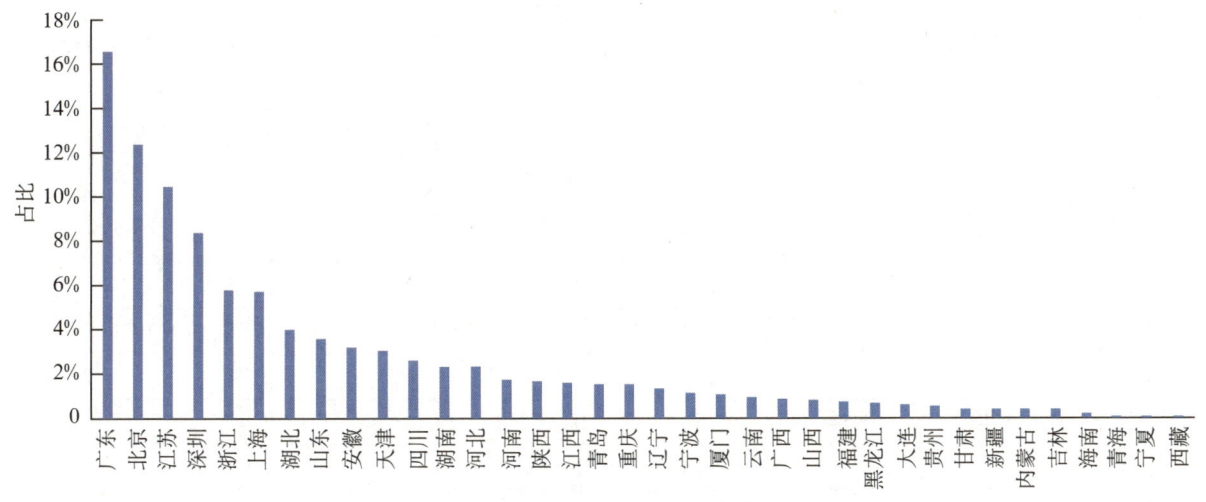

图 7-3　2017 年全部高新技术企业地区分布情况

表 7-3 反映的是 2013—2017 年各地区高新技术企业数量占全国总量的比例情况。2013—2017 年，全国各地高新技术企业绝对数量都有所上升，其中东部地区的广东、深圳和天津高新技术企业数量在全国所占比例分别提高了 8.95、2.51 和 0.65 个百分点，广东的增幅最大；处于西南地区的广西和重庆等省（市）高新技术企业数量占比均有不同程度的上升。

表 7-3　2013—2017 年各地区高新技术企业占比情况　　单位：%

地区	2013 年	2014 年	2015 年	2016 年	2017 年	2016 年（新）	2017 年（新）
北京	13.44	13.17	14.29	13.47	12.45	11.48	11.65
天津	2.42	2.00	2.89	3.20	3.07	3.41	2.95
河北	1.91	2.00	2.11	2.06	2.39	2.08	2.43
山西	0.67	0.82	0.94	0.93	0.85	0.84	0.79
内蒙古	0.33	0.34	0.31	0.35	0.40	0.44	0.43
辽宁	1.47	1.40	1.27	1.19	1.34	1.17	1.39
吉林	0.54	0.48	0.44	0.38	0.40	0.32	0.40
黑龙江	1.14	1.02	0.90	0.76	0.71	0.55	0.70
上海	9.16	8.52	7.84	6.76	5.74	5.57	5.46
江苏	14.01	14.56	13.90	12.94	10.46	11.53	9.25
浙江	7.67	7.54	6.95	6.33	5.85	5.28	5.69
安徽	4.00	4.14	4.07	3.79	3.26	3.32	3.15
福建	1.70	1.56	1.39	1.16	0.75	1.26	1.23
江西	1.05	1.27	1.42	1.43	1.62	1.54	1.66

续表

地区	2013年	2014年	2015年	2016年	2017年	2016年（新）	2017年（新）
山东	3.32	3.41	3.44	3.25	3.63	2.76	3.18
河南	1.71	1.72	1.76	1.65	1.73	1.50	1.72
湖北	3.81	4.05	4.26	4.21	4.03	4.37	3.98
湖南	2.34	2.30	2.33	2.18	2.39	2.11	2.43
广东	7.70	7.04	7.20	11.72	16.65	18.09	19.21
广西	0.85	0.83	0.83	0.81	0.91	0.85	0.91
海南	1.12	0.20	0.22	0.20	0.20	0.18	0.20
重庆	1.19	1.18	1.23	1.44	1.53	1.85	1.57
四川	2.26	3.18	3.43	3.05	2.66	2.74	2.58
贵州	0.40	0.48	0.50	0.47	0.53	0.42	0.51
云南	1.16	1.20	1.18	1.08	0.94	0.99	0.85
西藏	0.04	0.04	0.03	0.02	0.02	0.01	0.02
陕西	2.11	2.14	2.09	1.81	1.68	1.46	1.58
甘肃	0.46	0.43	0.42	0.43	0.46	0.43	0.48
青海	0.12	0.13	0.13	0.13	0.11	0.12	0.10
宁夏	0.09	0.09	0.08	0.08	0.07	0.08	0.07
新疆	0.47	0.54	0.54	0.46	0.40	0.35	0.35
大连	0.81	0.75	0.72	0.64	0.62	0.59	0.61
宁波	2.00	1.84	1.56	1.35	1.13	1.36	1.60
厦门	1.48	1.42	1.30	1.21	1.08	0.98	1.11
青岛	1.16	1.16	1.23	1.32	1.55	0.94	0.92
深圳	5.89	7.05	6.78	7.74	8.40	9.07	8.85

注：广东、辽宁、山东、浙江、福建不包括相应的计划单列市内的高新技术企业。

2. 不同规模高新技术企业的数量分布

（1）全部高新技术企业规模分布情况

从高新技术企业规模分布的相对比例来看，2017年全国销售收入在5000万元以下、5000万（含）~2亿元、2亿元（含）以上的高新技术企业所占比例分别是59.36%、23.99%和16.65%，而在新办法认定下，该比值为61.84%、22.93%和15.23%，可以看出中小企业认定比重有所增加，新办法加大了对中小企业的扶持力度。

2017年，销售收入低于5000万元的高新技术企业数量最多的是广东，其次是北京；江苏则以销售收入5000万（含）~2亿元和2亿元以上的高新技术企业为主（表7-4）。

表 7-4 2013—2017 年不同地区高新技术企业的规模分布情况　　　　单位：家

地区	5000万元以下					5000万（含）~2亿元					2亿元（含）以上				
	2013年	2014年	2015年	2016年	2017年	2013年	2014年	2015年	2016年	2017年	2013年	2014年	2015年	2016年	2017年
北京	10 720	7453	7390	9363	11 562	1640	1794	2118	2552	2948	1043	1179	1376	1561	1758
天津	1861	1409	1404	2227	2890	321	307	461	567	656	289	267	339	411	463
河北	1384	991	749	1053	1786	322	382	484	607	790	317	362	372	401	546
山西	490	375	438	623	724	103	128	156	163	215	104	125	121	140	173
内蒙古	234	143	80	154	249	62	71	77	98	129	60	69	77	99	151
辽宁	1500	695	455	628	1015	255	275	306	339	452	224	219	205	220	280
吉林	373	140	127	145	233	91	88	89	118	136	114	118	117	122	148
黑龙江	880	461	412	481	637	155	158	160	166	166	123	118	112	114	124
上海	6944	2903	2885	3314	3746	1491	1611	1751	1972	2121	1228	1283	1333	1472	1627
江苏	10 127	4739	4770	6206	6260	2538	2978	3332	3957	4266	2287	2445	2485	2783	3135
浙江	6106	2157	2118	2579	3120	1371	1559	1773	2204	2706	1102	1164	1206	1410	1748
安徽	3032	1689	1710	2153	2519	639	740	801	960	1021	502	567	589	682	715
福建	1697	701	500	657	870	233	226	266	347	424	224	222	242	269	306
江西	732	532	433	598	956	180	259	364	472	666	205	238	285	362	495
山东	3523	1775	1231	1488	2093	726	789	857	958	1136	790	788	781	827	961
河南	1149	649	560	783	1183	321	358	406	484	638	370	382	373	379	437
湖北	2764	1818	1692	2319	3086	600	686	846	1048	1222	574	634	704	842	953
湖南	1695	952	769	1036	1690	421	475	514	613	807	365	423	488	533	626
广东	8577	8431	2335	6880	14921	1337	1390	1710	2882	4228	1255	1282	1438	1964	2596
广西	599	403	315	446	716	139	140	151	188	237	151	150	165	179	233
海南	825	95	88	114	165	190	33	45	41	52	175	32	35	44	48
重庆	884	574	416	694	1078	164	205	263	393	517	204	233	261	349	401
四川	1748	1378	1438	1789	2151	357	582	684	752	786	252	446	492	506	543
贵州	279	218	180	253	398	69	84	88	103	149	82	99	111	115	141
云南	872	512	537	659	773	146	176	193	235	237	130	138	172	190	215
西藏	29	16	9	10	12	5	4	6	6	10	7	7	7	7	10
陕西	1649	1061	1001	1170	1467	238	285	324	337	399	192	233	264	304	327
甘肃	351	209	150	240	383	67	84	96	112	138	55	59	73	79	85
青海	88	58	55	77	89	21	21	25	30	25	18	23	22	22	29
宁夏	66	28	26	34	40	11	17	17	20	24	21	22	19	23	27
新疆	348	216	254	307	129	74	83	86	76	49	60	76	74	73	56
大连	203	250	316	381	504	150	135	140	169	195	78	84	94	92	115
宁波	529	399	410	463	462	412	442	457	519	586	291	313	319	364	425

续表

地区	5000万元以下					5000万（含）~2亿元					2亿元（含）以上				
	2013年	2014年	2015年	2016年	2017年	2013年	2014年	2015年	2016年	2017年	2013年	2014年	2015年	2016年	2017年
厦门	427	526	623	775	930	206	216	229	275	302	155	145	136	156	173
青岛	297	349	536	837	1400	173	211	228	286	387	165	168	176	196	240
深圳	1567	2394	2918	4744	7138	936	1201	1339	1848	2448	660	819	909	1145	1387

注：广东、辽宁、山东、浙江、福建不包括相应的计划单列市内的高新技术企业。

（2）新办法认定的高新技术企业规模分布情况

从绝对数上来看，2017年销售收入5000万元以下的高新技术企业在广东分布最多，有13 876家，北京、深圳、江苏、上海、湖北、浙江和天津的高新技术企业数量均超过2000家，八省（市）高新技术企业合计占全国68.66%；年销售收入5000万（含）~2亿元的高新技术企业主要分布在广东、江苏、浙江、北京、深圳和上海六省（市），占全国的59.95%；年销售收入在2亿元（含）以上的高新技术企业主要分布在江苏、广东、浙江、北京、上海和深圳，六省（市）合计占全国的55.87%（表7-5）。

各省（市）内不同规模新办法认定的高新技术企业比例分布差别很大，例如，2017年广东年销售收入低于5000万元的高新技术企业占比为71.60%，年销售收入在2亿元以上的为10.34%，表明中小企业在广东高新技术企业中占据了较大的份额。

表7-5 2016—2017年新办法认定的不同规模高新技术企业的地区分布情况　　　　单位：家

地区	2016年			2017年		
	5000万元以下	5000万（含）~2亿元	2亿元（含）以上	5000万元以下	5000万（含）~2亿元	2亿元（含）以上
北京	3647	750	340	8406	2106	1240
天津	1058	218	130	2197	453	329
河北	493	243	121	1459	602	392
山西	242	64	47	510	158	132
内蒙古	84	50	47	212	101	120
辽宁	305	114	62	835	355	208
吉林	52	41	38	184	102	117
黑龙江	169	41	16	494	112	96
上海	1309	648	342	2769	1561	1178
江苏	2647	1363	746	4409	2849	2077
浙江	1052	772	366	2406	2034	1301
安徽	863	321	186	1902	738	537
福建	287	145	80	681	325	232

续表

地区	2016年			2017年		
	5000万元以下	5000万（含）~2亿元	2亿元（含）以上	5000万元以下	5000万（含）~2亿元	2亿元（含）以上
江西	299	204	133	806	509	363
山东	602	324	207	1680	838	689
河南	335	180	106	933	477	323
湖北	1100	435	269	2421	898	700
湖南	514	205	150	1393	595	463
广东	5240	1528	718	13 876	3499	2004
广西	208	78	63	562	186	169
海南	49	16	9	129	40	36
重庆	414	189	160	888	394	303
四川	732	272	128	1625	581	399
贵州	108	40	25	314	108	96
云南	260	91	56	547	172	136
西藏	2	2	1	9	9	6
陕西	434	94	75	1076	287	230
甘肃	119	37	23	321	104	62
青海	30	10	8	66	15	20
宁夏	15	8	8	32	17	24
新疆	105	25	13	236	85	63
大连	154	54	37	395	137	82
宁波	142	158	90	357	442	320
厦门	305	61	28	648	175	102
青岛	402	109	55	1134	294	182
深圳	2499	828	396	6071	1888	974

注：广东、辽宁、山东、浙江、福建不包括相应的计划单列市内的高新技术企业。

（三）国家高新区内外的数量分布

2013—2017年高新技术企业在国家高新区内外的数量分布如表7-6所示。

表 7-6 2013—2017 年高新技术企业在国家高新区①内外的数量分布

地区	2013 年		2014 年		2015 年		2016 年		2017 年	
	数量（家）	占比（%）	数量（家）	占比（%）	数量（家）	占比（%）	数量（家）	占比（%）	数量（家）	占比（%）
区内	22 359	40.89	25 370	40.56	31 860	41.84	39 658	39.65	49 774	38.10
区外	32 324	59.11	37 186	59.44	44 281	58.16	60 354	60.35	80 858	61.90
区外／区内	1.45	—	1.47	—	1.39	—	1.52	—	1.62	—

2017 年，高新技术企业分布在各个国家高新区中的合计有 49 774 家，占比为 38.10%，区外的有 80 858 家，占比为 61.90%，区外／区内数量比为 1.62。国家高新区内的高新技术企业数量逐年增加，但占全国高新技术企业总数的比例从 2016 年开始出现下降，显示高新区之外的高新技术企业已经成为主体。

二、高新技术企业经济贡献的地区比较

（一）经济贡献的地区分布

1. 全部高新技术企业主要经济指标情况

2017 年，全国高新技术企业工业总产值 243 897.96 亿元，江苏、广东、深圳、浙江、山东、上海、湖南和湖北高新技术企业的工业总产值也在万亿元以上，其中江苏省高新技术企业表现突出，全年工业总产值 33 550.27 亿元，占全国总量的 13.76%。

2017 年，全国高新技术企业营业收入 318 374.10 亿元，总收入超过万亿的省（市）由高到低排列为江苏、广东、北京、上海、深圳、浙江、湖北、山东和湖南。其中，江苏省营业收入为 36 204.14 亿元；北京市高新技术企业营业收入为 27 417.10 亿元，是其工业总产值的 3.83 倍，表明高新技术服务业已经在北京高新技术企业中占据重要地位（表 7-7）。

2017 年，全国高新技术企业出口总额达到 5600.69 亿美元，其中广东、江苏、深圳、浙江、上海和山东等东部沿海省份的高新技术企业继续保持出口贸易的领先地位，六省（市）出口总计占到全国总数的 68.88%。

全国高新技术企业在 2017 年共创造 23 217.16 亿元的净利润，其中江苏、广东、浙江、北京、上海、深圳和山东的高新技术企业净利润数额超过 1000 亿元，七省（市）净利润额总计占到全国总额的 63.88%（表 7-8）。

在吸纳就业方面，2017 年全国高新技术企业共提供了 2735.47 万个就业岗位，其中在广东、江苏、北京、深圳、浙江、上海、山东和湖北八个东部省（市）的高新技术企业吸纳的从业人员数量均超过百万，占全国总数的 61.59%（表 7-9）。

---

① 截至 2017 年年底，全国共有国家级高新区 146 个，不含苏州工业园区（数据来源于《2017 中国火炬统计年鉴》）。

表 7-7 2013—2017 年高新技术企业主要经济指标（一） 单位：亿元

地区	工业总产值					营业收入				
	2013年	2014年	2015年	2016年	2017年	2013年	2014年	2015年	2016年	2017年
北京	6001.8	7050.57	6698.4	6903.24	7167.54	15 825.21	18 877.35	20 078.13	23 220.64	27 417.1
天津	4051.78	2969.23	3622.61	3999.55	4073.94	4513.25	3942.7	5489.06	6272.07	7203.96
河北	4771.93	4888.2	4952.41	5374.82	8469.43	5008.34	5398.46	5564.65	6099.59	9857.9
山西	2397.91	2528.14	1945.4	1918.33	2598.05	2536.7	2776.3	2367.01	2651.2	3427.55
内蒙古	1003.94	1122.06	1284.79	1446.68	2498.01	951.04	1045.62	1205.87	1453.74	2966.35
辽宁	2549.46	2957.8	2074.21	2556.1	3143.82	2673.75	2662.78	2455.24	2918.88	3719.06
吉林	2231.89	2496.76	2347.18	2320.57	2044.16	2362.17	2484.55	2435.11	2425.11	2179.54
黑龙江	1995.37	1964.65	1685.34	1661.05	1787.97	2288.32	2277.24	1994.23	1937.07	2091.28
上海	12 202.24	12 951.22	12 218.22	13 813.21	12 551.85	15 451.05	16 679.83	18 001.17	20 044.95	23 374.22
江苏	26 653.88	28 627.32	28 134.74	30 729.21	33 550.27	27 072.03	28 984.11	29 380.92	32 639.53	36 204.14
浙江	10 599.41	11 434.49	10 932.56	12 763.7	15 601.9	10 850.5	11 787.04	12 441.17	15 058.96	19 851.62
安徽	7138.67	7993.24	7784.99	9426.93	9007.39	6998.17	8218.71	7885.83	9738.39	9516.57
福建	2516.82	2153.86	2534.04	3197.52	3807.43	2372.73	2097.25	2464.58	3192.36	3861.24
江西	2968.16	3653.94	4121.03	5472.71	8038.78	3000.09	3756.9	4360	5854.52	8719.95
山东	12 581.7	13 242.72	10 273.23	10 904.2	13 675.33	13 138.02	13 573.01	11 005.41	11 769.15	14 685.9
河南	5291.88	5582.35	4572.81	4563.49	5544.48	5532.97	5861.61	5148.47	5475.57	6617.9
湖北	6980.91	7973.54	9052.27	10 693.41	10 231.23	7222.47	9022.4	10 735.45	13 315.16	14 974.99
湖南	6897.41	28 269.54	8950.53	9725.2	10 613.79	6865.2	9163.76	9373.76	10 609.84	12 891.56
广东	14 513.86	15 567.92	17 433.51	23 194.21	29 788.79	15 407.16	17 132.69	19 132.18	26 660.65	35 922.17
广西	2626.54	2828.22	3157.94	3570.92	4811	2659.38	2845.83	3229.51	3886.24	5442.6
海南	2431.91	299.79	367.95	368.95	365.99	2439.9	311.78	383.3	407.29	475.4
重庆	3024.46	4745	5412.05	6598.08	7765.2	2936.11	4863.95	5604.02	6902.34	8595.97
四川	3821.3	6330.68	4904.59	5099.72	5439.45	4447.89	7010.47	5892.41	6287.33	7170.87
贵州	777.99	999.59	1069.84	1110.86	1407.76	750.46	960.6	1102.54	1162.82	1632.44
云南	1929.59	2077.46	2115.73	2176.49	2595.68	2329.72	2627.71	3022.15	3455.44	3922.3
西藏	52.33	73	54.82	67.8	71.47	58.07	71.86	63.4	73.56	102.11
陕西	3916.27	4697.23	3321.13	3988.01	4873.69	4063.06	5099.76	3602.91	4465.5	5660.95
甘肃	584.19	597.65	720	649.24	987.08	543.97	581.71	639.58	681.48	1127.54
青海	245.84	289.32	327.1	401.76	371.7	324.31	427.52	430.82	449.89	584.48
宁夏	185.37	205.46	228.93	307.87	326.7	180.83	204.74	225.64	298.5	337.85
新疆	958.34	1176.78	1200.17	1157.03	1328.11	979.33	1161.22	1331.19	1217.6	1565.73
大连	1786.02	1916.62	1491.59	1449.8	1466.08	1788.64	1861.3	1696.24	1774.71	1899.79
宁波	3061.38	3232.99	3284.21	3903.78	4518.33	3001.86	3158.38	3319.9	3992.58	4764.55
厦门	2108	2085.4	1761.2	1762.34	2062.48	2267.38	2084.21	1764.02	1824.82	2288.89
青岛	3011.58	3656.83	2501.09	2912.68	3299.3	3428.56	4071.11	3091.33	3452.34	4040.91
深圳	11 236.28	12 696.34	12 768.93	16 079.34	18 013.78	11 568.75	14 220.31	15 316.92	19 424.12	23 278.72

表 7-8　2013—2017 年高新技术企业主要经济指标（二）

地区	出口总额（亿美元）					净利润（亿元）				
	2013年	2014年	2015年	2016年	2017年	2013年	2014年	2015年	2016年	2017年
北京	143.98	156.96	159.85	151.08	170.99	1251.48	1537.44	1699.64	1918.95	2051.76
天津	91.03	106.07	123.52	106.53	106.06	367.08	324.59	381.8	344.88	375.58
河北	71.45	71.41	65.06	59.38	77.56	216.88	302.57	303.47	411.08	523.12
山西	55.34	28.54	13.1	20.46	27.9	90.11	73.82	20.94	72.78	189.8
内蒙古	23.63	20.75	16.96	9.12	12.16	65.99	38.77	26.89	83.76	266.01
辽宁	40.63	45.83	43.28	27.62	36.49	155.39	153.14	127.44	155.63	214.88
吉林	12.39	37.42	33.01	7.61	10.88	156.97	188.3	190.58	208.93	220.21
黑龙江	23.13	27.42	15.27	10.19	21.43	91.82	80.18	60.93	51.69	72.45
上海	387.19	390.61	399.76	307.65	384.69	1080.96	1206.08	1678.41	1813.77	2002
江苏	1062.07	1083.99	954.46	919.08	996.67	1547.67	1714.41	1774.15	2307.44	2659.64
浙江	329.24	365.31	366.48	368.75	473.35	1068.06	1244.45	1345.72	1970.48	2553.64
安徽	124.21	146.65	135.83	133.05	135.06	463.28	494.27	493.55	567.04	633.2
福建	107.08	75.17	66.88	66.02	68.41	128.07	139.44	168.08	240.17	324.11
江西	44.87	58.02	51.07	70.89	93.24	160.11	203.64	224.74	282.22	439.41
山东	297.86	307.82	321.87	277.24	308.15	837.93	872.68	549.91	761.9	1062.23
河南	67.16	88.06	73.19	64.35	82.71	355.63	368.4	315.37	351.25	385.76
湖北	88.32	95.4	101.76	107.44	128.86	415.74	515.79	614.27	790.8	904.97
湖南	62.02	79.52	128.39	106.43	138.85	383.12	204.33	434.49	544.41	778.74
广东	568.38	589.15	608.8	769.51	1064.5	1043.64	1181.61	1227.26	1879.88	2580.98
广西	15.63	19.84	16.65	22.41	34.89	124.06	153.06	126.5	168.91	257.56
海南	41.92	4.25	4.13	3.34	3.61	110.19	20.62	22.76	26.3	31.03
重庆	65.09	114.14	105.4	57.75	78.74	178.63	335.11	370.75	454	546.51
四川	130.3	119.31	67.01	69.27	70.4	310.56	429.76	238.98	282.28	452.26
贵州	13.34	24.2	9	7.61	10.22	48.93	70.51	60.52	61.23	85.92
云南	7.07	8.41	15.63	9.25	9.93	64.62	100.05	100.71	113.5	158.22
西藏	0.01	0	0	0	0.42	11.18	14.48	13.69	19.08	23.13
陕西	29.95	37.06	30.15	33.85	43.04	226.17	247.73	201.65	266.99	319.08
甘肃	6.2	5.9	5.26	5.01	9.88	33.98	36.75	43.26	35.58	95.19
青海	0.35	1.75	1.19	0.26	0.38	19.53	25.37	20.98	35.85	−29.83
宁夏	6.34	6.38	6.06	6.25	5.84	9.19	12.68	5.89	17.93	29.78
新疆	5.6	7.07	8.14	5.73	6.58	41.39	53.49	44.45	103.59	116.72
大连	59.77	50.51	41.82	44.8	44.01	134.3	108.39	29.57	96.05	64.89
宁波	145.39	120.1	107.35	114.35	134.01	227.26	217.88	248.56	356.9	441.87
厦门	145.56	164.53	109.4	95.1	108.76	130.31	117.28	122.08	145.24	217.13
青岛	74.3	88.06	57.02	69.25	71.49	286.58	294.16	226.36	254.53	248.28
深圳	569.04	523	505.95	546.07	630.53	988.41	1317.92	1380.44	1664.66	1920.93

表 7-9 2013—2017 年高新技术企业主要经济指标（三）

地区	实际上缴税费总额（亿元）					年末从业人数（万人）				
	2013 年	2014 年	2015 年	2016 年	2017 年	2013 年	2014 年	2015 年	2016 年	2017 年
北京	772.53	913.01	1034.55	1215.37	1338.22	140.69	154.49	176.44	193.39	214.59
天津	283.48	189.14	267.08	296.28	290.41	36.71	30.85	42.39	49.69	56.08
河北	237.32	245.5	292.79	330.85	436.95	46.36	51.15	55.95	64.59	85.27
山西	86.77	89.89	90.42	120.94	152.34	23.27	25.37	26.71	29.38	32.18
内蒙古	55.02	58.44	56.36	68.84	179.67	10.82	10.6	12.08	13.19	19.86
辽宁	124.3	129.91	119.17	145.8	176.98	26.86	26.05	26.11	31.99	37.73
吉林	142.46	133.95	133.81	153.3	167.37	15.52	22.32	22.18	21.67	16.83
黑龙江	111.49	107.24	104.56	103.08	100.31	26.66	26.54	25.04	23.64	22.6
上海	727.04	766.15	874.52	983.17	1133.48	124.93	120.5	133.22	142.37	148.64
江苏	1281.43	1399.36	1403.66	1698.51	1827.36	243.66	256.88	263.79	293.32	308.46
浙江	553.55	654.88	784.77	948.65	1227.41	113.88	123.69	131.89	155.38	187.92
安徽	326.53	318.63	364.99	453.22	453.69	58.94	64.37	68.29	83.15	86.59
福建	95.38	100.24	119.95	155.21	205.37	26.99	24.93	28.2	33.01	39.99
江西	127.1	171.68	199.1	244.7	342.31	27.33	33.05	39.38	47.9	65.34
山东	647.84	673.49	526.93	577.78	714.34	106.3	105.74	104.12	110.85	127.1
河南	271.48	288.41	248.4	261.94	302.67	53.9	56.47	56.7	62.15	73.44
湖北	317.89	397.33	475.2	556.61	617.22	67.25	73.95	87.27	99.12	108.28
湖南	302.36	439.45	381.72	448.29	571.67	60.14	61.63	70.2	75.17	92.47
广东	737.48	824.08	950.78	1247.89	1685.35	175.98	175.71	192.58	283.96	383.92
广西	142.14	149.57	170.71	192.92	251.58	20.8	21.27	23.1	26.08	32.45
海南	100.54	24.4	27.33	29.77	35.39	26.22	3.24	3.97	4.23	4.87
重庆	124.88	346.83	441.79	532.77	631.84	29.18	38.01	42.24	50.72	59.86
四川	232.66	329.78	292.8	314.08	353.51	43.62	71.73	71.08	76.25	79.68
贵州	39.08	48.45	71.91	61.18	74.06	12.54	14.61	14.69	14.95	17.38
云南	89.69	119.31	130.94	150.99	191.66	17.02	18.09	19.19	20.41	21.22
西藏	8.65	9.56	10.42	11.26	13.2	0.64	0.69	0.81	0.83	0.81
陕西	203.01	316.77	164.79	215.11	265.35	31.62	40.35	41.78	47.27	52.5
甘肃	26.05	29.62	30.63	36.56	55.41	8.89	9.44	10.02	11.21	12.89
青海	24.75	27.9	27.94	24.13	34.9	4.45	5.26	5.13	5.16	5.33
宁夏	9.94	9.9	10.33	12.48	11.71	2.72	3.15	3.22	3.33	3.38
新疆	47.34	47.72	53.63	117.5	84.75	9.12	12.26	11.24	9.15	11.64
大连	87.94	98.53	113.73	78.51	68.68	13.08	13.87	14.58	16.18	16.93
宁波	132.07	139.57	155.53	200.85	220.9	32.63	33.86	34.05	38.4	44.9
厦门	80.21	68.25	65.91	71.62	86.11	27.65	27.48	24.04	26.84	29.82
青岛	210.8	266.14	160.21	181.98	189.77	26.83	24.32	20.86	24.32	28.67
深圳	516.15	741.71	694.69	917.03	1086.34	116.99	132.9	142.71	171.41	205.85

2. 新办法认定的高新技术企业主要经济指标情况

2017年，新办法认定的高新技术企业工业总产值为176 860.56亿元，广东、江苏、深圳、浙江和山东五省（市）高新技术企业的工业总产值超过万亿元。其中，广东省高新技术企业表现突出，全年工业总产值接近23 069.78亿元，占全国总量的13.04%。

2017年，新办法认定的高新技术企业营业收入为232 448.46亿元；营业收入超过万亿的省（市）从高到低排列为广东、江苏、北京、深圳、上海、浙江、湖北和山东。其中，广东省排名第一，营业收入为28 092.66亿元；北京市高新技术企业总收入为18 377.18亿元，是其工业总产值的3.88倍，表明高新技术服务业已经在北京高新技术企业中占据重要地位。

2017年，新办法认定的高新技术企业出口总额达到3998.55亿美元，其中广东、江苏、深圳、浙江、上海和山东等东部沿海省份的高新技术企业继续保持在出口贸易方面的领先地位，六省（市）出口数额总计占到全国总额的70.21%（表7-10）。

2017年，新办法认定的高新技术企业净利润是17 656.29亿元，其中浙江、广东、江苏、上海、深圳和北京的高新技术企业净利润数额排名前六，六省（市）净利润额总计占到全国总额的59.34%。

2017年，新办法认定的高新技术企业共提供了2011.98万个就业岗位，其中在广东、江苏、深圳、北京、浙江和上海六个东部省（市）的高新技术企业吸纳的从业人员数量均超过百万，占全国总数的53.17%（表7-11）。

表7-10　2016—2017年新办法认定的高新技术企业主要经济指标（一）

地区	工业总产值（亿元）		营业收入（亿元）		出口总额（亿美元）	
	2016年	2017年	2016年	2017年	2016年	2017年
北京	1217.76	4733.39	5357.06	18 377.18	21.20	91.53
天津	1004.26	2567.39	2039.82	5163.05	13.33	58.22
河北	2315.71	6850.97	2622.94	8139.33	15.12	52.12
山西	525.72	2219.53	671.33	2739.49	1.05	26.39
内蒙古	680.19	2010.77	696.90	2441.71	5.47	8.77
辽宁	912.77	2384.27	992.64	2860.14	11.18	28.90
吉林	364.71	1665.60	343.00	1712.08	1.41	10.14
黑龙江	252.99	1538.81	285.88	1814.87	1.03	21.05
上海	3694.67	9645.32	4826.89	17 354.93	48.45	305.78
江苏	7368.34	22 553.33	7777.03	24 540.28	196.67	639.75
浙江	3076.05	11 386.28	4617.49	15 365.91	84.86	344.49
安徽	2292.98	7290.84	2488.92	7593.65	40.14	117.78
福建	998.43	2863.16	960.32	2919.66	11.58	43.25
江西	2455.02	5938.20	2661.88	6504.62	37.06	76.62

续表

地区	工业总产值（亿元）		营业收入（亿元）		出口总额（亿美元）	
	2016年	2017年	2016年	2017年	2016年	2017年
山东	2056.14	10 074.33	2258.65	10 978.17	39.93	232.30
河南	910.92	4133.17	1481.02	5191.22	5.19	57.85
湖北	2930.8	7812.32	3968.56	11 128.48	22.34	92.39
湖南	1588.46	8447.68	1915.22	9859.54	18.61	85.48
广东	7257.75	23 069.78	9006.13	28 092.66	260.17	857.56
广西	692.06	2726.41	951.72	3346.63	8.41	21.82
海南	98.26	261.67	111.24	370.11	0.02	0.91
重庆	1823.28	4098.85	2057.29	4841.99	23.69	52.87
四川	1366.71	3762.5	1825.52	5144.5	24.66	58.09
贵州	224.48	886.77	223.77	1074.59	0.84	3.67
云南	413.49	1201.68	769.44	1855.46	4.41	6.45
西藏	7.20	44.28	8.72	63.98	0.00	0.42
陕西	797.37	3620.33	1095.02	4263.83	2.94	33.06
甘肃	206.42	802.44	210.06	914.46	0.73	9.5
青海	64.79	152.73	208.87	348.39	0.14	0.34
宁夏	107.45	286.26	119.23	293.16	0.05	5.12
新疆	161.07	660.8	186.99	813.72	0.20	3.50
大连	371.20	755.93	472.95	895.97	4.95	24.48
青岛	422.18	2592.03	583.78	3092.76	12.12	53.43
宁波	996.95	3525.40	963.73	3659.95	21.29	100.31
厦门	172.77	1129.82	203.79	1232.87	7.26	46.71
深圳	2796.06	13 167.52	4186.04	17 459.12	132.58	427.5
全国	52 625.41	176 860.6	69 149.84	232 448.5	1079.08	3998.55

表 7-11　2016—2017 年新办法认定的高新技术企业主要经济指标（二）

地区	净利润（亿元）		上缴税额（亿元）		从业人员（万人）	
	2016年	2017年	2016年	2017年	2016年	2017年
北京	268.56	1300.98	257.48	921.36	44.33	149.62
天津	70.15	260.59	78.38	205.56	14.32	38.80
河北	195.35	435.24	134.67	356.15	24.66	67.23
山西	34.74	154.34	35.29	116.98	10.39	25.05
内蒙古	40.11	204.60	29.95	143.72	6.58	15.78
辽宁	66.58	169.21	53.90	138.60	11.29	29.26
吉林	36.40	174.57	26.06	142.27	3.23	12.68

续表

地区	净利润（亿元）		上缴税额（亿元）		从业人员（万人）	
	2016年	2017年	2016年	2017年	2016年	2017年
黑龙江	-47.87	71.72	13.65	82.45	4.35	18.89
上海	324.42	1651.69	253.92	901.52	35.59	110.66
江苏	500.95	1810.75	413.48	1259.76	79.15	209.08
浙江	861.58	2219.39	319.43	1001.43	42.97	141.62
安徽	136.51	505.46	117.18	372.58	26.00	68.37
福建	57.55	235.78	40.49	158.28	10.44	29.86
江西	102.44	318.32	85.76	230.16	18.31	48.38
山东	90.61	868.19	89.25	548.30	24.38	93.00
河南	63.22	329.27	64.83	235.28	15.46	55.25
湖北	218.68	702.77	146.80	473.36	30.99	80.39
湖南	92.39	580.01	88.53	414.53	18.18	68.06
广东	549.42	2019.57	394.76	1311.62	121.56	305.79
广西	36.85	159.90	36.93	127.53	8.08	22.02
海南	5.98	28.59	6.02	26.45	1.30	3.89
重庆	111.77	343.84	85.55	314.35	18.40	38.06
四川	102.04	370.18	82.71	255.03	22.40	56.33
贵州	5.27	65.17	10.66	53.31	2.98	10.61
云南	42.45	102.61	29.26	97.56	5.49	13.69
西藏	3.07	14.91	1.29	9.25	0.03	0.44
陕西	66.71	236.45	51.85	201.35	12.15	37.75
甘肃	4.71	73.57	7.22	43.17	3.49	9.98
青海	10.61	14.73	8.07	16.08	1.54	2.80
宁夏	8.80	29.93	1.69	9.76	0.98	2.68
新疆	21.91	62.47	13.82	45.92	2.23	7.30
大连	33.60	25.60	28.80	44.88	3.50	11.14
青岛	31.47	185.92	35.43	139.46	6.49	22.26
宁波	96.44	338.46	54.36	162.66	9.43	34.20
厦门	18.98	116.14	11.69	48.86	4.58	17.99
深圳	244.33	1475.37	177.78	859.11	49.85	153.07
全国	4506.78	17 656.29	3286.94	11 468.64	695.10	2011.98

（二）国家高新区内外的经济贡献

2017年，全国国家高新区内高新技术企业共实现工业总产值、营业收入、出口总额、净利润、上缴税额和从业人员数量分别为96 148.10万亿元、138 103.97万亿元、2385.58亿美元、11 447.34亿元、7272.16亿元和1053.21万人；而国家高新区外高新技术企业共实现工业总产值、总收入、出口总额、净利润、上缴税额和从业人员数量分别为147 749.87万亿元、180 270.12万亿元、3215.11亿美元、11 769.80亿元、8306.14亿元和1682.27万人，各项指标的区外／区内之比分别为1.54、1.31、1.35、1.03、1.14和1.60，显示高新区外的高新技术企业总量指标贡献超过高新区内的企业（表7-12、表7-13）。

表7-12 2013—2017年国家高新区内外高新技术企业经济贡献（一）

地区	工业总产值（亿元）		营业收入（亿元）		出口总额（亿美元）	
	区内	区外	区内	区外	区内	区外
2013	72 410.66	102 695.78	88 011.62	105 825.76	1950.83	2965.00
2014	80 581.76	130 754.16	99 469.60	117 835.16	2120.45	2948.16
2015	80 007.10	105 298.46	102 351.69	119 882.44	2077.13	2691.58
2016	90 342.96	121 925.84	119 370.08	141 723.87	2113.25	2559.45
2017	96 148.10	147 749.87	138 103.97	180 270.12	2385.58	3215.11

表7-13 2013—2017年国家高新区内外高新技术企业经济贡献（二）

年份	净利润（亿元）		实际上缴税费总额（亿元）		从业人员（万人）	
	区内	区外	区内	区外	区内	区外
2013	6309.44	6515.77	4418.30	4859.06	724.16	1086.04
2014	7497.06	6902.09	5089.49	5585.32	774.10	1140.74
2015	7981.74	6913.04	5304.71	5747.34	840.66	1204.59
2016	9790.93	9068.76	6200.99	6958.16	935.06	1425.61
2017	11 447.34	11 769.80	7272.16	8306.14	1053.21	1682.27

三、高新技术企业经济效益的区域特征

（一）地区比较

1. 全部高新技术企业经济效益的地区比较

选取企业户均净利润、人均营业收入和人均净利润等指标来比较分析各地区高新技术企业经济效益。通过对2017年各地区高新技术企业经济效益的横向比较（表7-14、表7-15），可以得出以下结论。

在人均营业收入上，2017年高新技术企业的人均营业收入由高到低排名前10的有云南、广西、

上海、内蒙古、重庆、青岛、湖南、湖北、新疆和江西。厦门、甘肃、四川、河南、黑龙江、广东、贵州、福建、海南、辽宁和宁夏该指标均低于100万元，生产效率相对较低。

在户均净利润上，2017年高新技术企业的盈利水平表现出与区域经济发展水平相异的现象，西藏、吉林、内蒙古和宁夏列前4位，出现这种现象的原因主要是上述地区企业数量较少，且属于传统资源型行业。

在人均净利润上，2017年排名靠前的地区分别是西藏、浙江、上海、内蒙古和吉林。

表 7-14 2013—2017 年高新技术企业经济效益指标地区比较（一） 单位：万元

地区	人均营业收入					地区	人均营业收入				
	2013年	2014年	2015年	2016年	2017年		2013年	2014年	2015年	2016年	2017年
北京	112.48	122.2	113.79	120.07	127.77	广东	87.55	97.51	99.35	93.89	93.57
天津	122.96	127.8	129.49	126.23	128.45	广西	127.84	133.76	139.8	149	167.71
河北	108.03	105.53	99.46	94.43	115.61	海南	93.04	96.14	96.67	96.24	97.53
山西	109.02	109.41	88.63	90.22	106.52	重庆	100.63	127.97	132.67	136.08	143.6
内蒙古	87.92	98.67	99.83	110.18	149.36	四川	101.96	97.73	82.9	82.45	90
辽宁	99.54	102.22	94.02	91.24	98.57	贵州	59.83	65.77	75.07	77.78	93.94
吉林	152.19	111.32	109.79	111.9	129.5	云南	136.89	145.23	157.48	169.28	184.81
黑龙江	85.84	85.8	79.65	81.94	92.53	西藏	90.77	104.77	78.56	89.01	126.03
上海	123.67	138.42	135.12	140.79	157.25	陕西	128.49	126.4	86.23	94.46	107.83
江苏	111.1	112.83	111.38	111.28	117.37	甘肃	61.16	61.61	63.83	60.79	87.47
浙江	95.28	95.29	94.33	96.92	105.64	青海	72.9	81.23	84.06	87.27	109.62
安徽	118.74	127.68	115.48	117.12	109.9	宁夏	66.51	64.9	69.98	89.74	99.84
福建	87.92	84.12	87.4	96.71	96.55	新疆	107.42	94.7	118.48	133.05	134.5
江西	109.76	113.67	110.72	122.23	133.45	大连	136.76	134.2	116.32	109.7	112.23
山东	123.59	128.36	105.69	106.17	115.55	宁波	92	93.28	97.51	103.97	106.11
河南	102.65	103.8	90.8	88.1	90.12	厦门	81.99	75.85	73.37	68	76.76
湖北	107.39	122	123.02	134.33	138.3	青岛	127.81	167.42	148.16	141.95	140.93
湖南	114.16	148.69	133.53	141.14	139.41	深圳	98.88	107	107.33	113.32	113.09

表 7-15 2013—2017 年高新技术企业经济效益指标地区比较（二） 单位：万元

地区	户均净利润					人均净利润				
	2013年	2014年	2015年	2016年	2017年	2013年	2014年	2015年	2016年	2017年
北京	1702.23	1866.51	1562.03	1423.98	1261.3	8.90	9.95	9.63	9.92	9.56
天津	2772.49	2590.5	1732.3	1076.08	936.83	10.00	10.52	9.01	6.94	6.70
河北	2081.39	2422.51	1890.75	1994.57	1675.58	6.53	5.91	5.42	6.36	6.13

续表

地区	户均净利润					人均净利润				
	2013 年	2014 年	2015 年	2016 年	2017 年	2013 年	2014 年	2015 年	2016 年	2017 年
山西	2475.68	1430.57	292.88	785.94	1706.84	3.17	2.91	0.78	2.48	5.90
内蒙古	3626.06	1846.32	1149.21	2386.46	5028.58	3.58	3.66	2.23	6.35	13.39
辽宁	1932.67	1748.15	1319.25	1311.11	1229.99	5.70	5.88	4.88	4.86	5.70
吉林	5303	6276.8	5723.08	5426.72	4259.44	12.13	8.44	8.59	9.64	13.08
黑龙江	1473.79	1256.78	890.72	679.2	781.51	3.01	3.02	2.43	2.19	3.21
上海	2158.9	2264.08	2811.87	2683.89	2671.47	9.65	10.01	12.60	12.74	13.47
江苏	2019.67	1881.7	1675.78	1782.36	1946.88	7.04	6.67	6.73	7.87	8.62
浙江	2730.92	2795.9	2640.21	3181.78	3371.59	10.93	10.06	10.20	12.68	13.59
安徽	2116.38	1910.59	1592.11	1494.17	1488.13	8.39	7.68	7.23	6.82	7.31
福建	1707.58	1702.54	1667.48	1886.63	2025.71	5.17	5.59	5.96	7.28	8.10
江西	2789.34	2558.31	2077.12	1970.81	2075.61	7.45	6.16	5.71	5.89	6.72
山东	3678.35	3411.57	1916.75	2327.84	2535.15	8.21	8.25	5.28	6.87	8.36
河南	3803.5	3420.63	2355.28	2133.99	1708.42	6.83	6.52	5.56	5.65	5.25
湖北	1997.77	2035.46	1894.72	1878.83	1720.14	7.67	6.97	7.04	7.98	8.36
湖南	2995.44	1420.95	2453.35	2494.99	2493.55	3.40	3.32	6.19	7.24	8.42
广东	2478.95	2684.87	2238.3	1603.17	1186.93	6.71	6.72	6.37	6.62	6.72
广西	2656.58	2960.57	2004.79	2077.59	2171.66	7.36	7.19	5.48	6.48	7.94
海南	1806.38	1623.56	1354.61	1321.71	1171.06	0.79	6.36	5.74	6.22	6.37
重庆	2756.66	4534.6	3944.19	3161.56	2738.03	11.48	8.82	8.78	8.95	9.13
四川	2510.6	2160.67	914.24	926.4	1299.6	9.85	5.99	3.36	3.70	5.68
贵州	2214	2358.14	1596.76	1300.03	1248.78	5.62	4.83	4.12	4.10	4.94
云南	1016.1	1337.5	1116.51	1047.07	1291.55	5.88	5.53	5.25	5.56	7.45
西藏	5080.97	5567.99	6222.53	8297.8	7227.92	22.63	21.11	16.96	23.09	28.55
陕西	1963.25	1852.87	1269.04	1474.29	1454.98	7.83	6.14	4.83	5.65	6.08
甘肃	1359.26	1371.37	1356.03	825.43	1570.78	4.13	3.89	4.32	3.17	7.38
青海	2872.29	3094.32	2056.84	2778.71	−2086.04	5.70	4.82	4.09	6.95	−5.59
宁夏	1837.3	2148.9	949.79	2328.41	3272.53	4.66	4.02	1.83	5.39	8.80
新疆	1623.01	1591.98	1073.56	2271.76	2214.83	5.87	4.36	3.96	11.32	10.03
大连	3024.76	2311.04	537.67	1496.13	797.21	8.29	7.81	2.03	5.94	3.83
宁波	2079.27	1888	2095.76	2651.58	2999.79	6.68	6.43	7.30	9.29	9.84
厦门	1606.78	1322.2	1235.59	1204.32	1545.41	4.24	4.27	5.08	5.41	7.28
青岛	4527.34	4040.65	2408.08	1929.73	1224.87	10.97	12.10	10.85	10.47	8.66
深圳	3067.7	2986.45	2672.17	2151.55	1750.6	11.26	9.92	9.67	9.71	9.33

2. 新办法认定的高新技术企业经济效益地区比较

总体来看，新办法认定的高新技术企业的户均净利润、人均营业收入及人均净利润较2016年实现了大幅增长（表7-16）。

从人均营业收入看，2017年新办法下认定的高新技术企业人均营业收入最高的是上海，其次是内蒙古；福建、辽宁、黑龙江、海南、河南、广东、甘肃、四川、大连和厦门，该指标均低于100万元。

从企业户均净利润来看，2017年新办法下认定高新技术企业的盈利水平同样表现出与区域经济发展水平相异的现象，一些地区如西藏、内蒙古、吉林和宁夏等，由于企业数量较少，因此户均净利润排名靠前。发达地区除浙江省之外，由于高新技术企业数量较多，营业收入5000万元以下规模的企业居多，因此企业的户均营利性并不显著。

高新技术企业的人均净利润的地区特征与户均净利润类似，2017年排名靠前的地区有西藏、浙江、上海、吉林和内蒙古。

表7-16 2016—2017年新办法认定的高新技术企业经济效益指标地区比较　　　　单位：万元

地区	户均净利润		人均营业收入		人均净利润	
	2016年	2017年	2016年	2017年	2016年	2017年
北京	566.94	1107.22	120.85	122.83	6.06	8.7
天津	498.91	874.76	142.41	133.06	4.90	6.72
河北	2279.48	1774.31	106.36	121.07	7.92	6.47
山西	1004.01	1929.19	64.62	109.38	3.34	6.16
内蒙古	2216.07	4725.11	105.99	154.74	6.10	12.97
辽宁	1375.62	1210.38	87.89	97.75	5.90	5.78
吉林	2778.83	4331.85	106.07	135.01	11.26	13.77
黑龙江	−2118.24	1021.72	65.78	96.07	−11.01	3.8
上海	1411.13	2998.71	135.64	156.83	9.12	14.93
江苏	1053.30	1939.74	98.26	117.37	6.33	8.66
浙江	3957.63	3865.86	107.47	108.49	20.05	15.67
安徽	996.44	1590.99	95.74	111.07	5.25	7.39
福建	1108.91	1904.53	91.93	97.76	5.51	7.89
江西	1613.16	1897.01	145.34	134.44	5.59	6.58
山东	796.91	2707.19	92.66	118.05	3.72	9.34
河南	1018.02	1899.98	95.78	93.96	4.09	5.96
湖北	1212.17	1748.63	128.05	138.43	7.06	8.74
湖南	1063.23	2366.42	105.36	144.86	5.08	8.52
广东	736.00	1042.14	74.09	91.87	4.52	6.6
广西	1055.85	1743.74	117.78	151.98	4.56	7.26

续表

地区	户均净利润		人均营业收入		人均净利润	
	2016年	2017年	2016年	2017年	2016年	2017年
海南	808.34	1394.79	85.39	95.03	4.59	7.34
重庆	1464.82	2169.35	111.83	127.24	6.08	9.04
四川	902.21	1421.05	81.50	91.33	4.56	6.57
贵州	304.63	1258.12	75.01	101.24	1.77	6.14
云南	1043.02	1200.12	140.08	135.52	7.73	7.49
西藏	6136.40	6211.31	283.03	146.04	99.62	34.03
陕西	1108.14	1484.33	90.13	112.96	5.49	6.26
甘肃	262.89	1510.71	60.18	91.66	1.35	7.37
青海	2209.67	1458.28	135.72	124.57	6.89	5.27
宁夏	2840.12	4100.28	121.60	109.28	8.98	11.16
新疆	1511.32	1779.80	83.96	111.44	9.84	8.56
大连	1388.44	416.91	135.21	80.46	9.61	2.3
青岛	560.01	1154.75	89.89	138.91	4.85	8.35
宁波	2393.09	3024.67	102.18	107.03	10.23	9.9
厦门	490.34	1255.60	44.54	68.54	4.15	6.46
深圳	652.93	1651.60	83.97	114.06	4.90	9.64

（二）国家高新区内外比较

本部分选取了人均营业收入和人均利润指标比较国家高新区内外高新技术企业的经济效益。如表7-17所示，国家高新区内的高新技术企业在经济效益方面表现出较为明显的优势，2017年的人均营业收入和人均利润分别为131.13万元、10.87万元，分别较区外高新技术企业高出23.97万元和3.87万元。从指标的变化看，国家高新区内的高新技术企业的人均净利润逐年增长，明显高于区外。

表7-17 2013—2017年国家高新区内外经济效益指标　　　　　　　单位：万元

年份\指标	人均净利润		人均营业收入	
	区内	区外	区内	区外
2013	8.71	6.00	121.54	97.44
2014	9.68	6.05	128.50	103.30
2015	9.49	5.74	121.75	99.52
2016	10.47	6.36	127.66	99.41
2017	10.87	7.00	131.13	107.16

四、高新技术企业技术创新的区域特征

（一）创新投入

本部分比较分析不同地区高新技术企业的创新投入和创新产出。创新投入方面选择了R&D人员数量和R&D经费投入作为企业在技术创新方面人力与资本投入的代表性指标；创新产出方面，选择了反映创新活动无形产出和经济产出的代表性指标。

1. R&D人员和R&D经费投入

2013—2017年，高新技术企业的R&D人员和R&D经费投入总体上呈现上升趋势。2017年，全国高新技术企业R&D人员合计413.38万人，R&D经费投入累计约15 481.14亿元；R&D人员数量较多的地区有广东、江苏、深圳、北京、浙江、上海、湖北、山东和湖南。

2017年，高新技术企业研发经费投入较多的地区有北京、江苏、广东、上海和深圳，均超过1000亿元。其中，北京高新技术企业的R&D经费投入最多，有1923.67亿元，占全国总量的比例达到12.43%（表7–18）。

表7–18　2013—2017年各地区高新技术企业创新投入指标

地区	R&D人员（万人）					R&D经费投入（亿元）				
	2013年	2014年	2015年	2016年	2017年	2013年	2014年	2015年	2016年	2017年
北京	14.69	15.38	20.10	21.70	27.00	920.62	1094.96	1428.34	1566.28	1923.67
天津	6.41	6.16	9.92	13.40	12.55	230.43	219.18	262.69	287.73	329.51
河北	7.68	7.96	8.01	10.24	10.49	189.71	219.87	234.62	279.39	399.55
山西	2.55	2.97	3.27	3.70	4.01	99.68	106.90	76.81	153.22	141.99
内蒙古	1.53	1.43	1.44	1.60	2.16	31.46	38.35	54.04	57.44	101.29
辽宁	5.06	4.36	4.25	4.56	5.14	123.60	115.36	109.63	134.37	175.34
吉林	1.97	2.20	2.00	1.61	1.85	64.38	89.80	76.61	74.88	78.69
黑龙江	3.58	3.60	3.37	3.71	3.22	92.38	96.44	92.13	105.45	95.58
上海	18.63	18.82	21.60	22.01	21.78	902.52	1012.07	1193.83	1358.12	1545.13
江苏	35.04	40.94	38.46	43.52	45.25	1020.15	1138.93	1188.76	1418.85	1626.96
浙江	18.39	20.02	21.07	22.66	26.83	479.37	617.57	645.93	781.70	947.65
安徽	11.21	13.08	11.38	13.17	13.69	257.54	311.58	298.11	391.44	438.38
福建	3.59	3.67	3.66	4.54	5.31	94.21	85.76	96.44	126.13	165.77
江西	3.09	3.40	4.08	6.32	9.19	303.73	124.86	132.89	200.72	310.30
山东	16.73	14.01	14.48	14.91	18.14	449.87	559.85	415.86	466.64	587.31
河南	10.77	10.14	9.47	8.78	9.72	237.24	256.63	254.63	246.32	275.19
湖北	12.36	13.93	14.49	14.56	19.73	353.56	355.12	435.11	538.39	635.68
湖南	7.35	8.70	9.90	11.64	15.53	224.16	557.83	371.97	404.34	529.78

续表

地区	R&D 人员（万人）					R&D 经费投入（亿元）				
	2013年	2014年	2015年	2016年	2017年	2013年	2014年	2015年	2016年	2017年
广东	29.24	27.67	30.62	44.02	59.13	632.31	696.00	777.18	1165.09	1590.99
广西	2.27	2.48	2.33	2.87	3.49	77.93	83.46	93.11	112.80	169.46
海南	2.72	0.46	0.56	0.45	0.52	77.12	13.54	16.19	18.70	24.22
重庆	3.21	4.76	5.07	6.50	8.25	134.89	112.95	133.73	202.42	273.11
四川	6.03	9.37	10.07	10.81	11.84	241.31	278.54	254.47	285.39	352.67
贵州	1.30	1.82	1.74	1.89	2.19	34.76	41.63	46.36	50.60	65.94
云南	1.85	2.23	2.63	3.30	3.79	68.06	80.99	99.38	115.30	136.51
西藏	0.10	0.11	0.13	0.16	0.08	2.37	2.29	1.92	2.84	4.72
陕西	5.24	5.33	6.41	9.57	10.15	152.58	241.27	251.56	320.22	376.09
甘肃	0.93	0.72	1.15	1.26	1.41	19.08	27.25	27.69	35.59	40.93
青海	0.35	0.27	0.22	0.49	0.53	12.32	13.18	12.90	17.25	18.97
宁夏	0.36	0.40	0.43	0.46	0.51	8.32	13.11	9.40	12.52	16.55
新疆	0.79	0.83	0.93	0.86	0.91	36.59	44.44	52.78	47.42	57.61
大连	1.96	1.62	1.78	2.84	3.60	78.97	101.81	89.43	82.89	87.59
宁波	5.09	5.06	5.17	5.45	6.26	112.46	118.51	122.91	157.04	207.98
厦门	3.50	3.15	3.17	4.60	5.49	91.89	92.47	84.37	98.15	123.57
青岛	3.72	4.05	3.19	3.54	4.00	199.41	179.26	129.20	142.63	162.31
深圳	16.82	18.24	19.97	27.75	39.64	727.29	872.79	910.27	1184.80	1464.15

总体上，广东、江苏、北京、深圳、上海、浙江、湖北和山东这些东部发达省（市）高新技术企业在创新投入指标上表现出明显的领先优势，2017年上述地区R&D人员数量和R&D经费投入合计占全国总量的62.29%和66.67%。

2. 新办法认定的高新技术企业R&D人员和R&D经费投入

新办法认定的各地区高新技术企业创新投入指标见表7-19。2017年，新认定的高新技术企业R&D人员较多的地区有北京、上海、江苏、浙江、广东和深圳；R&D经费投入较多的地区有北京、广东、上海、深圳和江苏，均超过1000亿元，其中北京的高新技术企业R&D经费投入为1406.2亿元，占全国总量的比例达到11.95%。

表7-19　2016—2017年新办法下认定的各地区高新技术企业创新投入

地区	R&D 人员（万人）		R&D 经费投入（亿元）		地区	R&D 人员（万人）		R&D 经费投入（亿元）	
	2016年	2017年	2016年	2017年		2016年	2017年	2016年	2017年
北京	4.07	19.62	349.67	1406.20	广东	16.59	47.29	409.18	1273.21
天津	3.64	8.66	79.94	229.18	广西	0.69	1.90	27.00	107.27

续表

地区	R&D 人员（万人）		R&D 经费投入（亿元）		地区	R&D 人员（万人）		R&D 经费投入（亿元）	
	2016 年	2017 年	2016 年	2017 年		2016 年	2017 年	2016 年	2017 年
河北	4.30	8.36	117.29	329.51	海南	0.09	0.33	5.72	18.02
山西	1.22	3.33	25.18	109.69	重庆	2.19	5.25	75.63	182.00
内蒙古	0.82	1.60	25.63	84.16	四川	3.00	8.70	75.54	261.31
辽宁	1.74	4.12	46.01	131.09	贵州	0.27	1.34	9.41	41.85
吉林	0.37	1.48	16.22	61.37	云南	0.79	2.35	27.59	74.96
黑龙江	0.40	2.75	29.99	84.58	西藏	0.01	0.07	0.31	3.48
上海	4.49	17.19	284.12	1245.40	陕西	2.31	7.29	123.92	303.24
江苏	10.50	30.07	331.08	1104.42	甘肃	0.41	1.10	11.66	29.09
浙江	5.82	20.75	251.78	762.19	青海	0.19	0.34	8.07	12.15
安徽	3.15	10.90	107.46	357.43	宁夏	0.16	0.40	4.61	14.33
福建	1.04	4.06	33.06	129.01	新疆	0.16	0.53	5.06	28.94
江西	2.28	6.87	87.87	232.56	大连	0.70	2.37	23.30	44.84
山东	2.75	13.82	94.06	454.56	青岛	0.83	3.06	26.21	123.64
河南	1.92	7.53	64.73	218.43	宁波	1.23	4.79	38.56	166.69
湖北	3.92	14.41	141.60	475.56	厦门	0.76	3.38	14.14	75.33
湖南	2.62	11.61	72.09	407.96	深圳	6.03	30.53	237.36	1182.23

2. 研发投入强度

（1）全部高新技术企业研发投入强度地区比较

如表 7-20 所示，2013—2017 年各地区的研发投入强度总体上呈现逐年增长态势。2017 年全国高新技术企业的研发投入强度平均值为 3.10%，其中北京高新技术企业保持了在研发投入强度的领先地位，投入强度为 6.59%，超出全国平均水平 3.49 个百分点，陕西、深圳、厦门和天津分列第二至第五位。

图 7-4 显示了 2017 年各地区高新技术企业研发投入强度的排列情况。

表 7-20　2013—2017 年各地区高新技术企业研发投入强度[①]　　　　　　　　单位：%

地区	2013 年	2014 年	2015 年	2016 年	2017 年
北京	5.33	5.04	6.06	5.19	6.59
天津	4.23	4.89	5.16	5.3	4.18
河北	2.6	2.47	2.93	3.5	2.63
山西	2.22	2.02	2.2	2.88	2.46
内蒙古	2.39	2.29	2.47	2.62	1.45
辽宁	3.81	3.03	3.19	3.12	2.84

---

① 研发投入强度＝研发经费内部支出／产品销售收入。

续表

地区	2013 年	2014 年	2015 年	2016 年	2017 年
吉林	1.2	1.98	1.7	1.43	1.96
黑龙江	3.4	3.55	3.95	3.63	3.29
上海	3.96	4.05	4.7	4.37	3.8
江苏	2.5	2.93	2.79	3.12	3.1
浙江	3.36	3.84	4.34	4.51	3.88
安徽	3.02	3.26	2.8	2.94	3.28
福建	2.36	2.65	2.44	2.83	2.89
江西	8.63	1.76	1.97	2.81	2.82
山东	2.36	2.64	2.5	2.76	2.68
河南	3.61	3.79	3.56	3.21	2.58
湖北	3.65	3.5	3.22	3.06	3.39
湖南	1.95	2.37	2.93	2.88	3.17
广东	3.18	3.03	3.22	3.71	3.6
广西	2.05	2.13	1.63	2	1.5
海南	1.83	2.09	2.26	1.83	1.44
重庆	2.2	1.6	1.86	2.28	2.4
四川	4.02	2.87	3.31	3.48	3.9
贵州	2.89	3.55	2.95	3.01	2.5
云南	1.64	1.94	2.72	2.71	2.54
西藏	3.87	2.2	2.38	2.89	2.29
陕西	2.79	3.26	4.26	6.32	6.12
甘肃	2.23	2.18	2.69	2.32	1.48
青海	3.55	1.99	2.21	2.51	1.5
宁夏	3.67	5.09	3.34	3.3	3.91
新疆	2.55	2.08	2.7	1.89	1.54
大连	2.57	3.47	2.76	3.87	3.24
宁波	3.17	3.03	3.15	3.14	3.48
厦门	3.22	3.52	3.84	4.97	4.94
青岛	5.15	3.44	2.77	3.08	2.72
深圳	3.91	3.68	4.01	4.76	5.43
均值	3.20	2.98	3.08	3.28	3.10

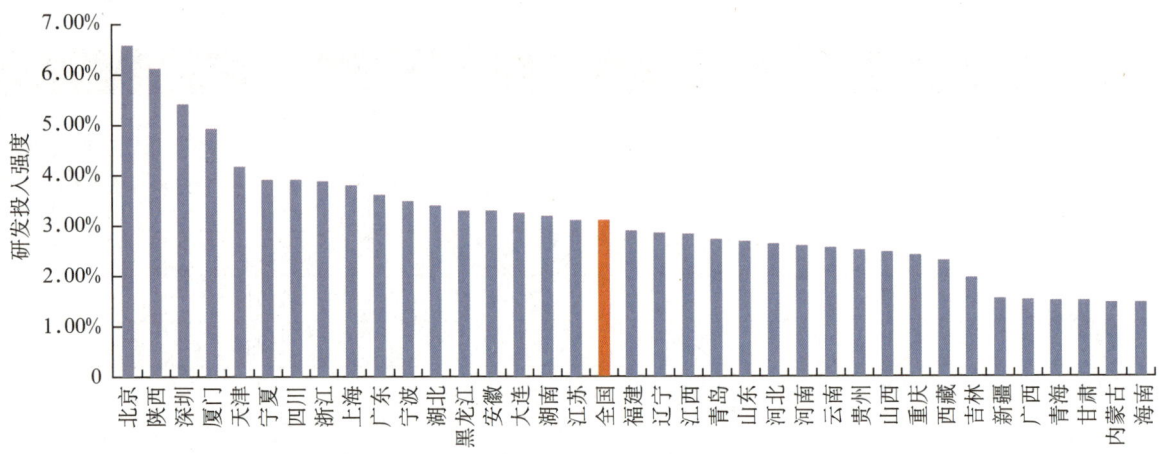

图7-4　2017年各地区高新技术企业研发投入强度

（2）新办法认定的高新技术企业研发投入强度地区比较

2017年，新办法认定的高新技术企业研发投入强度的平均值为5.81%。其中，北京市的高新技术企业保持了在研发投入强度的领先地位，投入强度为17.80%，超出全国平均水平11.99个百分点（表7-21）。

表7-21　2016—2017年新办法认定的各地区高新技术企业研发投入强度　　　　　　　　　　单位：%

地区	2016年	2017年	地区	2016年	2017年
北京	17.44	17.80	广东	5.08	5.03
天津	4.36	5.54	广西	3.70	3.76
河北	4.80	4.60	海南	8.02	6.38
山西	4.18	4.24	重庆	4.11	4.23
内蒙古	4.01	3.97	四川	4.95	6.58
辽宁	4.91	5.14	贵州	4.65	4.56
吉林	5.00	3.84	云南	4.94	4.76
黑龙江	11.26	5.18	西藏	3.72	7.88
上海	9.91	9.82	陕西	16.42	9.37
江苏	4.61	4.94	甘肃	6.01	3.61
浙江	8.16	6.43	青海	15.56	8.38
安徽	5.17	5.29	宁夏	4.48	5.37
福建	3.68	4.75	新疆	3.07	4.83
江西	3.58	3.83	大连	5.11	5.68
山东	4.49	4.44	青岛	5.20	4.47
河南	4.78	4.65	宁波	4.08	4.85
湖北	4.53	5.14	厦门	7.93	6.86
湖南	4.54	4.66	深圳	6.97	8.42

（二）创新产出

1. 知识产权

（1）全部高新技术企业的知识产权

表 7-22 和表 7-23 显示了 2013—2017 年全国各地区高新技术企业创新活动的无形产出情况。2013—2017 年内全国各地专利授权量呈现总体增长的趋势，2017 年广东、江苏、深圳、北京、浙江、上海、安徽、山东和湖北都超过了 2 万件，而海南和西藏两省份获得专利授权均不足 500 件，地区差距较为明显。

从 2017 年各地发明专利占专利授权的比重来看，深圳、北京、海南位居前列。从发明专利授权的绝对数上来看，广东、深圳、北京、江苏、上海和浙江高新技术企业较其他省（市）具有较大的领先优势。

广东、北京、深圳、上海、江苏和浙江等地区的高技术企业获得的软件著作权较多，依然占据领先优势。其中，广东、北京、深圳、上海和江苏高新技术企业在 2017 年获得的软件著作权数量超过 1 万件。广东软件著作数量遥遥领先，比第二位的北京多出 1572 件。不过，各地区高新技术企业获得的集成电路布图数量较少。

综合来看，江苏、深圳、广东、北京、上海和浙江的高新技术企业技术创新形成无形产出的活动十分活跃，也反映出这些地区注重和强调知识产权的创造、申请和保护。

表 7-22　2013—2017 年高新技术企业创新活动的知识产权

地区	当年专利授权数（件）					发明专利比例（%）				
	2013 年	2014 年	2015 年	2016 年	2017 年	2013 年	2014 年	2015 年	2016 年	2017 年
北京	21 709	23 793	30 694	35 965	44 335	36.28	37.39	43.42	46.97	46.35
天津	8529	7918	11 297	14 654	15 716	22.51	17.34	22.79	21.13	19.58
河北	5559	4969	7317	9253	11 911	22.27	21.96	23.47	24.72	24.08
山西	2713	2393	2360	2843	3218	24.36	27.37	31.23	37.64	29.93
内蒙古	809	565	792	1139	1665	28.43	38.94	44.44	34.5	37.06
辽宁	3961	2861	3127	4874	5344	24.87	33.31	40.49	35.27	31.85
吉林	999	1072	1043	1274	1544	31.53	21.83	25.5	27.32	24.55
黑龙江	2620	2555	3047	3392	2921	21.15	24.89	28.75	34.23	38.24
上海	25 536	22 195	26 161	30 688	36 760	28.5	31.19	37.24	39.71	33.67
江苏	53 758	57 412	55 362	70 516	70 815	18.77	16.24	25.23	26.88	27.23
浙江	25 125	24 124	26 895	34 099	39 955	14.95	16.19	21.8	22.04	21.24
安徽	16 176	18 277	21 335	26 335	25 520	13.77	17.44	22.13	29.52	29.3
福建	6088	4460	5785	7034	9457	17.94	17.53	21.68	22.43	19.82
江西	3452	2977	4760	7645	10 870	18.42	22.34	20.27	23.07	19.14

续表

地区	当年专利授权数（件）					发明专利比例（%）				
	2013年	2014年	2015年	2016年	2017年	2013年	2014年	2015年	2016年	2017年
山东	17 759	15 077	14 011	16 911	20 191	19.46	21.86	26.89	27.43	26.15
河南	8418	8841	9880	11 285	14 762	27.29	29.36	25.2	24.67	23.64
湖北	1 1273	9455	12 671	16 284	20 034	27.05	30.29	30.86	35.71	31.83
湖南	9444	8748	12 374	14 153	16 264	30.09	27.24	32.78	34.51	37.48
广东	28 998	29 717	34 676	57 928	89 017	19.03	17.54	21.91	23.62	21.41
广西	2208	2217	2858	3351	3899	21.29	24.09	35.27	43.48	37.5
海南	3159	221	318	341	371	23.55	57.47	46.23	59.24	46.09
重庆	5682	5019	7187	10 018	10 662	21.56	16.48	19.7	22.96	22.17
四川	9410	13 598	11 583	13 880	14 558	22.03	22.33	29	31.38	30.48
贵州	2266	2090	2331	2382	2803	24.76	24.26	29.64	33.96	32.68
云南	1728	1736	2150	2936	3121	34.66	27.94	30.23	28.07	23.9
西藏	82	52	30	25	38	54.88	53.85	83.33	72	42.11
陕西	6676	6014	7023	10 483	13 957	29.73	35.45	40.18	34.72	30.99
甘肃	1036	943	1010	1421	1860	31.66	25.03	34.06	36.03	32.47
青海	167	177	280	340	540	22.75	15.82	19.64	26.47	16.11
宁夏	238	231	363	595	687	26.47	29.87	40.77	34.29	44.1
新疆	1031	1035	1578	1347	1541	25.32	22.03	26.81	25.76	26.74
大连	1917	1565	2053	2541	2877	25.87	26.26	35.46	32.43	25.3
宁波	10 286	8874	9453	9224	8703	9.97	11.67	16.76	21.15	22.22
厦门	3284	3191	3213	4482	5742	20.01	19.9	22.53	23.72	26.12
青岛	7527	5390	5170	6022	8342	14.59	20.65	28.74	31.37	29.14
深圳	38 463	22 370	33 846	43 884	53 035	44.08	47.62	57.56	53.55	47.13

表 7-23　2013—2017年高新技术企业创新活动的知识产权　　　　单位：件

地区	当年获得软件著作权					当年获得集成电路布图				
	2013年	2014年	2015年	2016年	2017年	2013年	2014年	2015年	2016年	2017年
北京	10 445	11 947	15 578	24 845	38 104	73	91	125	90	174
天津	858	1459	2264	2748	4755	18	18	26	60	28
河北	566	624	1019	1697	3330	0	311	103	50	21
山西	236	296	542	905	1505	5	1	11	3	2

续表

地区	当年获得软件著作权					当年获得集成电路布图				
	2013年	2014年	2015年	2016年	2017年	2013年	2014年	2015年	2016年	2017年
内蒙古	58	64	145	313	625	0	0	18	20	21
辽宁	365	507	571	1051	2365	2	5	0	1	9
吉林	171	167	284	537	943	0	1	0	0	0
黑龙江	215	225	237	474	875	1	1	1	2	4
上海	5534	7334	8847	13874	21 266	314	353	387	521	458
江苏	4287	4840	5442	8455	10 742	141	261	226	240	347
浙江	2193	2889	3943	6104	9551	105	84	112	111	75
安徽	836	1221	1834	2840	4613	86	7	54	45	116
福建	557	1006	1299	2093	3620	17	8	60	75	2
江西	203	398	619	1049	2232	5	12	13	3	18
山东	1178	1514	1686	2492	4784	27	27	25	23	11
河南	452	535	1018	1720	3839	175	3	12	13	13
湖北	1124	1768	2514	4319	7131	32	20	34	76	48
湖南	387	577	1098	1876	3701	22	26	32	32	33
广东	3745	4442	5317	16 605	39 676	101	57	119	158	216
广西	201	193	273	532	1267	0	0	0	0	6
海南	202	115	174	351	643	351	0	0	0	0
重庆	352	361	487	866	1746	135	110	16	41	8
四川	1213	2042	2348	4308	6944	37	393	403	33	89
贵州	99	111	217	375	1225	0	1	5	3	1
云南	337	458	600	828	1698	1	0	0	3	0
西藏	11	8	1	23	103	0	0	0	0	0
陕西	494	782	1158	1472	2969	8	30	28	26	54
甘肃	36	57	111	251	640	1	1	1	1	2
青海	4	12	16	57	71	0	0	0	0	0
宁夏	29	59	56	100	170	0	0	0	0	1
新疆	241	244	315	438	1030	0	0	0	0	2
大连	257	356	440	657	1543	3	4	22	8	0
宁波	324	247	277	404	643	8	0	0	2	0
厦门	579	728	1165	2604	5020	18	12	26	27	19
青岛	457	544	822	1232	3889	8	11	10	5	29
深圳	5286	7591	8614	15 926	28 802	143	176	347	440	632

表 7-24 显示了 2013—2017 年各地高新技术企业的户均专利授权和发明专利授权情况。2013—2017 年各地户均专利授权量和发明专利均呈现较大波动，其中 2017 年户均专利授权量宁夏、河南、陕西、安徽和福建居全国领先地位。

位于东部发达地区上海、江苏和宁波户均发明专利指标值均略高于全国平均水平，而广东高新技术企业在户均发明专利方面的表现是弱于全国平均水平。

表 7-24 2013—2017 年高新技术企业创新活动专利产出情况　　　　　　单位：件

地区	户均专利授权					户均发明专利				
	2013 年	2014 年	2015 年	2016 年	2017 年	2013 年	2014 年	2015 年	2016 年	2017 年
北京	2.95	2.89	2.82	2.67	2.73	1.07	1.08	1.22	1.25	1.26
天津	6.44	6.32	5.13	4.57	3.92	1.45	1.10	1.17	0.97	0.77
河北	5.33	3.98	4.56	4.49	3.82	1.19	0.87	1.07	1.11	0.92
山西	7.45	4.64	3.30	3.07	2.89	1.82	1.27	1.03	1.16	0.87
内蒙古	4.45	2.69	3.38	3.25	3.15	1.26	1.05	1.50	1.12	1.17
辽宁	4.93	3.27	3.24	4.11	3.06	1.23	1.09	1.31	1.45	0.97
吉林	3.38	3.57	3.13	3.31	2.99	1.06	0.78	0.80	0.90	0.73
黑龙江	4.21	4.00	4.45	4.46	3.15	0.89	1.00	1.28	1.53	1.20
上海	5.10	4.17	4.38	4.54	4.91	1.45	1.30	1.63	1.80	1.65
江苏	7.02	6.30	5.23	5.45	5.18	1.32	1.02	1.32	1.46	1.41
浙江	6.42	5.42	5.28	5.51	5.28	0.96	0.88	1.15	1.21	1.12
安徽	7.39	7.06	6.88	6.94	6.00	1.02	1.23	1.52	2.05	1.76
福建	8.12	5.45	5.74	5.53	5.91	1.46	0.95	1.24	1.24	1.17
江西	6.01	3.74	4.40	5.34	5.13	1.11	0.84	0.89	1.23	0.98
山东	7.80	5.89	4.88	5.17	4.82	1.52	1.29	1.31	1.42	1.26
河南	9.00	8.21	7.38	6.86	6.54	2.46	2.41	1.86	1.69	1.55
湖北	5.42	3.73	3.91	3.87	3.81	1.47	1.13	1.21	1.38	1.21
湖南	7.38	6.08	6.99	6.49	5.21	2.22	1.66	2.29	2.24	1.95
广东	6.89	6.75	6.32	4.94	4.09	1.31	1.18	1.39	1.17	0.88
广西	4.73	4.29	4.53	4.12	3.29	1.01	1.03	1.60	1.79	1.23
海南	5.18	1.74	1.89	1.71	1.40	1.22	1.00	0.88	1.02	0.65
重庆	8.77	6.79	7.65	6.98	5.34	1.89	1.12	1.51	1.60	1.18
四川	7.61	6.84	4.43	4.56	4.18	1.68	1.53	1.29	1.43	1.28
贵州	10.25	6.99	6.15	5.06	4.07	2.54	1.70	1.82	1.72	1.33
云南	2.72	2.32	2.38	2.71	2.55	0.94	0.65	0.72	0.76	0.61
西藏	3.73	2.00	1.36	1.09	1.19	2.05	1.08	1.14	0.78	0.50
陕西	5.80	4.50	4.42	5.79	6.36	1.72	1.59	1.78	2.01	1.97

续表

地区	户均专利授权					户均发明专利				
	2013年	2014年	2015年	2016年	2017年	2013年	2014年	2015年	2016年	2017年
甘肃	4.14	3.52	3.17	3.30	3.07	1.31	0.88	1.08	1.19	1.00
青海	2.46	2.16	2.75	2.64	3.78	0.56	0.34	0.54	0.70	0.61
宁夏	4.76	3.92	5.85	7.73	7.55	1.26	1.17	2.39	2.65	3.33
新疆	4.04	3.08	3.81	2.95	2.92	1.02	0.68	1.02	0.76	0.78
大连	4.32	3.34	3.73	3.96	3.53	1.12	0.88	1.32	1.28	0.89
宁波	9.41	7.69	7.97	6.85	5.91	0.94	0.90	1.34	1.45	1.31
厦门	4.05	3.60	3.25	3.72	4.09	0.81	0.72	0.73	0.88	1.07
青岛	11.89	7.40	5.50	4.57	4.12	1.73	1.53	1.58	1.43	1.20
深圳	11.94	5.07	6.55	5.67	4.83	5.26	2.41	3.77	3.04	2.28

（2）新办法下认定的高新技术企业的知识产权

总体来看，新办法下认定的高新技术企业专利授权、软件著作权和集成电路布图的数量较2016年实现了大幅增长。

2017年，高新技术企业专利授权数最多的是广东，其次是江苏和深圳；授权发明专利占比较高的是西藏和深圳，西藏位居前列的原因在于基数小；高新技术企业获得软件著作权最多的是广东，其次是北京和深圳；获得集成电路布图数量最多的是深圳，其次是上海和江苏。整体上可以看出，发达地区高新技术企业科技产出成果丰硕（表7-25）。

表7-25　2016—2017年新办法认定的高新技术企业知识产权

地区	当年专利授权数（件）		授权发明专利占比（%）		当年获得软件著作权（件）		当年获得集成电路布图（件）	
	2016年	2017年	2016年	2017年	2016年	2017年	2016年	2017年
北京	7869	33 441	29.36	47.79	10 402	29 064	23	121
天津	5620	11 480	15.84	19.12	1179	3697	53	26
河北	4042	8491	27.73	27.37	873	2865	31	21
山西	963	2502	38.21	31.25	541	1155	0	0
内蒙古	561	1157	35.12	31.98	196	518	2	3
辽宁	1822	4186	27.17	31.39	512	2179	1	9
吉林	370	1210	23.51	24.63	223	713	0	0
黑龙江	755	2548	27.81	38.78	203	724	0	3
上海	7161	28 010	25.00	32.81	6452	16 546	208	319
江苏	24 293	49 399	21.00	27.18	3703	7686	77	220
浙江	11 092	30 391	18.11	22.36	2736	7957	14	47
安徽	6661	20 913	28.28	27.91	1182	3508	8	83

续表

地区	当年专利授权数（件）		授权发明专利占比（%）		当年获得软件著作权（件）		当年获得集成电路布图（件）	
	2016年	2017年	2016年	2017年	2016年	2017年	2016年	2017年
福建	2554	7681	16.76	19.49	1084	3137	18	2
江西	3080	8078	23.02	19.78	543	1890	1	17
山东	4386	15 823	21.77	26.10	971	4117	2	10
河南	3202	12 032	20.61	24.11	929	3198	1	13
湖北	5374	15 109	29.98	32.19	2359	5703	68	32
湖南	2967	13 867	27.00	36.94	1014	3235	3	26
广东	24157	73 212	21.41	21.26	11 387	36 334	83	203
广西	869	2594	50.98	38.67	309	1060	0	6
海南	130	300	50.00	42.67	229	596	0	0
重庆	4295	7690	20.42	20.92	579	1467	13	5
四川	4455	10 509	28.24	30.92	2314	5001	6	85
贵州	669	2057	30.34	32.72	216	1108	0	1
云南	1171	2173	26.90	23.61	420	1216	2	0
西藏	2	30	100.00	53.33	16	66	0	0
陕西	2830	10 084	28.66	31.86	499	2286	12	40
甘肃	542	1468	30.26	29.02	144	601	0	2
青海	173	408	26.59	12.01	49	70	0	0
宁夏	246	551	19.51	44.28	60	120	0	1
新疆	390	1011	20.51	23.64	162	727	0	2
大连	1016	2084	22.93	22.98	271	1256	1	0
青岛	1809	6832	21.45	29.95	623	3428	2	28
宁波	2079	6687	20.15	22.07	156	524	0	0
厦门	1023	3964	18.87	25.83	1391	3850	10	6
深圳	10 108	42 985	29.59	49.37	7087	22 816	191	528

2017年，在户均专利授权和户均发明专利授权指标上，发达地区的高新技术企业数量远多于欠发达地区的，因此一些中西部地区如宁夏、河南等位居前列。北京、广东等地高新技术企业的户均发明专利数量排名不高（表7-26）。

表7-26 2016—2017年新办法认定的高新技术企业专利产出   单位：件

地区	户均专利授权		户均发明专利		地区	户均专利授权		户均发明专利	
	2016年	2017年	2016年	2017年		2016年	2017年	2016年	2017年
北京	1.66	2.85	0.49	1.36	广东	3.24	3.78	0.69	0.80

续表

地区	户均专利授权		户均发明专利		地区	户均专利授权		户均发明专利	
	2016年	2017年	2016年	2017年		2016年	2017年	2016年	2017年
天津	4.00	3.85	0.63	0.74	广西	2.49	2.83	1.27	1.09
河北	4.72	3.46	1.31	0.95	海南	1.76	1.46	0.88	0.62
山西	2.78	3.13	1.06	0.98	重庆	5.63	4.85	1.15	1.02
内蒙古	3.10	2.67	1.09	0.85	四川	3.94	4.03	1.11	1.25
辽宁	3.76	2.99	1.02	0.94	贵州	3.87	3.97	1.17	1.30
吉林	2.82	3.00	0.66	0.74	云南	2.88	2.54	0.77	0.60
黑龙江	3.34	3.63	0.93	1.41	西藏	0.40	1.25	0.40	0.67
上海	3.11	5.09	0.78	1.67	陕西	4.70	6.33	1.35	2.02
江苏	5.11	5.29	1.07	1.44	甘肃	3.03	3.01	0.92	0.87
浙江	5.10	5.29	0.92	1.18	青海	3.60	4.04	0.96	0.49
安徽	4.86	6.58	1.38	1.84	宁夏	7.94	7.55	1.55	3.34
福建	4.92	6.20	0.82	1.21	新疆	2.69	2.88	0.55	0.68
江西	4.85	4.81	1.12	0.95	大连	4.20	3.39	0.96	0.78
山东	3.86	4.93	0.84	1.29	青岛	3.22	4.24	0.69	1.27
河南	5.16	6.94	1.06	1.67	宁波	5.16	5.98	1.04	1.32
湖北	2.98	3.76	0.89	1.21	厦门	2.64	4.29	0.50	1.11
湖南	3.41	5.66	0.92	2.09	深圳	2.70	4.81	0.80	2.38

2. 其他指标

新产品的产值和销售收入是衡量高新技术企业的技术创新活动产出成果的绝对数指标，与无形产出相比，能够较好地反映出研发成果的商业化水平。由于各地区高新技术企业总产值和总收入在绝对数上差异较大，在此选取了新产品产值／总产值、新产品销售收入／总销售收入和新产品出口／出口总额3个相对数指标对2013—2017年各地区高新技术企业的技术创新活动的产出效果进行衡量。

（1）全部高新技术企业

2013—2017年，新产品产值／总产值、新产品销售收入／总销售收入和新产品出口／出口总额3个指标总体上呈稳步增长的趋势。2017年各地高新技术企业的新产品产值／总产值大多分布在40%～50%，其中比例最高的宁波达到了63.43%。值得注意的是，北京的高新技术企业新产品销售收入／总销售收入只有34.37%，而新产品产值／总产值为42.10%，在全国处于较低水平，而广东这两个指标分别是47.97%与56.83%。新疆、海南、厦门和宁波高新技术企业新产品出口／出口总额占比均超过60%，说明这些地区的高新技术企业新产品的大部分用于出口（表7-27）。

表 7-27 2013—2017 年不同地区高新技术企业创新活动的经济产出   单位：%

地区	新产品产值／总产值					新产品销售收入／总销售收入					新产品出口／出口总额				
	2013年	2014年	2015年	2016年	2017年	2013年	2014年	2015年	2016年	2017年	2013年	2014年	2015年	2016年	2017年
北京	47.06	51.47	44.33	44.65	42.10	42.56	44.2	37.28	36.21	34.37	23.14	21.9	22.27	6.13	22.92
天津	48.94	50.43	59.44	59.34	60.12	56.69	51.18	58.54	51.03	47.25	40.46	17.34	39.37	44.97	42.35
河北	49.34	50.72	47.83	51.18	44.53	51.15	49.18	47.62	49.21	43.34	43.31	44.76	42.41	49.62	51.91
山西	28.55	30.23	27.55	27.55	31.83	33.43	32.22	26	41.24	39.4	23.65	14.2	49.16	15.79	18.47
内蒙古	49.45	37.81	32.43	20.43	23.98	41.76	42.8	33.32	24.52	23	24.28	31.32	62.19	26.95	38.53
辽宁	43.11	32.87	35.67	45.79	43.68	43.7	42.73	36.21	45.12	42.76	50.99	46.35	44.86	43	39.95
吉林	30.65	52.96	63.29	63.36	41.18	28.7	56.64	44.68	52.11	39.7	17.89	81.36	24	47.75	51.89
黑龙江	35.57	37.33	39.59	37.46	37.96	32.02	35.12	34.82	36.94	34.2	54.12	35.7	36.77	60.3	7.14
上海	41.8	48.46	49.49	43.42	49.32	44.61	50.52	45.49	42.28	38.23	44.55	50.12	52.76	46.24	44.8
江苏	44.95	47.54	45.91	48.35	50.24	46.34	49.34	47	48.95	49.86	42.12	44.08	50.84	52.8	51.11
浙江	52.78	55.9	64.16	59.03	60.12	54.23	62.25	57.47	57.43	56.84	52.61	56.51	57.13	59.45	59.68
安徽	41.84	48.71	47.41	52.81	53.57	45.69	50.94	48.35	52.57	53.37	36.82	39.13	47.89	49.58	54.66
福建	48.4	47.15	42.63	39.87	36.95	50.8	50.22	44	41.95	38.3	57.08	41.02	36.57	37.34	56.38
江西	39.02	42.81	32.54	40.45	46.4	40.16	41.76	31.42	39.64	45.73	42.19	60.7	32.12	51.75	48.5
山东	59.4	43.6	47.21	42.48	44.74	44.43	44.5	45.91	42.12	44.75	56.36	52.62	58.06	46.76	55.78
河南	42.39	40.33	44.21	43.02	43.07	43.68	44.52	46.01	37.3	38.71	44.48	56.07	46.1	36.86	42.41
湖北	42.85	44.67	43.07	43.33	53.81	46.4	44.35	39.19	38.63	44.35	47.06	45.19	46.52	40.39	36.29
湖南	40.17	10.91	34.64	38.88	42.33	41.46	35.06	35.78	38.09	37.65	49.96	37.7	54.05	45.98	45.76
广东	43.85	49.51	49.49	53.56	56.83	44.57	49.16	49.4	49.16	52.21	46.78	50.9	47.59	51.79	52.07
广西	55.99	48.28	53.36	52.03	49.92	57.23	45.9	53.02	53.19	46.9	63.14	59.41	49.14	52.18	47.26
海南	42.99	52.98	32.77	27.49	31.73	38.82	52.06	33.14	26.04	28.44	41.25	59.81	14	8.7	68.79
重庆	34.6	32.53	33.26	30.75	40.19	39.86	36.01	32.87	34.3	37.16	37.26	53.67	65.16	59.66	36.56
四川	53.07	42.88	35.1	38.73	43.85	52.67	46.89	35.19	37.31	41.21	21.86	32	38.06	28.93	30.97
贵州	33.07	26.66	30.2	33.68	38.1	35.52	32.26	31.41	34.34	33.21	33.28	25.5	57.42	67.58	56.35
云南	20.97	23.07	23.94	25.53	28.11	19.76	22.3	22.57	20.27	22.81	46.45	37.77	27.37	32.13	42.21
西藏	22.13	6.15	21.97	18.03	21.09	22.5	10.12	19.34	21.15	22.38	82.97	100	97.78	100	13.42
陕西	29.13	28.24	28.35	35.31	36.54	26.53	28.63	27.01	34.46	33.63	26.07	30.19	25.72	31.7	30.84
甘肃	28.07	27	27.84	31.54	23.35	30.82	27.11	34.28	30.27	22.77	37.55	40.7	56.58	29.76	30.22
青海	36.95	21.52	27.3	5.46	38.61	59.95	20.9	30.94	7.79	38.9	46.9	1.27	78.96	14.74	9.39
宁夏	51.44	46.56	51.06	42.75	41.69	54.17	45.35	51.56	43.62	39.62	76.59	50.47	74.99	32.23	48.41
新疆	1722.37	32.88	41.08	44.07	47.48	43.13	43.17	38.33	43.74	47.37	56	51.41	46.06	45.07	71.04
大连	48.73	43.49	48.37	54.45	52.55	47.34	51.89	46.26	48.1	46.22	50.67	61.85	59.84	61.36	53.68
宁波	63.18	56.04	57.32	60.8	63.43	56.44	57.45	56.88	58.84	61.49	47.29	58.17	59.37	58.27	62.39
厦门	56.59	55.5	50.14	50.97	52.57	53.47	55.31	51.5	49.95	49.09	59	70.8	63.09	62.6	62.84
青岛	63.78	59.14	60.12	54.89	56.64	60.76	62.91	59	54.04	50.32	63.68	63.57	52.63	50.47	50.68
深圳	38.23	33.8	40.13	35.06	36.16	42.02	33.72	39.75	32.8	32.81	35.39	36.85	53.33	46.14	46.21

(2) 新办法认定的高新技术企业

2017 年，各地新办法认定的高新技术企业新产品产值／总产值大多分布在 30%～50%，其中比例最高的天津达 71.48%。新产品销售收入／总销售收入比值排名依次为宁波、浙江、安徽和青岛。在新产品出口／出口总额指标上包括浙江、广东在内的 10 多个地区的高新技术企业新产品出口比重均超过 50%，说明这些地区新办法认定的高新技术企业新产品的大部分用于出口（表 7-28）。

表 7-28　2016—2017 年不同地区新办法认定的高新技术企业创新活动的经济产出　　单位：%

地区	新产品产值／总产值		新产品销售收入／总销售收入		新产品出口／出口总额	
	2016 年	2017 年	2016 年	2017 年	2016 年	2017 年
北京	31.49	44.15	23.65	35.55	3.46	25.90
天津	77.07	71.48	47.38	49.04	68.26	53.10
河北	58.46	43.77	54.68	42.13	50.78	53.53
山西	34.05	25.06	29.92	39.47	42.56	17.30
内蒙古	12.43	23.70	18.83	21.02	6.47	30.10
辽宁	58.38	44.71	57.05	43.61	47.33	41.87
吉林	47.47	43.93	52.92	44.10	89.64	53.37
黑龙江	32.18	40.75	28.60	35.05	1.63	6.85
上海	24.65	50.50	35.40	39.89	35.46	45.06
江苏	43.15	51.01	43.38	50.41	48.32	53.51
浙江	58.29	58.43	53.41	55.01	58.48	58.06
安徽	50.55	53.06	50.77	54.17	53.98	54.71
福建	26.02	32.61	27.04	33.54	41.23	43.70
江西	36.95	47.65	35.71	46.37	52.95	48.77
山东	35.85	44.67	34.63	44.01	39.47	54.01
河南	27.90	44.37	16.51	37.92	45.37	51.24
湖北	41.80	54.68	36.57	46.33	43.62	38.70
湖南	34.25	40.94	33.83	36.70	64.14	45.82
广东	44.61	56.65	38.48	51.56	48.27	54.87
广西	25.42	36.81	20.90	33.61	23.38	34.49
海南	19.76	21.93	26.72	20.23	0.00	24.51
重庆	52.92	53.24	47.08	46.77	80.78	38.48
四川	42.05	46.61	35.59	40.82	21.39	29.12
贵州	38.52	43.44	38.78	36.94	11.26	37.24
云南	21.85	33.66	14.93	24.32	21.02	41.50
西藏	0.00	12.51	3.14	12.46	0.00	13.42
陕西	17.25	35.89	15.95	30.38	12.36	24.50

续表

地区	新产品产值／总产值		新产品销售收入／总销售收入		新产品出口／出口总额	
	2016年	2017年	2016年	2017年	2016年	2017年
甘肃	41.99	20.90	36.83	20.99	21.39	29.81
青海	9.46	16.96	10.16	21.19	2.17	7.45
宁夏	51.62	40.12	44.21	37.62	52.58	51.36
新疆	34.06	35.36	31.24	37.31	42.83	62.73
大连	21.20	33.78	16.42	31.68	17.99	34.89
青岛	61.73	60.22	52.41	52.08	50.97	47.01
宁波	65.42	61.96	65.11	60.51	65.38	61.09
厦门	44.32	50.70	44.42	51.24	55.63	49.81
深圳	37.31	29.86	31.30	26.70	42.98	38.50

（三）国家高新区内外的比较

1. 创新投入

2017年，国家高新区内的高新技术企业户均R&D人员和研发经费支出分别为38.59人和927.50万元，而国家高新区外的高新技术企业该指标为27.37人和576.69万元（表7-29）。

整体上看，国家高新区内的高新技术企业经济投入明显高于国家高新区外的高新技术企业。值得注意的是，由于高企数量大幅增加的原因，国家高新区外的高新技术企业近几年的户均R&D人员数量和R&D经费内部支出均出现了不同程度的下降。

表7-29　2013—2017年国家高新区内外高新技术企业经济投入

年份	户均R&D人员（人）		户均研发经费支出（万元）	
	区内	区外	区内	区外
2013	52.95	45.7	1170.81	861.04
2014	50.03	40.99	1153.53	775.16
2015	43.04	35.99	1022.69	687.82
2016	40.71	31.15	979.65	649.66
2017	38.59	27.37	927.50	576.69

2. 创新产出

2017年，国家高新区内的高新技术企业户均发明专利数为4.41件，而高新区外的高新技术企业户均专利数为2.69件，区内的专利持有量是区外的1.64倍，说明各地国家高新区营造了重视技术创新和鼓励创新投入、重视知识产权保护的良好氛围（表7-30）。

表 7-30 2013—2017 年国家高新区内外高新技术企业经济产出　　　　　　　　　　单位：件

年份	户均发明专利	
	区内	区外
2013	4.68	3.48
2014	4.73	2.81
2015	4.42	3.04
2016	4.47	3.00
2017	4.41	2.69

五、小结

本章从区域角度分析了高新技术企业在经济贡献、经济效益和技术创新等方面的差异，得出如下结论。

① 2013—2017 年，东中西部地区的高新技术企业数量均有所增长，且各地区的高新技术企业数量比例保持相对稳定的状态，东部地区的高新技术企业数量占全国总数的 75.30%，表现出极大的地域分布不平衡。2017 年，北京、江苏、上海、广东、浙江、湖北和深圳是全国高新技术企业分布最为密集的地区。

② 各地区高新技术企业的工业总产值、总收入、出口总额、净利润、上缴税额和从业人员数量基本均在 2016 年的基础上实现了大幅增长，2017 年共创造 23 217.16 亿元的净利润，提供 2735.47 万个就业岗位。江苏、北京、上海、广东、山东、深圳等东部沿海省（市）高新技术企业在工业总产值、出口总额、总收入、净利润、上缴税收、吸收就业等经济贡献指标方面均表现突出。

③ 总体上，全国不同地区创新投入方面的差异很大。广东、江苏、北京、上海、浙江、深圳和山东等东部发达省（市）在创新投入指标上表现出明显的领先势头。就研发投入强度而言，2017 年全国高新技术企业的研发投入强度平均值为 3.10%。江苏、深圳、广东、北京和上海的高新技术企业创新产出成果丰硕。

④ 国家高新区在促进高新技术产业发展和技术创新提高方面作用较为突出。国家高新区内的高新技术企业在人均营业收入、人均净利润和户均营业收入均明显高出区外企业，优势较为明显。在高新技术企业户均投入方面，国家高新区内部的高新技术企业无论是从户均 R&D 人员、研发经费投入仍均显著高于国家高新区外的高新技术企业，表明各地国家高新区着力营造了高度重视技术创新和鼓励创新投入、营造知识产权保护的创新氛围。

第八章
外资高新技术企业的特征分析

外资高新技术企业（以下简称"外资高企"）在我国高企中占有重要的地位，研究外资高企的特征和发展状况，有利于我们更全面地把握全国高企发展的整体现状。本章根据火炬统计数据，全面分析了2013—2017年全国外资高企在数量变化、经济贡献、经济效益和技术创新等方面的发展状况，并就内、外资高企之间的差别进行比较研究，为我国高企的认定和管理工作提供参考。

一、数量变化及分布特征

2013—2017年，外资高企在数量、地区、行业等方面都表现出了与内资高企不同的发展特点，接下来将从上述几个方面进行分析。

（一）数量变化

由表8-1可以发现，2013—2017年外资高企的数量呈逐年上升态势，保持了较高的年均增长率，显示外资高企在我国发展势头迅猛的态势，同时也说明高企政策一直受到外资企业的青睐，2016年颁布的高企认定办法对外资高企并没有产生不利影响。

表8-1　2013—2107年外资高企的数量特征

年份	外资高企数（家）	占全国高新技术企业比例（%）	其中			
			港澳台高企数（家）	占外资高企比例（%）	外商高企数（家）	占外资高企比例（%）
2013	7891	14.43	3439	43.58	4452	56.42
2014	7957	12.72	3498	43.96	4459	56.04
2015	8281	10.88	3706	44.75	4575	55.25
2016	9184	9.18	4191	45.63	4993	54.37
2017	9946	7.61	4705	47.31	5241	52.69

根据国家分类标准，本报告将外资高企分成港澳台高企和外商高企两类。根据统计，在外资高企

中，外商高企数量超过50%；虽然二者的企业总数也都是逐年增长，但外商高企的占比不断下降，由56.42%下降到52.69%，而港澳台高企的占比逐年上升，由43.58%增至47.31%。

如图8-1所示，从增速上看，外资高企的历年增速分别为0.84%、4.07%、10.90%、8.30%，其中外商高企历年增速分别为0.16%、2.60%、9.14%、4.97%。可见，外商高企与外资高企整体发展趋势相同。与之相对应，港澳台高企数量增速分别为1.72%、5.95%、13.09%、12.26%，始终高于外商高企增速。因此，虽然数量上看外商高企的占比依然高于港澳台高企，但是港澳台高企的发展速度更快，且有超过外商高企的趋势。

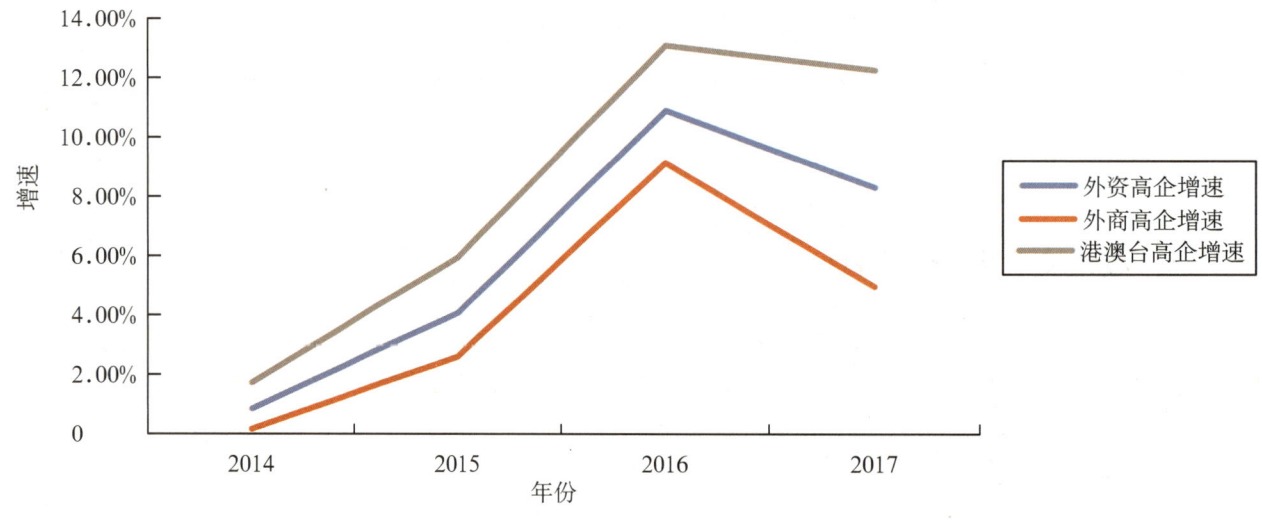

图8-1 2014—2017年外资高企数量增速对比

（二）地区分布

由表8-2中看出，外资高企在地区分布上呈现明显的地区差异，大部分分布在我国东部地区，其中北京、上海、江苏、浙江、广东等地外资高企数量较多；2017年上述5省市高企数量占比分别为8.76%、10.09%、18.84%、9.65%、28.10%，累计占全国的75.44%。而中西部地区的外资高企数量始终处于较低的水平，远低于东部地区，且数量增加不显著，有些省份外资高企数量一直在个位数，明显偏低。

从东部主要地区来看，外资高企在地区间的分布有所变化。北京、上海、江苏、浙江、广东等地外资高企数量总体处于上升状态，其中广东增幅最大，由19.09%上升到28.10%，发展迅猛。

表 8-2 外资高企的地区分布特征

指标 地区 年份	外资高企数量（家）					占全国外资高企比例（%）				
	2013	2014	2015	2016	2017	2013	2014	2015	2016	2017
北京	828	801	829	878	871	10.49	10.07	10.01	9.56	8.76
天津	191	171	203	240	246	2.42	2.15	2.45	2.61	2.47
河北	112	108	103	100	119	1.42	1.36	1.24	1.09	1.20
山西	11	18	25	19	13	0.14	0.23	0.30	0.21	0.13
内蒙古	6	9	13	14	20	0.08	0.11	0.16	0.15	0.20
辽宁	156	146	143	146	177	1.98	1.83	1.73	1.59	1.78
吉林	50	52	51	43	47	0.63	0.65	0.62	0.47	0.47
黑龙江	43	34	32	26	21	0.54	0.43	0.39	0.28	0.21
上海	999	981	999	1009	1004	12.66	12.33	12.06	10.99	10.09
江苏	1649	1807	1892	2001	1874	20.90	22.71	22.85	21.79	18.84
浙江	849	860	868	896	960	10.76	10.81	10.48	9.76	9.65
安徽	141	149	157	174	172	1.79	1.87	1.90	1.89	1.73
福建	379	343	344	363	388	4.80	4.31	4.15	3.95	3.90
江西	56	63	84	82	97	0.71	0.79	1.01	0.89	0.98
山东	311	309	316	342	368	3.94	3.88	3.82	3.72	3.70
河南	47	48	49	54	63	0.60	0.6	0.59	0.59	0.63
湖北	150	130	165	187	201	1.90	1.63	1.99	2.04	2.02
湖南	75	83	93	94	108	0.95	1.04	1.12	1.02	1.09
广东	1506	1521	1572	2141	2795	19.09	19.12	18.98	23.31	28.10
广西	34	30	32	34	46	0.43	0.38	0.39	0.37	0.46
海南	41	16	18	14	13	0.52	0.2	0.22	0.15	0.13
重庆	52	55	56	76	96	0.66	0.69	0.68	0.83	0.97
四川	91	101	113	112	104	1.15	1.27	1.36	1.22	1.05
贵州	9	10	11	12	17	0.11	0.11	0.13	0.13	0.17
云南	31	31	32	40	39	0.39	0.39	0.39	0.44	0.39
陕西	57	64	63	68	66	0.72	0.8	0.76	0.74	0.66
甘肃	8	9	7	7	7	0.10	0.11	0.08	0.08	0.07
青海	2	2	3	5	4	0.03	0.03	0.04	0.05	0.04
宁夏	5	4	2	3	5	0.06	0.05	0.02	0.03	0.05
新疆	2	2	6	4	5	0.03	0.03	0.07	0.04	0.05

注：数据来源于火炬统计。

由表 8-3 和图 8-2 可以看出，在区域分布上，东部地区、中部地区、西部地区高企数量总体上处于上升态势，其中东部地区外资高企数量增长最为明显。值得注意的是，2017 年西部地区外资高企数量的增速超过了东部和中部地区，显示外资高企开始加速向西部地区发展。

表 8-3 外资高企的区域数量特征

指标 年份 地区	企业数量（家）					增速（%）			
	2013	2014	2015	2016	2017	2014	2015	2016	2017
东部地区	7021	7063	7287	8130	8815	0.60	3.17	11.57	8.43
中部地区	573	577	656	679	722	0.70	13.69	3.51	6.33
西部地区	297	317	338	375	409	6.73	6.62	10.95	9.07
合计数	7891	7957	8281	9184	9946	0.84	4.07	10.90	8.30

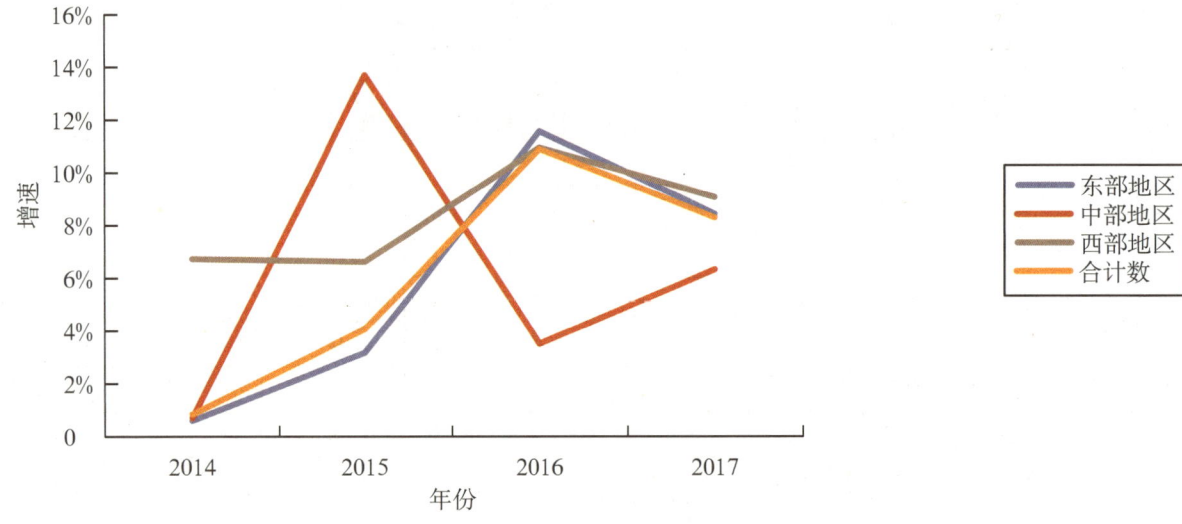

图 8-2 2014—2017 年外资高企地区数量增速对比

（三）行业分布

整体上，各行业的外资高企数量处于上升的态势。外资高企主要集中在制造业，信息传输、软件和信息技术服务，科学研究和技术服务等行业，其中制造业的外资高企数量最多（表 8-4）。

表 8-4　2013—2017 年外资高企的行业数量特征　　　　　　　　　　单位：家

行业＼年份	2013	2014	2015	2016	2017
制造业	6610	6694	7008	7700	8250
信息传输、软件和信息技术服务业	813	779	758	860	968
科学研究和技术服务业	202	206	224	282	342
其他行业	266	278	289	340	386

从图 8-3 所示占比上看，2013—2017 年内制造业外资高企占绝对优势，且占比均保持在 82% 以上；信息传输、软件和信息技术服务业的外资高企数量占比较高；科学研究和技术服务业同其他行业类似，占比逐年增加。

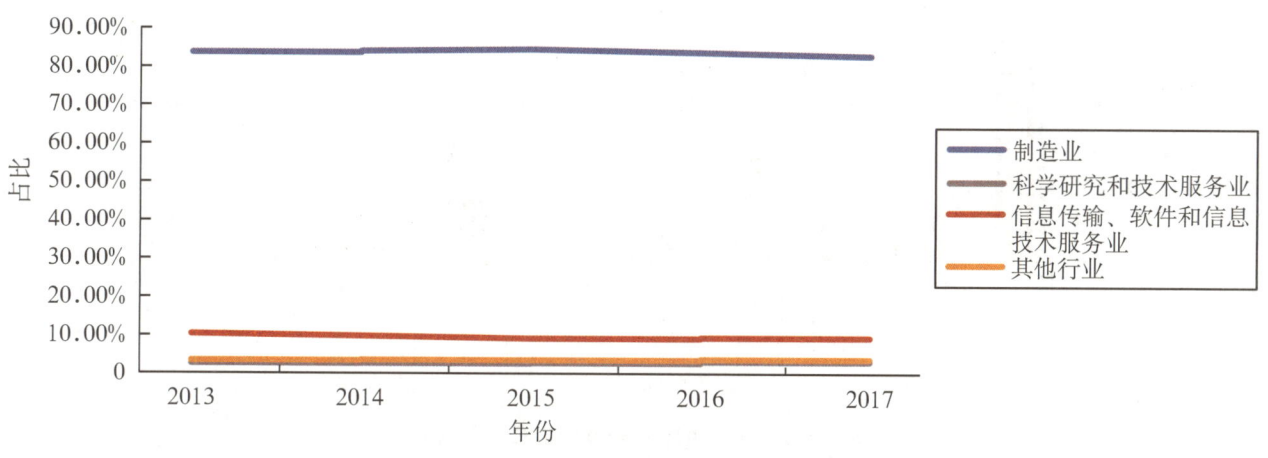

图 8-3　2013—2017 年外资高企行业历年数量占比

二、经济贡献

外资高企在我国高企中占有重要地位，研究和分析外资高企的经济特点对于推动我国高企发展和促进我国经济产业结构升级具有重要的意义。

（一）总体特征

1. 经济总量指标

从经济贡献的各项指标来看，外资高企的营业收入、净利润及上缴税额总体上处于上升态势，外商和港澳台高企的相关指标也具有相同的变动趋势。外商高企的营业收入、出口指标大于港澳台高企的相关指标，这说明外商高企在创收、出口等方面的能力较强。2014 年及以后，港澳台高企的净利润要高于外商高企的净利润，这说明了港澳台高新技术企业获利能力在不断加强（表 8-5、图 8-4）。

表 8-5　2013—2017 年外资高企经济贡献指标

指标 年份	全部外资高企				外商高企				港澳台高企			
	营业收入（亿元）	出口（亿美元）	净利润（亿元）	上缴税额（亿元）	营业收入（亿元）	出口（亿美元）	净利润（亿元）	上缴税额（亿元）	营业收入（亿元）	出口（亿美元）	净利润（亿元）	上缴税额（亿元）
2013	50 512.90	2316.88	3883.96	2556.20	28 755.38	1303.21	2001.55	1522.26	21 757.51	1013.67	1882.41	1033.94
2014	52 429.75	2252.71	4375.40	2665.38	30 033.24	1326.35	2303.81	1581.44	22 396.51	926.36	2071.59	1083.94
2015	50 463.70	2015.79	4089.80	2622.16	27 849.15	1177.67	1818.20	1381.42	22 614.55	838.12	2271.60	1240.74
2016	52 679.41	12 112.61	5155.50	2945.23	28 141.95	6795.73	2142.49	1505.85	24 537.46	5316.88	3013.01	1439.38
2017	61 018.60	14 012.13	6404.97	3519.79	31 060.97	7339.06	2579.80	1738.64	29 957.63	6673.07	3825.17	1781.15

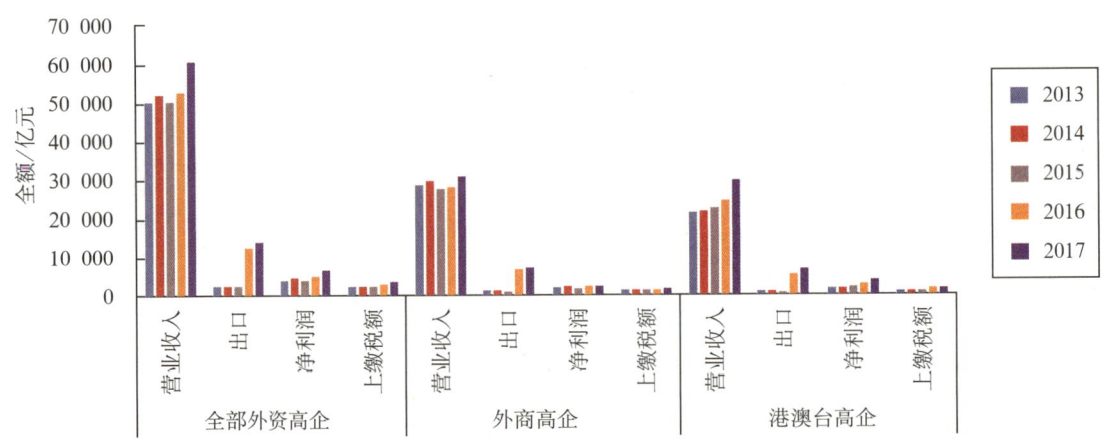

图 8-4　2013—2017 年外资高企经济贡献指标

2. 外资高企占比

由表 8-6 可以看出，外资高企经济贡献占全部高新技术企业的比例总体上呈下降态势，收入占比逐年递减，出口占比基本处于下降态势，这与外资高企占全部高企的比例下降是一致的。但是，与外资企业数量占全部高企数量比例逐年下降的情况相反，外资高企的净利润占比近 3 年基本处于稳定，上缴税额占比也基本保持稳定，说明外资高企在获利和上缴税额上比内资高企具有明显的优势，外资高企对中国经济贡献的重要性值得肯定。

表 8-6　2013—2017 年外资高企经济贡献占全部高新技术企业的比例　　　　　　　单位：%

年份\指标	收入占比	出口占比	净利润占比	上缴税额占比
2013	26.06	47.13	30.28	27.55
2014	24.13	44.44	30.39	24.97
2015	22.71	42.27	27.46	23.73
2016	20.18	39.04	27.34	22.38
2017	19.17	37.04	27.59	22.59

3. 经济增长率

由表 8-7 可以看出，外资高企经济各项指标增速总体上处于上升趋势，说明了外资高企在对我国的经济贡献上的增长势头并没有减弱，外资高企个别年份出口增速变动较大，2015 年和 2016 年是负增长，这与国际贸易大环境有一定关系。

表 8-7　2013—2017 年外资高企经济贡献增速变化　　　　　　　单位：%

年份\增速	营业收入	出口	净利润	上缴税额
2014	3.79	−2.77	12.65	4.27
2015	−3.75	−10.52	−6.53	−1.62
2016	4.39	−9.50	26.06	12.32
2017	15.83	13.72	24.24	19.51

4. 内/外资高企户均指标对比

由表 8-8、图 8-5 可以看出，2013—2017 年内/外资高企经济贡献的户均指标保持相对稳定，但外资高企经济贡献的各年户均指标均高于内资高新技术企业，户均净利润内外资相比差距拉大，外资高企户均上缴税收明显高于内资高企，说明外资高企的竞争力强，盈利能力显著高于内资高企。

表 8-8　2013—2017 年内/外资高企经济贡献户均指标

年份\指标	外资高企				内资高企			
	户均营业收入（亿元）	户均出口（亿美元）	户均净利润（亿元）	户均上缴税额（亿元）	户均营业收入（亿元）	户均出口（亿美元）	户均净利润（亿元）	户均上缴税额（亿元）
2013	6.40	0.29	0.49	0.32	3.06	0.06	0.19	0.14
2014	6.59	0.28	0.55	0.33	3.02	0.05	0.18	0.15
2015	6.09	0.24	0.49	0.32	2.53	0.04	0.16	0.12
2016	5.74	0.20	0.56	0.32	2.29	0.03	0.15	0.11
2017	6.13	0.21	0.64	0.35	2.13	0.03	0.14	0.10

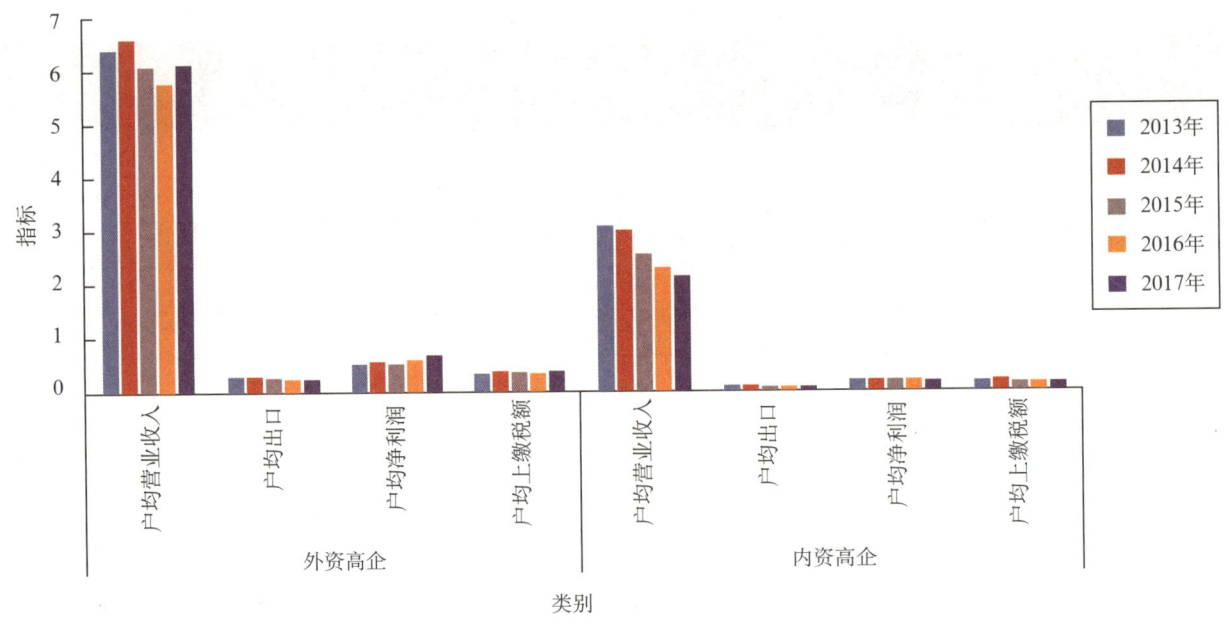

图 8-5 2013—2017 年内/外资高企经济贡献户均指标

（二）地区特征

如表 8-9 可以所示，外资高企营业收入最高的地区同企业数量特征一致，依旧是东部地区的各省市外资高企的营业收入较高，其中江苏省在 2013—2015 年营业收入数量最高，然而 2016—2017 年广东省的外资高企营业收入超过江苏省，跃居全国首位。但中西部一些地区外资高企营业收入的增速较大。

与营业收入分布相似，外资高企出口额和上缴税额的区域特征也呈现出东部省市总量较高、西部地区增速较快的发展趋势。2017 年出口额和上缴税额最多的都是广东省。

表 8-9 2013—2017 年外资高企经济贡献的区域特征

指标 年份 地区	营业收入（亿元）					出口额（亿美元）					上缴税额（亿元）				
	2013	2014	2015	2016	2017	2013	2014	2015	2016	2017	2013	2014	2015	2016	2017
北京	4173.06	4882.66	4893.66	5171.14	5533.70	60.14	57.69	61.80	52.58	55.30	231.04	274.24	286.46	289.59	308.11
天津	1434.27	913.06	1031.62	990.34	1192.93	46.66	52.62	64.02	54.55	62.24	132.06	55.48	55.21	63.93	66.82
河北	1093.18	997.54	793.06	732.66	1478.01	16.31	26.71	19.03	13.04	17.80	46.00	44.54	41.07	38.93	71.39
山西	29.16	57.73	180.05	143.46	165.09	0.06	0.30	0.95	0.61	0.49	2.42	3.54	18.11	15.80	19.00
内蒙古	32.94	47.60	77.24	69.05	166.45	0.38	1.37	1.50	1.39	0.57	0.96	1.25	3.35	2.14	8.23
辽宁	1353.82	1450.10	1086.32	838.87	915.37	39.84	37.72	32.02	23.95	23.45	65.65	76.85	49.00	58.00	62.11
吉林	507.88	612.84	483.45	369.85	506.78	5.64	3.22	3.57	1.73	3.72	32.20	35.34	25.58	21.60	34.35
黑龙江	324.34	281.92	125.54	82.68	67.45	2.42	3.45	1.89	0.81	0.97	18.19	19.10	5.37	4.50	3.02

续表

指标	营业收入（亿元）					出口额（亿美元）					上缴税额（亿元）				
年份 地区	2013	2014	2015	2016	2017	2013	2014	2015	2016	2017	2013	2014	2015	2016	2017
上海	5675.98	5833.29	5627.52	5847.48	6456.06	246.87	243.77	226.45	172.97	203.75	304.02	319.93	328.46	351.75	396.15
江苏	11 452.48	11 820.63	11 170.73	11 283.49	11 087.38	731.14	708.24	586.22	537.07	539.07	509.83	538.64	485.37	572.48	561.88
浙江	4154.10	4560.09	4675.44	5207.50	6317.61	156.58	157.11	129.24	114.55	133.40	228.04	290.70	314.51	359.41	473.59
安徽	1074.57	1423.58	1388.92	1053.20	836.03	19.38	26.92	32.13	22.70	11.86	50.34	54.43	63.29	57.12	47.18
福建	2714.47	2179.18	1868.56	1786.80	2137.65	203.62	166.54	104.94	84.26	109.78	91.97	71.75	80.61	82.49	116.72
江西	557.24	463.20	623.83	415.69	542.15	16.87	14.95	12.91	8.99	9.94	22.79	21.48	27.58	16.01	25.37
山东	2748.38	2784.10	2337.88	2279.20	2780.50	88.95	78.90	85.81	70.65	75.19	173.01	204.87	153.47	147.58	163.95
河南	398.87	374.62	323.98	352.22	388.88	13.89	23.65	20.24	19.38	20.51	30.31	21.71	19.96	17.93	20.28
湖北	935.46	895.64	1164.13	1383.76	1669.02	26.77	19.20	17.41	24.23	26.84	53.52	51.59	68.16	78.05	97.68
湖南	586.46	598.73	825.88	1092.69	1344.08	13.76	13.46	38.24	27.81	39.10	26.56	26.75	44.99	88.94	115.26
广东	9520.76	9838.31	10 063.30	12 059.00	14 475.26	565.45	532.54	502.70	571.74	713.48	452.13	424.40	473.93	581.25	687.81
广西	426.28	1096.80	258.61	257.04	582.82	2.52	4.48	2.28	2.30	5.51	20.84	67.19	13.38	14.42	21.07
海南	186.18	52.16	71.83	76.69	54.15	8.15	0.31	0.35	0.35	0.02	9.79	4.78	3.74	7.22	5.25
重庆	602.11	650.21	727.21	563.16	1721.02	41.83	61.95	54.72	3.53	8.69	20.50	21.74	23.12	33.58	178.83
四川	251.43	363.68	426.00	352.33	293.15	6.62	13.31	14.53	12.36	9.58	14.96	17.68	15.82	18.33	16.96
贵州	27.18	41.23	32.36	27.29	33.88	0.32	1.99	0.14	0.03	0.29	2.64	3.72	3.08	2.71	2.42
云南	85.66	57.74	68.80	84.29	83.63	0.19	0.25	0.92	0.27	0.36	7.12	5.83	5.74	6.51	6.76
陕西	115.40	102.15	98.22	110.89	127.39	1.46	1.03	1.14	1.86	2.11	6.52	5.56	10.65	12.62	6.08
甘肃	18.11	19.31	18.89	16.06	19.99	0.04	0.02	0.20	0.04	0.06	1.71	1.59	1.51	0.63	0.79
青海	0.64	5.87	7.59	16.78	19.82	0.00	0.00	0.00	0.02	0.06	0.01	0.08	0.09	1.02	2.11
宁夏	28.76	14.33	8.09	10.10	15.08	0.92	0.92	0.32	0.36	0.20	0.90	0.37	0.20	0.43	0.22
新疆	3.73	11.47	5.01	5.69	7.27	0.11	0.11	0.11	0.04	0.08	0.16	0.22	0.36	0.26	0.40

（三）行业特征

行业层面，外资高企经济指标总量与增速呈现出不同的分布。从总量上看，制造业外资高企在营业收入、出口额和上缴税额指标上数量最大；而从增速上看，外资高企在电力、热力、燃气及水的生产和供应业，信息传输、软件和信息技术服务业，科学研究和技术服务业上的增速最为显著（表8-10）。

表 8-10 2013—2017 年外资高企经济贡献的行业特征

指标	营业收入（亿元）					出口额（亿美元）					上缴税额（亿元）				
年份 行业	2013	2014	2015	2016	2017	2013	2014	2015	2016	2017	2013	2014	2015	2016	2017
农林牧渔业	22.39	30.83	37.53	19.27	23.56	0.31	0.39	0.07	0.04	0.05	0.41	0.55	0.23	0.24	0.25
采矿业	38.48	40.84	37.60	25.14	46.16	0.31	1.75	0.38	0.04	0.40	2.80	3.51	2.73	1.41	2.45
制造业	45630.29	46634.49	44307.63	45800.00	52015.84	2234.20	2171.21	1936.85	1760.98	2007.09	2197.98	2209.79	2118.41	2356.92	2718.34
电力、热力、燃气及水的生产和供应业	447.50	565.70	775.55	709.36	820.29	11.59	14.16	18.80	16.19	13.12	23.47	32.39	22.75	32.34	34.86
建筑业	201.15	174.08	166.56	155.03	285.85	2.75	2.31	2.68	1.06	0.77	8.54	6.49	6.81	5.93	13.07
交通运输、仓储和邮政业	130.45	88.27	86.99	125.25	178.70	0.25	0.51	0.17	0.00	0.16	8.29	7.50	3.97	10.26	10.81
信息传输、软件和信息技术服务业	2824.26	3240.01	3673.38	4569.81	6309.88	47.04	39.09	36.22	31.75	37.09	238.84	322.27	392.46	464.83	660.51
科学研究和技术服务业	373.43	522.46	484.01	467.00	535.40	8.60	9.11	12.91	12.83	11.87	28.94	27.68	29.35	30.53	36.01
水利、环境和公共设施管理业	54.58	74.73	73.56	69.36	85.94	0.01	0.06	0.15	0.02	0.01	2.92	4.68	4.31	5.16	7.36
教育	1.93	0.95	2.01	5.13	4.69	—	—	—	—	—	0.22	0.09	0.12	0.25	0.18
卫生和社会工作	0.05	0.02	0.02	1.97	0.00	—	—	—	—	—	0.01	0.00	0.00	0.05	0.00
文化、体育和娱乐业	1.83	0.10	1.02	4.60	23.56	0.13	—	0.02	0.02	0.01	0.02	0.01	0.10	0.45	0.43
其他服务业	786.54	1057.28	817.20	726.92	708.84	11.69	14.12	7.56	1.25	3.86	43.77	50.41	40.86	36.80	35.52

三、经济效益

经济效益是衡量经济活动的综合性指标，通过对外资高企人均营业收入、人均净利润、平均净资产收益率等经济效益指标的比较分析，可以得出外资高企在资金占用、成本支出与有效生产成果之间的特点，为我国内资高新技术企业提高经济效益提供借鉴。

（一）总体特征

1. 经济效益指标

外资高企经济效益总体上处于上升趋势，外商高企和港澳台高企呈现不同的特征：外商高企人均营业收入高于港澳台高企的人均营业收入,而港澳台高企的人均净利润却高于外商高企,港澳台高企的净资产收益率也高于外商高企(表8-11)。

表8-11 2013—2017年外资高企经济效益

指标 年份	人均营业收入(万元)			人均净利润(万元)			平均净资产收益率(%)		
	外资	外商投资	港澳台	外资	外商投资	港澳台	外资	外商投资	港澳台
2013	116.03	120.66	110.44	8.92	8.40	9.56	12.92	11.34	15.16
2014	120.24	126.47	112.68	10.41	10.00	10.90	15.50	14.94	16.18
2015	121.89	126.27	116.89	9.88	8.24	11.74	13.58	11.84	15.39
2016	119.69	126.60	112.64	11.71	9.64	13.83	15.15	12.93	17.25
2017	124.22	133.03	116.24	13.04	11.05	14.84	16.65	14.36	18.65

2. 内/外资高企经济效益比较

从内/外资高企的经济效益对比看,外资高企人均营业收入、人均净利润和平均净资产收益率均高于内资高企,而且二者在人均净利润和平均净资产收益率的差距较大,显示外资高企在人力和资产产出方面超出内资高企很多(表8-12、图8-6、图8-7和图8-8)。

从增长态势看,虽然内资高企和外资高企的人均营业收入、人均净利润和平均净资产收益率都呈现增长趋势,但是外资高企的上述指标的波动性都高于内资高企,显示外资高企受国内外经济发展环境的影响程度更大。

表8-12 2013—2017年内/外资高企的经济效益比较

指标 年份	人均营业收入(万元)				人均净利润(万元)				平均净资产收益率(%)			
	内资	外资	外商	港澳台	内资	外资	外商	港澳台	内资	外资	外商	港澳台
2013	104.25	116.03	120.66	110.44	6.50	8.92	8.40	9.56	8.20	12.92	11.34	15.16
2014	106.06	120.24	126.47	112.68	6.71	10.41	10.00	10.90	8.43	15.50	14.94	16.18
2015	105.30	121.89	126.27	116.89	6.62	9.88	8.24	11.74	9.30	13.58	11.84	15.39
2016	108.52	119.69	126.60	112.64	7.14	11.71	9.64	13.83	9.48	15.15	12.93	17.25
2017	114.67	124.22	133.03	116.24	7.49	13.04	11.05	14.84	9.86	16.65	14.36	18.65

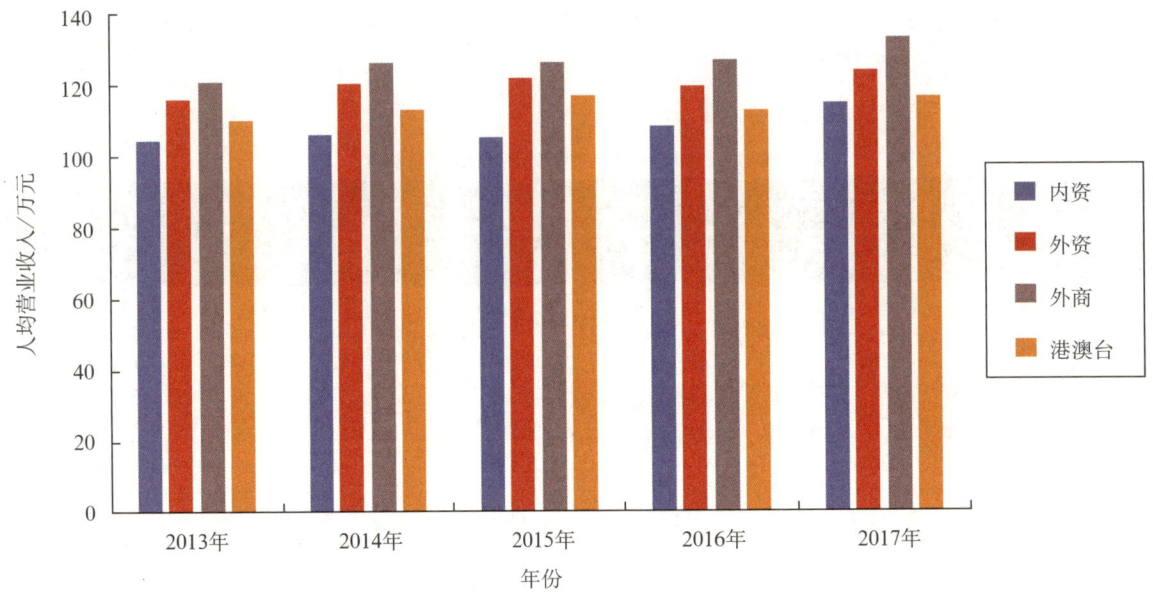

图 8-6　内外资高企的人均营业收入比较

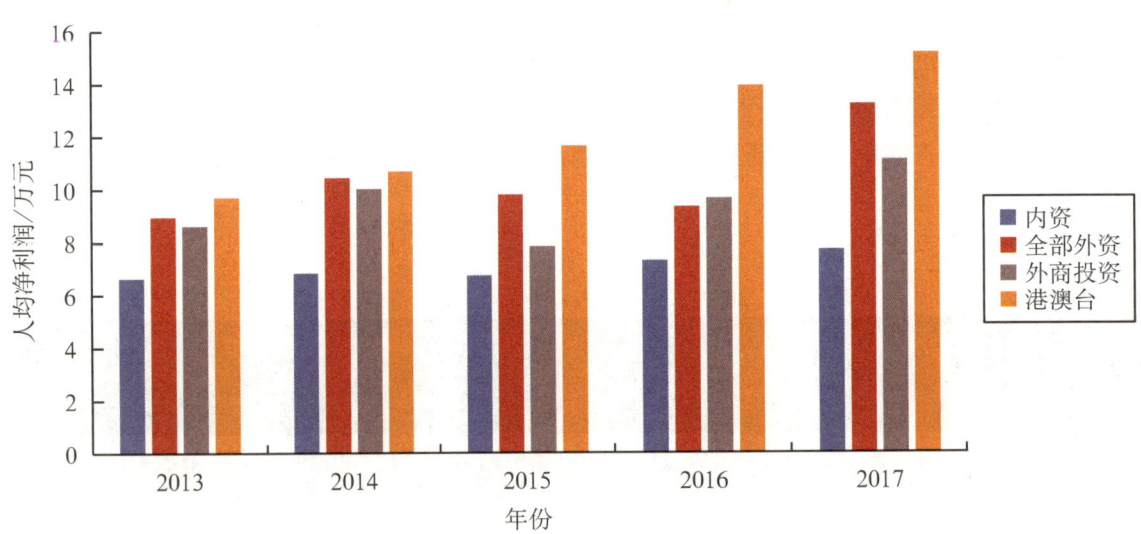

图 8-7　内外资高企的人均净利润比较

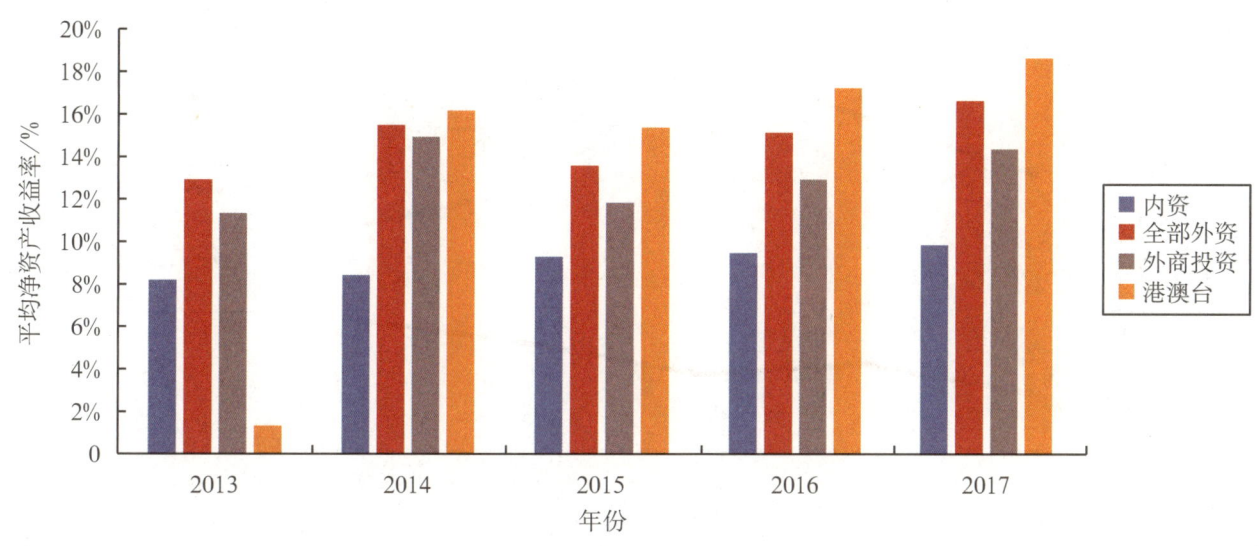

图 8-8　内外资高企的平均净资产收益率

3. 内资和外资高企经济效益差距变化

从内外资人均收入之差来看，内外资人均收入的差距呈现倒"V"形结构，这说明内外资人均收入的差距在不断缩小；但是内外资人均净利润之差越来越大，可见外资高企在获利方面仍然比内资高企有优势（表 8-13、图 8-9）。

表 8-13　2013—2017 年内 / 外资高企经济效益差值比较　　　　　　　　　单位：万元

指标 年份	内外资人均收入之差[①]	内外资人均净利润之差[②]
2013	11.78	2.42
2014	14.18	3.70
2015	16.59	3.26
2016	11.17	4.57
2017	9.55	5.55

① 外资高企 − 内资高企。
② 外资高企 − 内资高企。

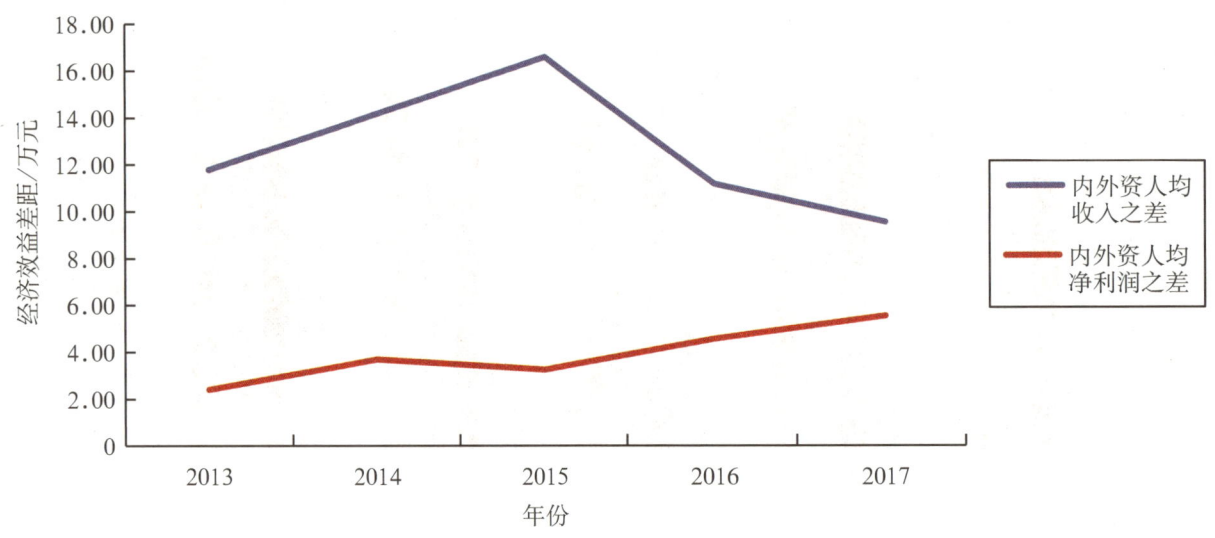

图 8-9　2013—2017 年内外资高企经济效益绝对数差距比较

（二）地区特征

从表 8-14 可以看出，2017 年，外资高企人均营业收入较高的地方有重庆、吉林、湖北、广西、浙江、上海、北京，较低的地方有新疆、河南、黑龙江；人均净利润较高的地方有北京、浙江等，较低的地方有宁夏、云南、新疆；平均净资产收益率较高的地方有重庆、浙江、湖北等，较低的地方有云南、新疆、宁夏等。

表 8-14　2013—2017 年外资高企经济效益的区域比较

指标	人均营业收入（万元）					人均净利润（万元）					平均净资产收益率（%）				
年份 地区	2013	2014	2015	2016	2017	2013	2014	2015	2016	2017	2013	2014	2015	2016	2017
北京	122.40	139.83	132.54	139.83	150.81	12.09	13.90	13.37	13.18	20.42	13.66	14.20	12.59	11.03	15.67
天津	167.57	141.32	141.05	123.29	139.55	14.23	13.71	12.48	14.68	13.42	18.72	15.42	16.58	14.40	12.77
河北	143.26	126.69	110.70	112.64	140.10	6.23	7.10	3.11	8.20	11.01	6.21	10.18	4.27	7.77	18.02
山西	141.26	128.68	76.23	81.41	105.55	14.52	11.01	6.91	8.17	13.52	20.10	17.18	14.92	12.92	18.44
内蒙古	126.37	84.00	125.05	107.37	120.32	11.68	4.67	4.58	−2.71	6.19	11.26	6.79	2.95	−2.27	4.78
辽宁	143.75	199.31	172.44	121.25	107.25	9.78	13.41	5.23	11.04	9.50	12.61	12.18	4.54	11.30	9.93
吉林	234.61	221.36	179.51	185.15	205.35	17.11	20.16	13.50	15.50	19.05	17.47	24.25	17.53	18.65	21.37
黑龙江	80.16	86.28	105.30	77.99	71.43	0.70	4.71	8.62	10.78	3.45	1.99	7.13	6.87	9.60	4.92
上海	131.52	161.33	145.92	150.72	164.63	11.72	14.54	14.16	16.57	17.20	16.66	17.23	15.84	16.37	15.83

续表

指标	人均营业收入（万元）					人均净利润（万元）					平均净资产收益率（%）				
年份 地区	2013	2014	2015	2016	2017	2013	2014	2015	2016	2017	2013	2014	2015	2016	2017
江苏	129.46	129.75	127.87	132.25	133.52	6.91	7.94	7.34	9.58	10.27	10.39	12.26	10.32	12.45	12.03
浙江	117.98	128.30	134.51	143.91	160.92	17.23	21.11	20.38	29.81	35.03	23.96	22.67	19.59	25.34	27.34
安徽	186.52	204.69	165.79	142.93	129.25	12.77	14.06	8.24	10.55	12.14	20.13	18.70	11.34	15.80	16.45
福建	96.68	91.25	87.07	85.00	86.63	5.35	4.22	5.17	6.30	8.07	12.01	8.92	9.96	11.35	14.76
江西	98.29	103.82	101.14	94.76	95.09	4.99	7.43	6.04	6.40	7.56	0.74	15.20	9.32	7.49	8.89
山东	144.73	157.09	136.62	138.46	160.17	10.40	11.04	10.17	10.94	12.67	13.11	11.06	12.03	12.33	13.02
河南	86.89	86.26	75.65	70.45	66.13	6.76	6.93	8.04	5.28	4.25	13.97	13.80	16.61	12.81	10.70
湖北	134.51	152.32	142.69	153.57	176.08	9.44	11.50	13.29	13.98	17.92	20.43	21.74	25.06	23.36	27.05
湖南	92.48	86.56	86.19	128.95	119.78	8.70	7.33	7.05	7.71	8.22	21.57	16.55	15.05	12.26	12.59
广东	88.36	95.61	99.05	94.64	93.48	6.81	7.97	7.81	8.35	8.31	16.43	17.52	15.87	16.85	17.24
广西	130.36	228.33	99.90	108.08	216.98	8.27	15.76	5.52	6.05	11.33	17.34	30.02	9.60	8.62	9.17
海南	99.90	107.55	166.97	165.67	145.76	5.11	11.19	11.28	21.15	17.94	6.97	7.07	5.35	12.50	7.94
重庆	124.32	129.59	138.30	117.79	251.74	5.41	7.52	7.15	9.27	24.91	13.44	19.71	19.01	13.06	36.51
四川	90.54	92.60	111.69	90.85	91.64	7.15	7.66	4.53	10.44	7.89	10.97	14.00	6.76	13.00	10.61
贵州	81.33	65.04	101.08	122.76	87.59	5.85	8.33	12.24	18.14	9.21	11.96	22.28	19.73	18.66	17.86
云南	121.28	84.26	87.17	86.31	83.27	16.43	10.75	7.57	0.26	−2.59	21.98	15.50	10.06	0.42	−5.19
陕西	100.25	36.23	77.00	74.67	91.65	7.29	2.70	5.62	6.41	6.32	11.77	8.42	7.10	10.08	10.49
甘肃	55.03	50.13	59.64	112.83	146.34	4.25	3.03	4.15	1.47	9.17	22.03	13.53	14.35	2.68	15.70
青海	49.99	63.87	65.12	104.74	132.47	4.87	1.32	−1.71	17.81	26.79	9.04	0.74	−1.18	12.60	15.33
宁夏	63.79	50.04	66.92	81.16	125.97	−1.57	4.46	5.77	2.66	0.71	−5.45	14.10	13.79	3.52	0.93
新疆	42.90	77.13	31.08	41.42	50.83	2.98	15.02	0.06	0.05	−1.74	5.66	11.19	0.22	0.18	−10.65

（三）行业特征

行业方面，制造业虽然占据了外资高企行业中的较大份额，但却不是经济效益最高的行业；电力、热力、燃气及水的生产和供应业，水利、环境和公共设施管理业，交通运输、仓储和邮政业，信息传输、软件和信息技术服务业等行业外资高企具有较高的人均营业收入及人均净利润。

2017年，外资高企人均营业收入较高的行业有电力、热力、燃气及水，水利、环境和公共设施管理业等；较低的行业有卫生和社会工作、教育等。人均净利润较高的行业有交通运输、仓储和邮政业，信息传输、软件和信息技术服务业等；较低的行业有卫生和社会工作，文化、体育和娱乐业等。平均净资产收益率较高的行业有信息传输、软件和信息技术服务业，文化体育和娱乐业，制造业，交通运输、仓储和邮政业；较低的行业有卫生和社会工作、农林牧渔业等（表8-15）。

表 8-15　2013—2017 年外资高企经济效益的行业特征

指标	人均营业收入（万元）					人均净利润（万元）					平均净资产收益率（%）				
年份 地区	2013	2014	2015	2016	2017	2013	2014	2015	2016	2017	2013	2014	2015	2016	2017
农林牧渔业	61.27	51.37	253.21	130.04	89.20	4.91	4.88	8.79	7.91	6.85	6.56	8.21	4.31	2.69	3.06
采矿业	115.76	99.77	68.41	45.74	130.81	3.55	11.39	-0.13	-22.11	13.47	1.80	10.74	-0.10	-15.90	6.94
制造业	118.00	125.87	120.70	124.76	121.92	7.56	8.56	7.86	8.92	9.70	11.20	13.67	11.87	13.09	14.14
电力、热力、燃气及水的生产和供应业	211.43	264.55	290.94	266.11	249.07	19.06	31.41	31.88	29.51	28.21	11.67	13.82	15.85	13.64	12.16
建筑业	192.99	147.78	245.77	228.76	180.38	6.78	3.91	4.28	6.04	5.80	7.24	5.62	3.85	7.48	3.80
交通运输、仓储和邮政业	104.93	99.31	123.38	177.64	167.26	7.83	9.77	11.61	30.37	50.01	13.15	11.52	13.49	13.39	16.44
信息传输、软件和信息技术服务业	91.77	102.33	108.09	134.47	158.45	25.66	30.71	28.61	41.95	49.35	30.57	29.39	23.87	26.20	29.86
科学研究和技术服务业	64.91	84.07	81.30	78.45	79.06	7.19	6.07	7.55	7.19	8.46	18.90	13.68	14.44	12.21	12.63
水利、环境和公共设施管理业	174.31	164.75	189.04	178.25	208.34	24.56	23.83	27.15	28.55	37.27	9.46	11.56	10.97	9.23	12.85
教育	60.02	59.35	40.55	103.58	25.38	19.45	-1.27	11.13	-5.89	1.15	25.14	-0.82	15.62	-85.19	7.54
卫生和社会工作	8.95	12.14	12.40	1096.02	3.47	-14.33	-1.53	-6.48	0.50	-11.34	-41.60	-1.90	-13.69	14.16	-2.39
文化、体育和娱乐业	92.50	59.38	75.15	338.37	110.98	-18.82	2.64	9.90	24.59	24.49	-84.08	32.97	5.23	17.67	16.23
其他服务行业	177.56	224.53	163.04	165.65	186.45	13.72	19.83	15.44	18.17	17.14	12.94	15.43	14.17	12.51	11.03

四、创新投入

本部分通过对外资高企创新投入总量指标、户均指标、人均研发费用和研发投入程度指标的对比分析，全面分析外资高企创新投入的特征。

（一）整体特征

1. 总量指标

从总量指标上看，外资高企的科技投入和研发投入总量一直呈现增加态势，而科技人员数量和研发人员数量则是波动增长的。相比之下，科技人员占职工的比例总体上呈下降态势，研发人员占职工的比例总体上呈上升态势，说明外资高企更注重研发人员的使用（表8-16）。

表 8-16　2013—2017 年全国外资高企的创新投入总量及增速

年份	科技投入 总量（亿元）	科技投入 增速（%）	研发投入 总量（亿元）	研发投入 增速（%）	科技人员 总量（千人）	科技人员 占职工比例（%）	研发人员 总量（千人）	研发人员 占职工比例（%）
2013	—	—	338.18	−70.02	1012.34	23.25	621.74	14.28
2014	—	—	359.11	6.19	983.42	23.39	602.73	14.34
2015	—	—	372.56	3.75	963.49	23.27	566.06	13.67
2016	304.08	—	431.24	15.75	968.31	22.00	637.36	14.48
2017	340.03	11.82	485.35	12.55	1016.88	20.70	713.58	14.53

注：2012 年相关数据见《高新技术企业发展报告 2013》。

如表 8-17 可以所示，外资高企的各项创新投入占全部高企投入总量的比例是逐年下降的，不过占比依然较高，历年均在 15% 以上，这说明虽然与内资高企相比，外资高企创新投入的影响力有所下降，但外资高企的创新投入在我国高新技术企业的创新投入中依然占有重要地位，远高于外资高企数量占全国高企总量的比例。

表 8-17　2013—2017 年外资高企创新投入的比例　　　　单位：%

指标 年份	外资高企科技投入 占全部高企的比例	外资高企研发投入 占全部高企的比例	科技人员外资高企 占全部高企的比例	研发人员外资高企 占全部高企的比例
2013	—	23.84	21.98	23.36
2014	—	22.69	20.27	21.58
2015	—	21.69	18.33	19.09
2016	20.47	21.09	16.57	18.24
2017	18.88	19.60	15.44	17.26

2. 户均指标

外资高企的户均科技投入和户均研发投入总体上处于上升态势，而户均科技人员和外资户均研发人员有下降的趋势。但与内资高企相比，外资高企的户均创新投入指标均高。内资高企在户均科技人员、户均研发人员指标上的下降幅度大于外资高企；在户均研发投入方面尤其明显，与 2013 年相比，2017 年内资高企户均研发投入下降 29%，而外资户均研发投入增长 14%，差距在增大。这说明，虽然外资高企在华创新总投入占比在减少，但是外资高企本身的研发投入仍明显高于内资高企，内资高企在创新投入上仍需加强（表 8-18、图 8-10、图 8-11）。

表 8-18 2013—2017 年内/外资高企户均创新投入

年份	户均科技投入（万元）		户均研发投入（万元）		户均科技人员（人）		户均研发人员（人）	
	内资	外资	内资	外资	内资	外资	内资	外资
2013	—	—	2308.41	4285.63	76.81	128.29	43.58	78.79
2014	—	—	2240.43	4513.07	70.83	123.59	40.12	75.75
2015	—	—	1981.67	4498.96	63.25	116.35	35.35	68.36
2016	1300.63	3311.02	1776.62	4695.58	53.67	105.43	31.46	69.40
2017	1210.59	3418.75	1649.50	4879.85	46.15	102.24	28.34	71.75

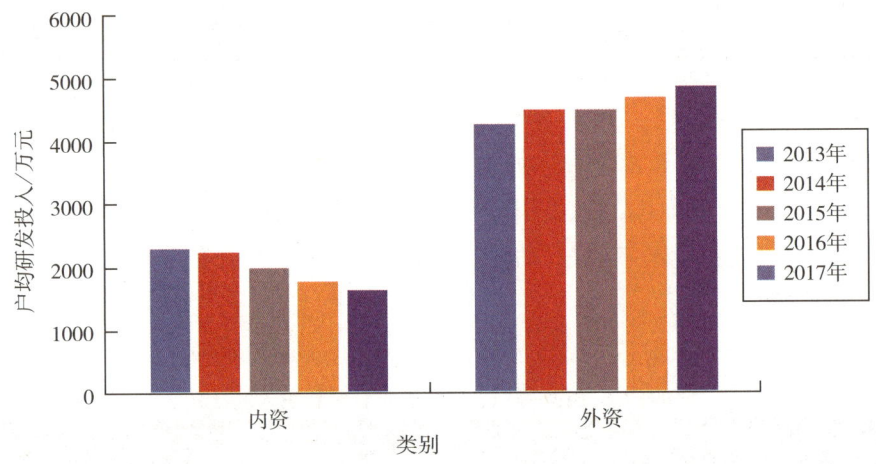

图 8-10 2013—2017 年内/外资高企户均创新投入

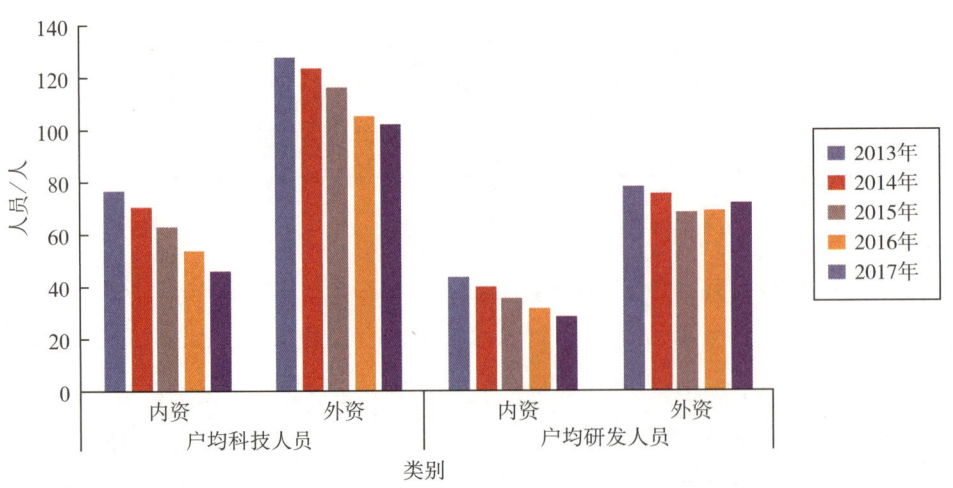

图 8-11 2013—2017 年内/外资高企户均科技人员和研发人员

3. 人均研发费用和研发投入强度

从表 8-19、图 8-12 中可以发现，2016 年之前内资高新技术企业的研发投入强度略高于外资高企的，2016 年及以后外资高企的研发投入强度大于内资高新技术企业。在人均研发费用上，外资高企高于内资高新技术企业，2016年比内资高企高出10万元以上。

对于不同类型的外资高企，研发投入强度发生较大变化。2015年之前，外商高企研发投入强度大于与港澳台投资高新技术；2015年及以后，外商高企研发投入强度小于港澳台投资高新技术；但在人均研发费用上，外商高企要高于港澳台高企。

表8-19 2013—2017年高新技术企业研发投入强度和人均研发费用

指标 年份	研发投入强度（%）				人均研发费用（万元）			
	内资高企	外资高企	外商高企	港澳台高企	内资高企	外资高企	外商高企	港澳台高企
2013	7.54	6.69	6.74	6.64	52.97	54.39	60.63	47.79
2014	7.42	6.85	6.99	6.66	55.84	59.58	64.43	53.87
2015	7.83	7.38	7.06	7.78	56.05	65.82	66.3	65.28
2016	7.74	8.19	7.88	8.53	56.47	67.66	73.26	62.59
2017	7.74	7.95	7.65	8.27	58.2	68.02	72.24	64.4

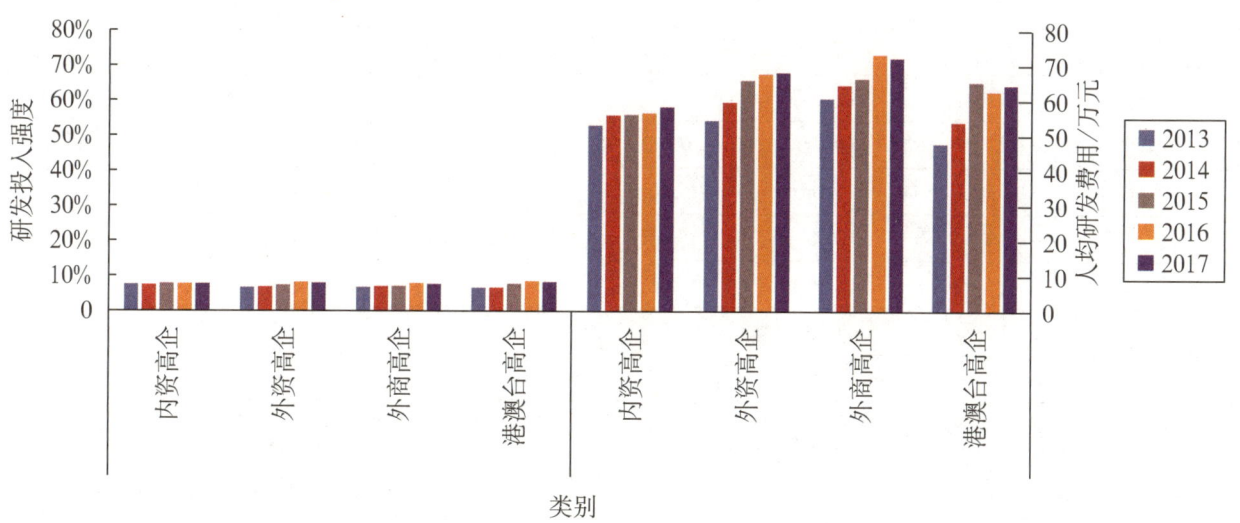

图8-12 2013—2017年高新技术企业研发投入强度和人均研发费用

（二）地区特征

1.总量指标

如表8-20和表8-21所示，外资高企在创新投入上呈现出了较为显著的地区特征，东部地区科技和研发总量均高于中西部地区，而科技和研发人员数量也是东部地区的明显偏高。其中，北京、江苏、上海、浙江、广东五省（市）不论从科技投入和研发投入，还是从科技人员和研发人员来看，总量指标都位居全国前列。

表 8-20 2013—2017 年外资高企创新投入总量的区域特征（一）　　　　单位：亿元

指标 年份 地区	科技投入		研发投入				
	2016	2017	2013	2014	2015	2016	2017
北京	437.92	475.78	433.41	471.74	557.68	550.86	642.25
天津	48.23	56.73	79.52	81.77	86.48	84.27	86.45
河北	33.63	53.79	50.01	46.54	46.72	48.28	80.11
山西	5.73	5.86	1.79	3.61	7.06	8.23	7.42
内蒙古	2.04	5.48	2.60	3.89	3.85	3.27	6.06
辽宁	39.68	44.56	85.73	73.05	63.95	56.63	64.54
吉林	15.07	21.43	24.03	26.49	25.78	21.86	26.70
黑龙江	3.28	2.91	9.71	10.01	7.31	5.09	3.74
上海	541.67	535.93	484.91	518.23	597.90	698.32	670.01
江苏	482.41	502.31	606.90	681.27	660.24	724.79	752.64
浙江	386.96	418.21	311.29	433.99	441.52	511.16	508.16
安徽	47.87	43.21	52.47	73.15	85.89	65.43	59.59
福建	78.40	103.09	169.02	149.21	121.60	126.22	165.84
江西	15.66	21.06	18.76	18.18	20.71	25.05	33.48
山东	96.15	103.87	138.13	132.79	117.20	129.22	143.33
河南	14.71	15.36	33.46	29.83	17.66	20.33	20.75
湖北	54.87	67.66	63.82	59.06	71.13	80.56	107.95
湖南	47.65	58.55	33.59	27.58	46.77	75.09	99.56
广东	614.59	739.46	708.79	628.48	651.89	975.30	1204.44
广西	11.27	24.03	12.23	49.03	11.80	11.35	28.48
海南	5.01	3.28	6.71	2.43	3.64	4.86	3.53
重庆	20.29	57.80	25.39	17.80	25.59	29.55	83.47
四川	22.82	24.07	13.86	36.65	36.75	34.43	33.82
贵州	0.88	1.30	1.71	2.00	1.70	1.25	1.84
云南	4.04	3.88	5.05	4.13	5.53	6.29	5.59
陕西	7.55	7.28	5.84	6.62	6.70	12.03	9.70
甘肃	0.88	0.95	0.99	1.20	0.98	0.60	0.91
青海	0.83	1.08	0.04	0.33	0.47	0.93	1.47
宁夏	0.50	1.01	2.01	1.19	0.73	0.91	1.28
新疆	0.26	0.34	0.03	0.79	0.37	0.27	0.38

注：2013—2015 年科研投入缺乏数据。

表 8-21　2013—2017 年外资高企创新投入总量的区域特征（二）　　　　　单位：千人

指标	科技人员					研发人员				
年份 地区	2013	2014	2015	2016	2017	2013	2014	2015	2016	2017
北京	92.91	90.56	116.76	110.52	115.56	39.30	36.24	44.45	43.81	48.40
天津	19.39	19.59	17.61	18.81	18.79	12.04	11.86	14.40	18.18	16.59
河北	17.30	15.13	14.91	12.75	17.75	10.89	10.25	10.15	8.77	13.04
山西	0.91	1.45	3.22	2.78	2.41	0.21	0.54	0.62	1.71	1.05
内蒙古	0.36	0.75	1.27	1.05	2.02	0.14	0.61	0.90	0.71	0.82
辽宁	24.96	17.13	15.37	14.94	16.81	10.99	10.06	8.41	9.40	13.04
吉林	6.12	6.12	6.54	3.92	4.70	4.06	3.76	4.00	2.26	2.90
黑龙江	6.55	5.25	1.90	1.81	1.61	4.34	3.56	1.31	1.37	0.71
上海	120.63	126.36	125.99	116.78	117.01	61.22	59.73	61.31	59.07	58.85
江苏	188.95	188.76	182.11	169.19	161.49	119.34	136.69	118.52	123.00	120.02
浙江	80.33	86.18	80.23	77.67	85.01	57.14	60.89	59.38	58.69	64.55
安徽	15.38	18.44	22.25	16.30	13.39	8.24	13.97	15.18	9.77	8.60
福建	57.53	44.15	38.72	38.68	42.76	36.13	29.05	25.22	29.03	35.20
江西	7.31	7.45	8.23	7.38	8.29	3.27	3.91	4.39	5.98	6.99
山东	48.68	43.87	37.02	36.32	35.89	30.09	28.64	23.68	18.82	24.89
河南	13.31	10.34	9.67	10.21	9.08	10.41	7.18	5.54	6.68	5.58
湖北	17.75	14.47	16.51	17.09	17.63	13.51	10.69	10.00	9.56	12.81
湖南	23.23	19.67	27.16	26.18	29.06	18.03	11.48	9.42	21.71	26.53
广东	243.49	232.45	212.11	256.52	286.67	167.12	140.25	133.38	189.98	231.49
广西	3.80	10.90	3.62	3.83	4.61	1.80	7.34	1.55	1.72	2.81
海南	3.81	1.57	1.62	1.60	1.27	1.41	0.63	0.72	0.77	0.74
重庆	8.16	7.45	6.32	7.88	10.76	5.27	6.63	4.58	5.16	8.11
四川	5.90	9.60	9.30	9.51	7.73	3.22	5.78	6.17	6.77	5.81
贵州	0.80	0.64	0.52	0.34	0.49	0.70	0.42	0.32	0.14	0.32
云南	1.42	1.29	1.59	1.98	1.93	0.87	0.98	1.07	1.40	1.40
陕西	2.26	2.27	2.06	3.50	3.44	1.15	0.77	0.99	2.55	1.95
甘肃	0.46	0.62	0.33	0.19	0.18	0.34	0.36	0.14	0.07	0.07
青海	0.01	0.07	0.11	0.23	0.23	0.00	0.00	0.02	0.09	0.10
宁夏	0.61	0.48	0.19	0.18	0.21	0.47	0.34	0.19	0.16	0.16
新疆	0.06	0.40	0.26	0.20	0.15	0.04	0.12	0.04	0.02	0.06

2. 户均指标

在创新投入中，不同地区的外资高企户均指标数量也存在不同，但地区之间外资高企的差异性不显著。例如，宁夏、四川、重庆等地的外资高企户均科技、研发投入、户均科技人员和研发人员数与东部地区相似。2017年，户均研发投入增速较快的有重庆、青海、河北、甘肃等地，可见西部地区创新投入的发展速度比较快（表8-22、表8-23）。

表 8-22 2013—2017年外资高企创新投入户均指标的区域特征（一）

指标 地区 年份	户均科技投入（万元）		户均研发投入（万元）				
	2016	2017	2013	2014	2015	2016	2017
北京	4987.70	5462.46	5234.42	5889.39	6727.14	6274.03	7373.71
天津	2009.58	2306.10	4163.35	4781.87	4260.10	3511.25	3514.23
河北	3363.00	4520.17	4465.18	4309.26	4535.92	4828.00	6731.93
山西	3015.79	4507.69	1627.27	2005.56	2824.00	4331.58	5707.69
内蒙古	1457.14	2740.00	4333.33	4322.22	2961.54	2335.71	3030.00
辽宁	2717.81	2517.51	5495.51	5003.42	4472.03	3878.77	3646.33
吉林	3504.65	4559.57	4806.00	5094.23	5054.90	5083.72	5680.85
黑龙江	1261.54	1385.71	2258.14	2944.12	2284.38	1957.69	1780.95
上海	5368.38	5337.95	4853.95	5282.67	5984.98	6920.91	6673.41
江苏	2410.84	2680.42	3680.41	3770.17	3489.64	3622.14	4016.22
浙江	4318.75	4356.35	3666.55	5046.40	5086.64	5704.91	5293.33
安徽	2751.15	2512.21	3721.28	4909.40	5470.70	3760.34	3464.53
福建	2159.78	2656.96	4459.63	4350.15	3534.88	3477.13	4274.23
江西	1909.76	2171.13	3350.00	2885.71	2465.48	3054.88	3451.55
山东	2811.40	2822.55	4441.48	4297.41	3708.86	3778.36	3894.84
河南	2724.07	2438.10	7119.15	6214.58	3604.08	3764.81	3293.65
湖北	2934.22	3366.17	4254.67	4543.08	4310.91	4308.02	5370.65
湖南	5069.15	5421.30	4478.67	3322.89	5029.03	7988.30	9218.52
广东	2870.57	2645.65	4706.44	4132.02	4146.88	4555.35	4309.27
广西	3314.71	5223.91	3597.06	16343.33	3687.50	3338.24	6191.30
海南	3578.57	2523.08	1636.59	1518.75	2022.22	3471.43	2715.38
重庆	2669.74	6020.83	4882.69	3236.36	4569.64	3888.16	8694.79
四川	2037.50	2314.42	1523.08	3628.71	3252.21	3074.11	3251.92
贵州	733.33	764.71	1900.00	2000.00	1545.45	1041.67	1082.35
云南	1010.00	994.87	1629.03	1332.26	1728.13	1572.50	1433.33

续表

指标	户均科技投入（万元）		户均研发投入（万元）				
年份 地区	2016	2017	2013	2014	2015	2016	2017
陕西	1110.29	1103.03	1024.56	1034.38	1063.49	1769.12	1469.70
甘肃	1257.14	1357.14	1237.50	1333.33	1400.00	857.14	1300.00
青海	1660.00	2700.00	200.00	1650.00	1566.67	1860.00	3675.00
宁夏	1666.67	2020.00	4020.00	2975.00	3650.00	3033.33	2560.00
新疆	650.00	680.00	150.00	3950.00	616.67	675.00	760.00

注：2013—2015年科技投入缺乏数据。

表8-23 2013—2017年外资高企创新投入户均指标的区域特征（二）

指标	户均科技人员（人）					户均研发人员（人）				
年份 地区	2013	2014	2015	2016	2017	2013	2014	2015	2016	2017
北京	112.21	113.06	140.84	125.88	132.68	47.46	45.24	53.62	49.90	55.57
天津	101.52	114.56	86.75	78.38	76.38	63.04	69.36	70.94	75.75	67.44
河北	154.46	140.09	144.76	127.50	149.16	97.23	94.91	98.54	87.70	109.58
山西	82.73	80.56	128.80	146.32	185.38	19.09	30.00	24.80	90.00	80.77
内蒙古	60.00	83.33	97.69	75.00	101.00	23.33	67.78	69.23	50.71	41.00
辽宁	160.00	117.33	107.48	102.33	94.97	70.45	68.90	58.81	64.38	73.67
吉林	122.40	117.69	128.24	91.16	100.00	81.20	72.31	78.43	52.56	61.70
黑龙江	152.33	154.41	59.38	69.62	76.67	100.93	104.71	40.94	52.69	33.81
上海	120.75	128.81	126.12	115.74	116.54	61.28	60.89	61.37	58.54	58.62
江苏	114.58	104.46	96.25	84.55	86.17	72.37	75.64	62.64	61.47	64.04
浙江	94.62	100.21	92.43	86.69	88.55	67.20	70.80	68.41	65.50	67.24
安徽	109.08	123.76	141.72	93.68	77.85	58.44	93.76	96.69	56.15	50.00
福建	151.79	128.72	112.56	106.56	110.21	95.33	84.69	73.31	79.97	90.72
江西	130.54	118.25	97.98	90.00	85.46	58.39	62.06	52.26	72.93	72.06
山东	156.53	141.97	117.15	106.20	97.53	96.75	92.69	74.94	55.03	67.64
河南	283.19	215.42	197.35	189.07	144.13	221.49	149.58	113.06	123.70	88.57
湖北	118.33	111.31	100.06	91.39	87.71	90.07	82.23	60.61	51.12	63.73
湖南	309.73	236.99	292.04	278.51	269.07	240.40	138.31	101.29	230.96	245.65
广东	161.68	152.83	134.93	119.81	102.57	110.97	92.21	84.85	88.73	82.82
广西	111.76	363.33	113.13	112.65	100.22	52.94	244.67	48.44	50.59	61.09

续表

指标	户均科技人员（人）					户均研发人员（人）				
年份 地区	2013	2014	2015	2016	2017	2013	2014	2015	2016	2017
海南	92.93	98.13	90.00	114.29	97.69	34.39	39.38	40.00	55.00	56.92
重庆	156.92	135.45	112.86	103.68	112.08	101.35	120.55	81.79	67.89	84.48
四川	64.84	95.05	82.30	84.91	74.33	35.38	57.23	54.60	60.45	55.87
贵州	88.89	64.00	47.27	28.33	28.82	77.78	42.00	29.09	11.67	18.82
云南	45.81	41.61	49.69	49.50	49.49	28.06	31.61	33.44	35.00	35.90
陕西	39.65	35.47	32.70	51.47	52.12	20.18	12.03	15.71	37.50	29.55
甘肃	57.50	68.89	47.14	27.14	25.71	42.50	40.00	20.00	10.00	10.00
青海	5.00	35.00	36.67	46.00	57.50	—	0.00	6.67	18.00	25.00
宁夏	122.00	120.00	95.00	60.00	42.00	94.00	85.00	95.00	53.33	32.00
新疆	30.00	200.00	43.33	50.00	30.00	20.00	60.00	6.67	5.00	12.00

3. 人均研发费用和研发投入强度

从表 8-24 可以看出，除少数地区外，不同地区的外资高企研发投入强度总体上呈现上升趋势，其中北京的外资高企研发投入强度 2013—2017 年始终保持在 8.8% 以上，上海的外资高企研发投入强度也较高，保持在 8.3% 以上。

与研发投入强度相似，外资高企人均研发费用以北京、上海最为突出，明显高于国内其他地区。

表 8-24　2013—2017 年不同地区外资高企研发投入强度和人均研发费用

指标	研发投入强度（%）					人均研发费用（万元）				
年份 地区	2013	2014	2015	2016	2017	2013	2014	2015	2016	2017
北京	10.39	8.88	11.40	10.65	11.61	12.71	12.41	15.10	14.90	17.50
天津	5.54	8.71	8.38	8.51	7.25	9.29	12.31	11.82	10.49	10.11
河北	4.57	5.01	5.89	6.59	5.42	6.55	6.35	6.52	7.42	7.59
山西	6.13	3.10	3.92	5.74	4.50	8.67	3.99	2.99	4.67	4.75
内蒙古	7.90	5.46	4.99	4.73	3.64	9.98	4.59	6.24	5.08	4.38
辽宁	6.33	5.91	5.89	6.75	7.05	9.10	11.78	10.15	8.18	7.56
吉林	4.73	3.92	5.33	5.91	5.27	11.10	8.68	9.57	10.94	10.82
黑龙江	2.99	3.44	5.83	6.15	5.54	2.40	2.97	6.13	4.80	3.96
上海	8.54	8.31	10.62	11.94	10.38	11.24	13.41	15.50	18.00	17.09
江苏	5.30	5.13	5.91	6.42	6.79	6.86	6.66	7.56	8.50	9.06
浙江	7.49	6.83	9.44	9.82	8.04	8.84	8.76	12.70	14.13	12.94
安徽	4.88	3.69	6.18	6.21	7.13	9.11	7.54	10.25	8.88	9.21
福建	6.23	7.76	6.51	7.06	7.76	6.02	7.08	5.67	6.00	6.72

续表

指标	研发投入强度（%）					人均研发费用（万元）				
年份 地区	2013	2014	2015	2016	2017	2013	2014	2015	2016	2017
江西	3.37	4.05	3.32	6.03	6.18	3.31	4.21	3.36	5.71	5.87
山东	5.03	4.96	5.01	5.67	5.15	7.27	7.79	6.85	7.85	8.26
河南	8.39	8.93	5.45	5.77	5.34	7.29	7.70	4.12	4.07	3.53
湖北	6.82	7.13	6.11	5.82	6.47	9.18	10.85	8.72	8.94	11.39
湖南	5.73	5.61	5.66	6.87	7.41	5.30	4.86	4.88	8.86	8.87
广东	7.44	7.20	6.48	8.09	8.32	6.58	6.89	6.42	7.65	7.78
广西	2.87	1.11	4.56	4.41	4.89	3.74	2.55	4.56	4.77	10.60
海南	3.61	4.67	5.06	6.33	6.52	3.60	13.84	8.45	10.49	9.51
重庆	4.22	3.90	3.52	5.25	4.85	5.24	5.06	4.87	6.18	12.21
四川	5.51	3.81	8.63	9.77	11.54	4.99	3.53	9.64	8.88	10.57
贵州	6.31	4.16	5.25	4.57	5.44	5.13	2.70	5.31	5.61	4.77
云南	5.89	8.74	8.04	7.46	6.68	7.15	7.37	7.01	6.44	5.56
陕西	5.06	5.72	6.82	10.85	7.62	5.07	2.07	5.25	8.10	6.98
甘肃	5.47	5.13	5.20	3.75	4.57	3.01	2.57	3.10	4.23	6.68
青海	6.53	0.72	6.21	5.55	7.39	3.27	0.46	4.05	5.81	9.79
宁夏	7.00	8.32	8.96	9.02	8.48	4.47	7.04	6.00	7.32	10.68
新疆	0.74	0.24	7.43	4.77	5.19	0.32	0.19	2.31	1.97	2.64

（三）行业特征

1. 总量指标

从总量指标上看，外资高企在制造业中的创新投入最大，科技投入、研发投入、研发人员数量总体上处于增长状态；其次是信息传输、软件和信息技术服务业的外资高企；其他行业的外资高企创新投入相对较低（表8-25、表8-26）。

表8-25 2013—2017年外资高企创新投入行业比较（一）

指标	科技投入（亿元）		研发投入（亿元）				
年份 行业	2016	2017	2013	2014	2015	2016	2017
农林牧渔业	0.98	1.36	1.51	1.86	1.59	1.22	1.57
采矿业	1.50	1.94	2.71	2.62	3.83	1.85	2.43
制造业	2063.41	2340.22	2641.9	2735.81	2708.89	3039.95	3478.26
电力、热力、燃气及水的生产和供应业	16.88	19.49	11.71	16.27	22.03	20.10	25.33
建筑业	5.76	10.06	11.16	11.15	9.58	9.63	16.80

续表

指标	科技投入（亿元）		研发投入（亿元）				
行业 \ 年份	2016	2017	2013	2014	2015	2016	2017
交通运输、仓储和邮政业	4.14	5.67	3.58	2.20	2.20	4.85	8.23
信息传输、软件和信息技术服务业	809.38	857.9	473.58	543.06	773.9	1039.29	1088.15
科学研究和技术服务业	99.73	115.79	28.44	36.32	38.44	150.41	177.17
水利、环境和公共设施管理业	3.68	4.74	1.52	3.31	2.38	5.42	7.22
教育	0.21	0.33	—	—	—	0.22	0.32
卫生和社会工作	0.23	0.00	—	—	—	0.45	0
文化、体育和娱乐业	0.51	0.55	0.23	0	0.31	0.57	0.54
其他服务行业	34.39	42.24	203.71	238.46	162.42	38.45	47.48

注：2013—2015年科技投入缺乏数据。

表8-26　2013—2017年外资高企创新投入行业比较（二）

指标	科技人员（千人）					研发人员（千人）				
行业 \ 年份	2013	2014	2015	2016	2017	2013	2014	2015	2016	2017
农林牧渔业	0.79	2.57	0.60	0.50	0.67	0.56	0.43	0.20	0.25	0.38
采矿业	0.67	0.89	1.00	0.66	0.54	0.38	0.49	0.51	0.32	0.30
制造业	819.13	781.97	748.49	749.66	778.41	547.82	532.2	487.16	528.76	590.08
电力、热力、燃气及水的生产和供应业	3.30	3.64	4.05	4.43	5.30	1.47	1.67	2.14	2.17	3.23
建筑业	3.45	3.41	3.38	3.04	3.91	2.39	2.67	2.57	1.95	2.54
交通运输、仓储和邮政业	2.07	1.32	2.19	1.74	2.02	0.53	0.45	0.20	0.65	1.20
信息传输、软件和信息技术服务业	146.11	150.33	159.6	168.74	185.88	45.20	39.48	50.76	81.76	93.85
科学研究和技术服务业	22.99	24.78	26.73	27.31	27.92	15.24	16.58	15.26	18.60	18.93
水利、环境和公共设施管理业	1.25	1.62	1.07	0.86	1.29	0.51	0.70	0.46	0.52	0.84
教育	0.16	0.03	0.05	0.14	0.21	—	—	0.02	0.02	—
卫生和社会工作	0.02	0.01	0.01	0.10	0.01	0.02	0.01	—	0.10	0.01
文化、体育和娱乐业	0.06	—	0.08	0.14	0.15	—	—	0.02	0.04	0.02
其他服务行业	12.36	12.85	16.24	10.97	10.58	7.62	8.05	6.76	2.20	2.22

2. 户均指标

外资高企的户均创新投入在行业间存在着一定差异，户均创新投入较大的企业多分布在制造业，电力、热力、燃气及水的生产和供应业，信息传输、软件和信息技术服务业等（表 8-27、表 8-28）。

表 8-27　2013—2017 年外资高企创新投入户均指标的行业特征（一）

指标 行业 \ 年份	户均科技投入（万元）		户均研发投入（万元）				
	2016	2017	2013	2014	2015	2016	2017
农林牧渔业	700.00	715.79	755.00	978.95	1325.00	871.43	826.32
采矿业	1000.00	1492.31	2463.64	2015.38	1915.00	1233.33	1869.23
制造业	2679.75	2836.63	3996.82	4086.96	3865.43	3947.99	4216.07
电力、热力、燃气及水的生产和供应业	2637.50	2498.72	2788.10	3968.29	3933.93	3140.63	3247.44
建筑业	1920.00	2647.37	3600.00	4129.63	4165.22	3210.00	4421.05
交通运输、仓储和邮政业	1656.00	1829.03	1884.21	1466.67	1466.67	1940.00	2654.84
信息传输、软件和信息技术服务业	9411.40	8862.60	5825.09	6971.25	10 209.76	12 084.77	11 241.22
科学研究和技术服务业	3536.52	3385.67	1407.92	1763.11	1716.07	5333.69	5180.41
水利、环境和公共设施管理业	1472.00	1215.38	506.67	788.10	767.74	2168.00	1851.28
教育	300.00	825.00	—	—	—	314.29	800.00
卫生和社会工作	1150.00	—	—	—	—	2250.00	0.00
文化、体育和娱乐业	850.00	687.50	1150.00	0.00	1033.33	950.00	675.00
其他服务行业	2262.50	2725.16	18 862.04	20 381.20	12 993.60	2529.61	3063.23

注：2013—2015 年科研投入缺乏数据。

表 8-28　2013—2017 年外资高企创新投入户均指标的行业特征（二）

指标 行业 \ 年份	户均科技人员（人）					户均研发人员（人）				
	2013	2014	2015	2016	2017	2013	2014	2015	2016	2017
农林牧渔业	39.50	135.26	50.00	35.71	35.26	28.00	22.63	16.67	17.86	20.00
采矿业	60.91	68.46	50.00	44.00	41.54	34.55	37.69	25.50	21.33	23.08
制造业	123.92	116.82	106.81	97.36	94.35	82.88	79.50	69.51	68.67	71.52
电力、热力、燃气及水的生产和供应业	78.57	88.78	72.32	69.22	67.95	35.00	40.73	38.21	33.91	41.41
建筑业	111.29	126.30	146.96	101.33	102.89	77.10	98.89	111.74	65.00	66.84
交通运输、仓储和邮政业	108.95	88.00	146.00	69.60	65.16	27.89	30.00	13.33	26.00	38.71

续表

指标	户均科技人员（人）					户均研发人员（人）				
年份 行业	2013	2014	2015	2016	2017	2013	2014	2015	2016	2017
信息传输、软件和信息技术服务业	179.72	192.98	210.55	196.21	192.02	55.60	50.68	66.97	95.07	96.95
科学研究和技术服务业	113.81	120.29	119.33	96.84	81.64	75.45	80.49	68.13	65.96	55.35
水利、环境和公共设施管理业	41.67	38.57	34.52	34.40	33.08	17.00	16.67	14.84	20.80	21.54
教育	80.00	15.00	16.67	20.00	52.50	—	—	6.67	2.86	—
卫生和社会工作	20.00	10.00	10.00	50.00	10.00	20.00	10.00	—	50.00	10.00
文化、体育和娱乐业	30.00	—	26.67	23.33	18.75	—	—	6.67	6.67	2.50
其他服务业	114.44	109.83	129.92	72.17	68.26	70.56	68.80	54.08	14.47	14.32

3. 人均研发费用

2017年，人均研发费用较高的外资高企主要分布在信息传输、软件和信息技术服务业，科学研究和技术服务业，水利、环境和公共设施管理业等；较低的有卫生和社会工作、教育等行业。制造业外资高企虽然研发费用最高，但人均研发费用并不十分突出，这与制造业拥有庞大的从业人员数量有关（表8-29）。

表8-29 2013—2017年外资高企不同行业人均研发费用

指标	人均研发费用（万元）				
年份 地区	2013	2014	2015	2016	2017
农林牧渔业	3.75	3.00	8.88	7.50	5.58
采矿业	7.65	6.25	7.04	5.14	6.95
制造业	6.81	7.38	7.45	7.84	8.05
电力、热力、燃气及水的生产和供应业	5.48	7.50	8.18	6.95	7.59
建筑业	10.91	9.74	13.71	8.07	9.97
交通运输、仓储和邮政业	2.78	2.45	3.11	5.44	7.67
信息传输、软件和信息技术服务业	15.05	16.65	22.77	29.63	26.65
科学研究和技术服务业	4.83	5.56	6.36	23.28	25.46
水利、环境和公共设施管理业	4.75	6.91	5.92	17.84	16.65
教育	—	—	—	0.65	1.76
卫生和社会工作	—	—	—	7.25	0
文化、体育和娱乐业	11.06	0	24.22	13.97	16.31
其他服务业	45.99	50.64	32.40	8.76	12.49

五、创新产出

本部分以企业的专利指标来衡量外资高企的创新产出水平,并与内资高企进行对比分析,以期找出内外资高企在创新产出方面的差异,更好地掌握外资高企的创新特点。

(一)整体情况

1. 总量指标

如8-30所示,外资高企、外商高企、港澳台高企各项创新产出总量指标都处于上升态势。2017年,除当年发明专利授权外,港澳台高企专利创新产出总量各指标高于外商高企的专利产出总量各指标,这说明港澳台高企在专利创新产出方面具有较强的能力;但是,外商高新技术企业的当年发明专利授权指标要高于港澳台高企,可见外商高新技术企业的研发活动产出质量相对较高。

表8-30 2013—2017年外资高企创新产出专利总量   单位:件

外资高企						
指标 年份	累计拥有专利	累计拥有发明专利	当年专利申请	当年发明专利申请	当年专利授权	当年发明专利授权
2013	202 612	56 767	87 066	38 477	58 476	14 100
2014	241 819	61 361	83 198	40 300	56 177	13 101
2015	289 431	76 330	91 618	45 120	57 259	16 310
2016	334 604	95 985	105 834	50 114	64 801	20 710
2017	377 961	115 877	123 053	54 317	70 773	22 718

外商高企						
指标 年份	累计拥有专利	累计拥有发明专利	当年专利申请	当年发明专利申请	当年专利授权	当年发明专利授权
2013	99 371	26 952	49 046	22 271	31 952	8130
2014	126 890	33 073	46 947	23 821	30 368	7624
2015	160 966	41 436	52 580	26 836	32 332	9126
2016	175 280	492 02	58 364	28 775	35 770	11 395
2017	188 314	56 387	58 027	25 806	34 840	11 702

港澳台高企						
指标 年份	累计拥有专利	累计拥有发明专利	当年专利申请	当年发明专利申请	当年专利授权	当年发明专利授权
2013	103 241	29 815	38 020	16 206	26 524	5970
2014	114 929	28 288	36 251	16 479	25 809	5477
2015	128 465	34 894	39 038	18 284	24 927	7184
2016	159 324	46 783	47 470	21 339	29 031	9315
2017	189 647	59 490	65 026	28 511	35 933	11 016

从表 8-31 可以看出，外资高企专利总量占全部高企专利总量的比例整体上处于下降的趋势，这说明随着政府对技术创新能力的日益重视，内资高企越来越重视专利的研发和保护。2016—2017 年外资高企专利占比下降的原因，一是新办法认定下内资高新技术企业大量增加，二是新办法对发明专利赋值权重增加，引导内资企业重视发明专利的申请。

表 8-31 2013—2017 年外资高企创新产出专利总量占全部高企的比例　　　　　　　　　　　　　单位：%

指标 年份	累计拥有专利	累计拥有发明专利	当年专利申请	当年发明专利申请	当年专利授权	当年发明专利授权
2013	0.19	0.20	0.18	0.18	0.17	0.17
2014	0.18	0.19	0.17	0.18	0.17	0.17
2015	0.17	0.17	0.16	0.16	0.15	0.14
2016	0.15	0.15	0.14	0.14	0.14	0.14
2017	0.13	0.14	0.13	0.12	0.12	0.13

从表 8-32 和表 8-33 可以看出，2016 年及之前，外商高企的专利申请、授权和累计拥有专利、累计拥有发明专利占外资高企的比例基本上保持在 50% 以上的比例；但是在 2017 年，外商高企除了当年发明专利授权指标比例外其他指标比例均在 50% 以下，港澳台高企则超过 50%，显示港澳台高企创新产出能力不断加强，出现这个现象与近期外资企业外流也有一定关系。

表 8-32 2013—2017 年外商高企专利占外资高企专利总量的比例　　　　　　　　　　　　　单位：%

指标 年份	累计拥有专利比例	累计拥有发明专利比例	当年专利申请比例	当年发明专利申请比例	当年专利授权	当年发明专利授权
2013	49.04	47.48	56.33	57.88	54.64	57.66
2014	52.47	53.9	56.43	59.11	54.06	58.19
2015	55.61	54.29	57.39	59.48	56.47	55.95
2016	52.38	51.26	55.15	57.42	55.2	55.02
2017	49.82	48.66	47.16	47.51	49.23	51.51

表 8-33 2013—2017 年港澳台高企专利占全部外资高企专利总量比例　　　　　　　　　　　　　单位：%

指标 年份	累计拥有专利比例	累计拥有发明专利比例	当年专利申请比例	当年发明专利申请比例	当年专利授权	当年发明专利授权
2013	50.96	52.52	43.67	42.12	45.36	42.34
2014	47.53	46.1	43.57	40.89	45.94	41.81
2015	44.39	45.71	42.61	40.52	43.53	44.05
2016	47.62	48.74	44.85	42.58	44.8	44.98
2017	50.18	51.34	52.84	52.49	50.77	48.49

除专利指标外,外资高企在产品销售收入、技术收入等创新产出方面也具有明显的特点。外资高企的产品销售收入、技术收入整体处于增加的状态。其中,外商高企的产品销售收入比港澳台外资高企的产品销售收入高,说明外商高企在产品销售方面具有更大的优势;而港澳台外资高企的技术收入明显高于外商高企的技术收入,可见港澳台外资高企在技术运用变现方面能力较强,这说明港澳台外资高企的技术外溢性相对较强。

与外资比较,内资高新技术企业在产品销售收入、技术收入方面远远高于外资高企,这说明内资高新技术企业产学研合作更频繁(表8-34、图8-13)。

表8-34　2013—2017年外资高企其他创新产出指标　　　　　　　单位:亿元

年份 \ 指标	内资高企		外资高企		外商高企		港澳台高企	
	产品销售收入	技术收入	产品销售收入	技术收入	产品销售收入	技术收入	产品销售收入	技术收入
2013	121 716.40	8991.26	45 290.71	1853.25	26 090.62	852.23	19 200.09	1001.01
2014	136 542.45	11 845.29	46 067.94	3125.65	26 807.46	1338.7	19 260.48	1786.95
2015	142 785.35	16 630.00	44 057.67	3686.33	25 039.57	1142.26	19 018.1	2544.07
2016	172 661.70	21 062.15	45 164.69	4521.49	25 046.47	1329.58	20 118.22	3191.91
2017	210 850.57	28 344.46	51 767.94	5905.05	27 913.89	1264.73	23 854.05	4640.33

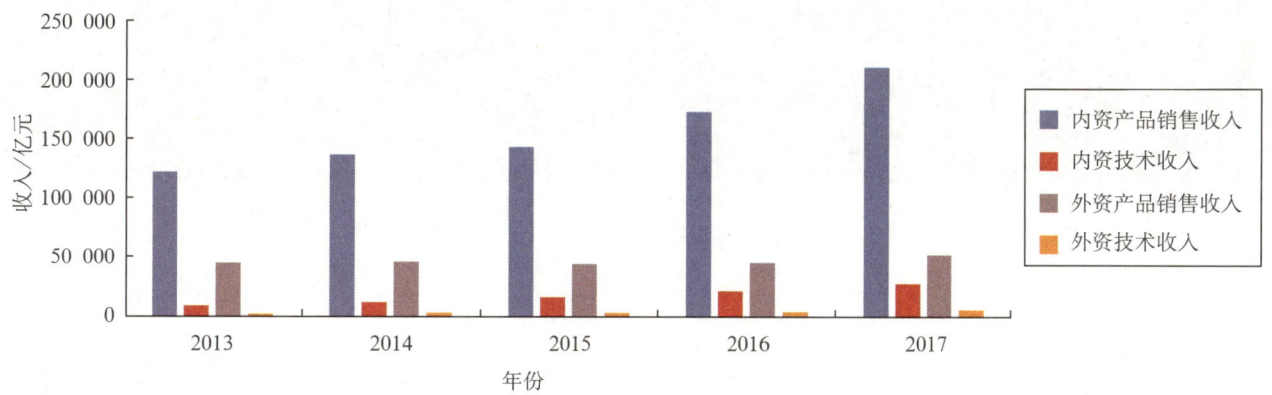

图8-13　内外资高企创新产出其他总量指标

2. 户均指标

除户均发明专利授权外,外资高企户均创新产出指标均高于内资高企,户均拥有专利指标尤为明显,在户均当年发明专利申请上保持基本稳定的差距,这说明外资高企的创新产出整体上高于内资高企。

值得注意的是,内资高企与外资高企的差距在逐渐缩小,在个别指标上内资高企已经超过了外资高企。2013—2017年,内资高企在户均拥有发明专利、户均当年专利申请上的差距是减小的;而且内资高企的户均发明授权远高于外资,尤其是在2016年新办法颁布实施后这种趋势更为明显,这说明内资高企在国内的研发活动比外资高企活跃，同时也侧面说明了 2016 年出台的高企认定管理办法引导内资高企追求高质量知识产权的效果明显（表 8-35）。

表 8-35 2013—2017 年内外资高企户均专利指标　　　　　　　　　　　　　　　　　　　单位：件

指标 年份	户均拥有专利		户均拥有发明专利		户均当年专利申请		户均当年发明专利申请		户均专利授权		户均发明专利授权	
	内资	外资	内资	外资	内资	外资	内资	外资	内资	外资	内资	外资
2013	18.95	25.68	4.91	7.19	8.63	11.03	3.82	4.88	6.19	7.41	8.94	1.79
2014	21.30	25.46	4.82	7.13	7.26	10.94	3.41	4.84	4.83	7.35	7.94	1.77
2015	22.11	29.20	5.65	7.41	7.26	10.05	3.46	4.87	4.68	6.78	12.25	1.58
2016	22.36	27.80	6.42	7.40	7.53	9.36	3.48	4.58	4.67	6.02	15.00	1.61
2017	20.95	29.10	6.08	7.67	7.28	9.21	3.24	4.54	4.27	5.76	15.51	1.64

2016 年之前外商高企户均创新产出各指标高于港澳台高企的户均创新产出，但在 2017 年，港澳台高企创新产出各项户均指标均大于外商高企，尤其是户均拥有发明专利和户均当年发明专利申请这 2 个指标，这充分说明港澳台高企在创新产出方面发展势头强劲，愈加重视创新产出的质量（表 8-36）。

表 8-36 2013—2017 年外商高企和港澳台高企创新产出户均指标　　　　　　　　　　　单位：件

指标 年份	户均拥有专利		户均拥有发明专利		户均当年专利申请		户均当年发明专利申请		户均专利授权		户均发明专利授权	
	外商投资	港澳台	外商投资	港澳台	外商投资	港澳台	外商投资	港澳台	外商投资	港澳台	外商投资	港澳台
2013	22.32	30.02	11.02	8.67	11.02	11.06	5.00	4.71	7.18	7.71	1.83	1.74
2014	28.46	32.86	10.53	8.09	10.53	10.36	5.34	4.71	6.81	7.38	1.71	1.57
2015	35.18	34.66	11.49	9.42	11.49	10.53	5.87	4.93	7.07	6.73	1.99	1.94
2016	35.11	38.02	11.69	11.16	11.69	11.33	5.76	5.09	7.16	6.93	2.28	2.22
2017	35.93	40.31	11.07	12.64	11.07	13.82	4.92	6.06	6.65	7.64	2.23	2.34

从户均产品销售收入和户均技术收入方面看，外资高企的户均产品销售收入、户均技术收入均高于内资企业；但外资、外商、港澳台高企户均产品销售收入总体上有减弱的趋势，而户均技术收入总体上处于上升的态势，尤其是港澳台高企户均技术收入处于逐年上升的态势，这说明外商高企的技术溢出效应要低于港澳台高企（表 8-37）。

表 8-37　2013—2017 年外资高企创新产出其他户均指标　　　　　　　　　　　　　　　　　　单位：万元

指标 年份	内资高新技术企业		外资高企		外商高企		港澳台高企	
	户均产品销售收入	户均技术收入	户均产品销售收入	户均技术收入	户均产品销售收入	户均技术收入	户均产品销售收入	户均技术收入
2013	26 012.22	1921.54	57 395.4	2348.56	33 063.77	1080.00	24 331.63	1268.55
2014	25 008.23	2169.51	57 896.12	3928.18	33 690.41	1682.42	24 205.71	2245.76
2015	21 041.17	2450.63	53 203.32	4451.55	30 237.37	1379.37	22 965.95	3072.18
2016	19 009.74	2318.90	49 177.58	4923.23	27 271.85	1447.71	48 003.38	7616.11
2017	17 471.00	2348.61	52 049.00	5937.11	28 065.44	1271.60	23 983.56	4665.52

（二）地区比较

1. 总量指标

从总量上看，东部地区外资高企创新产出远高于中西部地区，且处于增加的状态，其中江苏、上海、北京、浙江、广东外资高企的累计拥有专利和发明专利均高于全国其他地区，专利和发明专利申请也具有类似的特点（表 8-38、表 8-39）。

表 8-38　2013—2017 年外资高企创新产出指标的地区比较（一）　　　　　　　　　　　　　　　　单位：件

指标	累计拥有专利					累计拥有发明专利				
地区 年份	2013	2014	2015	2016	2017	2013	2014	2015	2016	2017
北京	13 574	15 259	20 894	26 530	34 083	7102	7248	9131	11 956	15 874
天津	2607	3025	4211	5374	5856	483	751	901	1324	1431
河北	1448	2024	1994	2814	3269	425	799	604	684	937
山西	70	188	249	252	214	10	20	41	54	31
内蒙古	17	50	74	118	141	17	47	28	43	56
辽宁	1245	1095	1323	1502	2072	223	276	335	344	643
吉林	496	708	822	915	1179	122	98	140	150	207
黑龙江	606	552	487	508	499	186	116	112	79	80
上海	21 092	28 497	34 447	40 501	48 427	7919	10 427	14 057	18 158	22 585
江苏	47 903	57 099	64 369	64 047	63 931	9522	11 396	13 814	14 798	16 410
浙江	17 061	20 251	22 008	23 789	26 088	3706	4346	4953	6485	7582
安徽	2645	6345	15 700	9754	5708	377	1186	3174	2039	1399
福建	8404	10 261	11 069	13 783	16 770	1578	1554	1844	2432	3647
江西	368	602	1070	1236	1799	95	87	276	340	419
山东	8000	11 280	8339	12 982	15 752	1528	3038	2391	2943	3435
河南	1770	1678	1717	2524	3059	190	248	200	247	405

续表

指标	累计拥有专利					累计拥有发明专利				
地区 \ 年份	2013	2014	2015	2016	2017	2013	2014	2015	2016	2017
湖北	2285	2156	2917	3815	4564	602	635	706	1040	1382
湖南	1171	2085	3101	4057	4533	206	1062	600	714	976
广东	52 136	55 492	68 644	90 283	108 853	18 368	14 192	18 027	25 073	30 307
广西	1676	3272	2839	3369	2425	161	276	306	591	761
海南	623	239	284	277	314	169	144	140	143	257
重庆	1312	1448	1977	3180	3511	239	202	215	262	449
四川	1426	2536	3010	3677	3339	404	777	1180	1784	1632
贵州	238	372	306	232	336	21	25	53	59	74
云南	229	189	410	472	551	56	64	110	143	162
陕西	1683	781	1144	1392	1475	958	262	232	420	456
甘肃	229	209	131	232	243	19	25	8	28	20
青海	15	7	35	51	85	14	1	23	10	19
宁夏	66	88	41	154	207	20	30	20	36	93
新疆	14	16	72	68	86	1	7	24	26	31

表8-39 2013—2017年外资高企创新产出指标的区域特征（二）　　　　　　　　单位：件

指标	当年专利申请					当年发明专利申请				
地区 \ 年份	2013	2014	2015	2016	2017	2013	2014	2015	2016	2017
北京	8336	10 721	10 830	9894	11 667	5044	6403	6536	5760	64
天津	1443	1153	1417	1631	1621	644	643	654	764	27
河北	723	653	640	682	749	240	220	255	282	5929
山西	61	60	69	63	48	21	20	20	28	7624
内蒙古	25	37	25	50	75	20	12	6	30	4037
辽宁	428	268	266	266	494	220	154	91	82	950
吉林	159	161	345	213	367	62	58	98	46	1510
黑龙江	279	243	268	162	104	131	160	149	47	157
上海	8773	8832	8668	10 155	11 768	4758	4961	4625	5208	2783
江苏	19 146	14 381	15 703	19 090	19 295	6743	5692	6082	7266	189
浙江	5611	5410	6010	7116	9615	1819	2197	2183	2912	608
安徽	1164	2875	3352	2823	2100	415	1088	1547	1347	491
福建	3804	3584	2984	3931	4836	1572	1205	996	1279	19 574

续表

指标	当年专利申请					当年发明专利申请				
年份 地区	2013	2014	2015	2016	2017	2013	2014	2015	2016	2017
江西	389	209	263	546	783	131	84	98	117	371
山东	2688	2423	2645	3897	5916	1245	1136	1386	1885	73
河南	573	430	537	1094	943	221	151	172	172	234
湖北	1370	751	1011	1172	1389	546	308	436	451	427
湖南	435	626	813	1101	1569	178	268	316	324	43
广东	24 330	24 084	29 709	35 952	42 776	12 141	13 255	17 209	19 827	60
广西	758	1141	903	1033	924	272	419	375	527	129
海南	304	58	85	59	85	110	49	81	47	18
重庆	466	506	675	667	873	106	86	138	168	45
四川	1189	1170	521	647	713	381	406	287	356	53
贵州	77	76	75	80	100	38	29	30	39	1
云南	120	50	120	112	149	38	27	51	66	64
陕西	357	195	202	216	223	173	129	91	143	27
甘肃	33	36	36	27	37	13	8	9	10	5929
青海	0	7	10	35	99	0	3	6	27	7624
宁夏	52	65	89	98	89	39	49	62	50	4037
新疆	6	12	36	5	4	0	6	17	4	950

2. 户均指标

外资高企主要集中在东部发达地区,西部地区外资高企数量较少,东西部地区的外资高企的户均专利指标的差异性不明显(表8-40、表8-41)。

表8-40　2013—2017年外资高企创新产出户均指标的区域特征(一)　　　　　单位:件

指标	户均拥有专利					户均拥有发明专利				
年份 地区	2013	2014	2015	2016	2017	2013	2014	2015	2016	2017
北京	16.39	19.05	25.20	30.22	39.13	8.58	9.05	11.01	13.62	18.23
天津	13.65	17.69	20.74	22.39	23.80	2.53	4.39	4.44	5.52	5.82
河北	12.93	18.74	19.36	28.14	27.47	3.79	7.40	5.86	6.84	7.87
山西	6.36	10.44	9.96	13.26	16.46	0.91	1.11	1.64	2.84	2.38
内蒙古	2.83	5.56	5.69	8.43	7.05	2.83	5.22	2.15	3.07	2.80
辽宁	18.58	16.34	19.46	22.42	27.26	3.33	4.12	4.93	5.13	8.46
吉林	9.92	13.62	16.12	21.28	25.09	2.44	1.88	2.75	3.49	4.40

续表

指标	户均拥有专利					户均拥有发明专利				
年份 地区	2013	2014	2015	2016	2017	2013	2014	2015	2016	2017
黑龙江	14.09	16.24	15.22	19.54	23.76	4.33	3.41	3.50	3.04	3.81
上海	21.11	29.05	34.48	40.14	48.23	7.93	10.63	14.07	18.00	22.50
江苏	29.05	31.60	34.02	32.01	34.11	5.77	6.31	7.30	7.40	8.76
浙江	34.89	40.50	42.73	44.72	47.26	7.58	8.69	9.62	12.19	13.74
安徽	18.76	42.58	100.00	56.06	33.19	2.67	7.96	20.22	11.72	8.13
福建	22.17	29.92	32.18	37.97	43.22	4.16	4.53	5.36	6.70	9.40
江西	6.57	9.56	12.74	15.07	18.55	1.70	1.38	3.29	4.15	4.32
山东	25.72	36.50	26.39	37.96	42.80	4.91	9.83	7.57	8.61	9.33
河南	37.66	34.96	35.04	46.74	48.56	4.04	5.17	4.08	4.57	6.43
湖北	15.23	16.58	17.68	20.40	22.71	4.01	4.88	4.28	5.56	6.88
湖南	15.61	25.12	33.34	43.16	41.97	2.75	12.80	6.45	7.60	9.04
广东	34.62	36.48	43.67	42.17	38.95	12.20	9.33	11.47	11.71	10.84
广西	49.29	109.07	88.72	99.09	52.72	4.74	9.20	9.56	17.38	16.54
海南	15.20	14.94	15.78	19.79	24.15	4.12	9.00	7.78	10.21	19.77
重庆	25.23	26.33	35.30	41.84	36.57	4.60	3.67	3.84	3.45	4.68
四川	15.67	25.11	26.64	32.83	32.11	4.44	7.69	10.44	15.93	15.69
贵州	26.44	37.20	27.82	19.33	19.76	2.33	2.50	4.82	4.92	4.35
云南	7.39	6.10	12.81	11.80	14.13	1.81	2.06	3.44	3.58	4.15
陕西	29.53	12.20	18.16	20.47	22.35	16.81	4.09	3.68	6.18	6.91
甘肃	28.63	23.22	18.71	33.14	34.71	2.38	2.78	1.14	4.00	2.86
青海	7.50	3.50	11.67	10.20	21.25	7.00	0.50	7.67	2.00	4.75
宁夏	13.20	22.00	20.50	51.33	41.40	4.00	7.50	10.00	12.00	18.60
新疆	7.00	8.00	12.00	17.00	17.20	0.50	3.50	4.00	6.50	6.20

表 8-41 2013—2017 年外资高企创新产出户均指标的区域特征（二）　　单位：件

指标	户均当年专利申请					户均当年发明专利申请				
年份 地区	2013	2014	2015	2016	2017	2013	2014	2015	2016	2017
北京	10.07	13.38	13.06	11.27	9.57	6.09	7.99	7.88	6.56	7.82
天津	7.55	6.74	6.98	6.80	5.87	3.37	3.76	3.22	3.18	2.17
河北	6.46	6.05	6.21	6.82	6.08	2.14	2.04	2.48	2.82	2.15
山西	5.55	3.33	2.76	3.32	4.69	1.91	1.11	0.80	1.47	0.92

续表

指标	户均当年专利申请					户均当年发明专利申请				
地区 \ 年份	2013	2014	2015	2016	2017	2013	2014	2015	2016	2017
内蒙古	4.17	4.11	1.92	3.57	1.25	3.33	1.33	0.46	2.14	1.95
辽宁	6.39	4.00	3.91	3.97	5.63	3.28	2.30	1.34	1.22	2.38
吉林	3.18	3.10	6.76	4.95	3.38	1.24	1.12	1.92	1.07	1.36
黑龙江	6.49	7.15	8.38	6.23	13.29	3.05	4.71	4.66	1.81	1.29
上海	8.78	9.00	8.68	10.06	8.74	4.76	5.06	4.63	5.16	5.91
江苏	11.61	7.96	8.30	9.54	10.22	4.09	3.15	3.21	3.63	4.07
浙江	11.47	10.82	11.67	13.38	10.16	3.72	4.39	4.24	5.47	5.09
安徽	8.26	19.30	21.35	16.22	6.77	2.94	7.30	9.85	7.74	5.52
福建	10.04	10.45	8.67	10.83	9.80	4.15	3.51	2.90	3.52	3.89
江西	6.95	3.32	3.13	6.66	4.01	2.34	1.33	1.17	1.43	1.62
山东	8.64	7.84	8.37	11.39	7.30	4.00	3.68	4.39	5.51	7.56
河南	12.19	8.96	10.96	20.26	9.10	4.70	3.15	3.51	3.19	3.00
湖北	9.13	5.78	6.13	6.27	6.82	3.64	2.37	2.64	2.41	3.02
湖南	5.80	7.54	8.74	11.71	4.03	2.37	3.23	3.40	3.45	4.55
广东	16.16	15.83	18.90	16.79	8.70	8.06	8.71	10.95	9.26	7.00
广西	22.29	38.03	28.22	30.38	16.48	8.00	13.97	11.72	15.50	8.07
海南	7.41	3.63	4.72	4.21	23.38	2.68	3.06	4.50	3.36	5.62
重庆	8.96	9.20	12.05	8.78	4.85	2.04	1.56	2.46	2.21	2.44
四川	13.07	11.58	4.61	5.78	11.43	4.19	4.02	2.54	3.18	4.11
贵州	8.56	7.60	6.82	6.67	4.53	4.22	2.90	2.73	3.25	2.53
云南	3.87	1.61	3.75	2.80	3.08	1.23	0.87	1.59	1.65	1.54
陕西	6.26	3.05	3.21	3.18	5.41	3.04	2.02	1.44	2.10	1.95
甘肃	4.13	4.00	5.14	3.86	4.71	1.63	0.89	1.29	1.43	2.57
青海	0.00	3.50	3.33	7.00	0.00	0.00	1.50	2.00	5.40	11.25
宁夏	10.40	16.25	44.50	32.67	10.40	7.80	12.25	31.00	16.67	10.60
新疆	3.00	6.00	6.00	1.25	1.20	0.00	3.00	2.83	1.00	0.20

（三）行业特征

1. 总量指标

各行业中，外资高企以制造业的创新产出最多，总体上呈上升态势；其次是信息传输、软件和信息技术服务业及科学研究和技术服务业，制造业较高的创新产出与制造业较大的创新投入相关（表8-42）。

表 8-42　2013—2017年外资高企创新产出总量指标的行业特征　　　　　　　　单位：件

指标 年份 行业	累计拥有专利					累计拥有发明专利					当年专利申请					当年发明专利申请				
	2013	2014	2015	2016	2017	2013	2014	2015	2016	2017	2013	2014	2015	2016	2017	2013	2014	2015	2016	2017
农林牧渔业	195	186	133	16	197	26	54	46	—	71	92	80	32	69	110	29	40	30	1	27
采矿业	539	398	515	5	412	104	131	140	—	237	93	77	137	181	96	32	20	37	0	34
制造业	181 180	222 200	262 913	2323	330 063	42 995	51 433	62 499	1634	89 964	77 123	71 421	74 733	76 990	103 068	31 706	32 370	32 924	10 197	40 925
电力、热力、燃气及水的生产和供应业	590	825	1511	17	2213	82	149	365	34	538	309	366	437	483	658	125	121	155	34	280
建筑业	1003	729	689	28	1013	131	110	158	—	220	168	98	120	242	212	62	30	40	20	57
交通运输、仓储和邮政业	86	95	94	51	256	8	11	21	—	62	54	30	31	48	69	21	11	13	—	19
信息传输、软件和信息技术服务业	15 109	8602	14 689	3207	29 812	12 042	5915	9227	703	19 322	7139	8960	9193	14 935	14 542	5556	6638	7027	800	10 754
科学研究和技术服务业	2450	5070	5148	234	9188	1015	2029	1830	9	3110	1554	1545	1644	2461	2837	709	800	832	383	1243
水利、环境和公共设施管理业	545	952	545	4	593	70	138	178	—	151	139	251	176	138	177	46	88	78	5	69
教育	—	—	—	25	—	—	—	—	—	—	—	—	—	1	—	—	—	—	—	—
卫生和社会工作	—	19	19	6	2	—	6	6	—	2	1	—	1	9	—	—	1	3	—	—
文化、体育和娱乐业	—	—	2	6	26	—	—	—	—	10	—	—	—	2	10	—	—	—	—	—
其他服务行业	915	2743	3163	365	4186	294	1385	1855	59	2190	394	370	5114	421	1274	191	182	3983	31	909

2. 户均指标

行业层面，制造业，采矿业，电力、热力、燃气及水的生产和供应业，建筑业，信息传输、软件和信息技术服务业，科学研究和技术服务的外资高企始终保持较高的户均创新产出。由于制造业高企数量较多，因此制造业户均创新产出显示度不高（表8-43）。

表 8-43　2013—2017年外资高企创新产出户均指标的行业特征　　　　　　　　单位：件

指标 年份 行业	户均拥有专利					户均拥有发明专利					户均当年专利申请					户均当年发明专利申请				
	2013	2014	2015	2016	2017	2013	2014	2015	2016	2017	2013	2014	2015	2016	2017	2013	2014	2015	2016	2017
农林牧渔业	9.75	9.79	11.08	1.14	10.37	1.30	2.84	3.83	—	3.74	4.60	4.21	2.67	4.93	5.79	1.45	2.11	2.50	0.07	1.42

续表

指标	户均拥有专利					户均拥有发明专利					户均当年专利申请					户均当年发明专利申请				
行业\年份	2013	2014	2015	2016	2017	2013	2014	2015	2016	2017	2013	2014	2015	2016	2017	2013	2014	2015	2016	2017
采矿业	49.00	30.62	25.75	0.33	31.69	9.45	10.08	7.00	—	18.23	8.45	5.92	6.85	12.07	7.38	2.91	1.54	1.85	0.00	2.62
制造业	27.41	33.19	37.52	0.30	40.01	6.50	7.68	8.92	0.21	10.90	11.67	10.67	10.66	10.00	12.49	4.80	4.84	4.70	1.32	4.96
电力、热力、燃气及水的生产和供应业	14.05	20.12	26.98	0.27	28.37	1.95	3.63	6.52	0.02	6.90	7.36	8.93	7.80	7.55	8.44	2.98	2.95	2.77	0.53	3.59
建筑业	32.35	27.00	29.96	0.93	26.66	4.23	4.07	6.87	—	5.79	5.42	3.63	5.22	8.07	5.58	2.00	1.11	1.74	0.67	1.50
交通运输、仓储和邮政业	4.53	6.33	6.27	2.04	8.26	0.42	0.73	1.40	—	2.00	2.84	2.00	2.07	1.92	2.23	1.11	0.73	0.87	0.00	0.61
信息传输、软件和信息技术服务业	18.58	11.04	19.38	3.73	30.80	14.81	7.59	12.17	0.82	19.96	8.78	11.50	12.13	17.37	15.02	6.83	8.52	9.27	0.93	11.11
科学研究和技术服务业	12.13	24.61	22.98	0.83	26.87	5.02	9.85	8.17	0.03	9.09	7.69	7.50	7.34	8.73	8.30	3.51	3.88	3.71	1.36	3.63
水利、环境和公共设施管理业	18.17	22.67	17.58	0.16	15.21	2.33	3.29	5.74	—	3.87	4.63	5.98	5.68	5.52	4.54	1.53	2.10	2.52	0.20	1.77
教育	—	—	—	3.57	—	—	—	—	—	—	—	—	—	0.14	—	—	—	—	—	—
卫生和社会工作	—	19.00	19.00	3.00	2.00	—	6.00	6.00	—	2.00	1.00	—	1.00	4.50	—	—	—	1.00	1.50	—
文化、体育和娱乐业	—	—	0.67	1.00	3.25	—	—	—	—	1.25	—	—	—	0.33	1.25	—	—	—	—	—
其他服务行业	8.47	23.44	25.30	2.40	27.01	2.72	11.84	14.84	0.39	14.13	3.65	3.16	40.91	2.77	8.22	1.77	1.56	31.86	0.20	5.86

六、小结

外资高企是我国高新技术企业重要的组成部分。与往年相比，外资高企数量占比及经济贡献量呈现下降趋势，但也呈现出研发能力较强、经济贡献较高、经济效益较好等特点。

①外资高企在国内保持较快发展速度。2013—2017年，外资高企数量在国内发展一直处于增长态势，2017年全国外资高企有9946家，占全国高新技术企业的7.61%；与2013年相比，增加了2055家，增长了26.04%。2016年新颁布的高企认定办法对外资企业仍然产生了正向效应。

②外资高企集中在国内经济发达地区和部分行业。外资高企在国内的分布呈现明显的地区差异，大部分分布在我国东部地区，其中北京、上海、江苏、浙江、广东等地外资高企数量较多；2017年上述五省（市）的企业数量占比分别为8.76%、10.09%、18.84%、9.65%、28.10%，累计占全国的75.44%。外资高企主要集中在制造业，信息传输、软件和信息技术服务，科学研究和技术服务等行业，

其中制造业的外资高企数量最多。

③外资高企在促进我国经济发展上作用重大。在营业收入、净利润及上缴税额方面，外资高企占全部高企的份额逐渐降低，但是外资高企仍然在这几个指标上保持增长态势，企业盈利能力和提供税收方面仍然明显高于内资高企，显示外资高企依然是促进我国经济发展的动力之一。外资高企的人均营业收入、人均净利润和平均净资产收益率均高于内资高企，而且二者在人均净利润和平均净资产收益率的差距较大，显示外资高企依然是国内很多企业的追赶和学习的目标。

④外资高企的创新投入整体上高于内资高企。外资高企的研发经费、科技人员和研发人员占全部高企投入总量的比例是逐年下降的，但与外资高企数量占比不到 10% 相比，外资高企在上述创新投入方面的占比仍保持在 15% 以上，这充分说明外资高企在创新投入上仍然高于内资高企，对推动我国企业的技术创新能力依旧发挥重要作用。内资高企与外资高企在研发经费投入上差距较大，与 2013 年比较，2017 年内资高企户均研发投入下降 29%，而外资户均研发投入却增长 14%；外资高企人均研发费用比内资高企高出 10 万元以上。

⑤内资高企与外高企在创新产出上的差距逐渐缩小。除了户均发明专利授权外，外资高企户均创新产出指标均高于内资高企业，在户均拥有专利指标上尤为明显，在户均当年发明专利申请上保持基本稳定的差距，这说明外资高企的创新产出高于内资高企。但是，内资高企与外资高企的差距在逐渐缩小，在个别指标上内资高企已经超过了外资高企。2013—2017 年，内资高企在户均拥有发明专利、户均当年专利申请上的差距是减小的；内资高企的户均发明授权远高于外资，尤其是在 2016 年新办法颁布实施后这种趋势更为明显，这说明内资高企在国内的研发活动比外资高企活跃，研发成效更显著。这也侧面说明了 2016 年出台的高企认定管理办法引导内资高企追求高质量知识产权的效果明显。

第九章
高技术服务业高新技术企业

高技术服务业是现代服务业的重要内容和高端环节，技术含量和附加值高，创新性强，发展潜力大，辐射带动作用突出。加快发展高技术服务业对于扩大内需、吸纳就业、培育壮大战略性新兴产业、促进产业结构优化升级具有重要意义。当前，国民经济各行业对高技术服务的需求日益增长，科技创新对经济社会发展的支撑作用日益体现在服务上，基于高技术和支撑科技创新的新兴服务业不断涌现，高技术服务业呈现出良好发展势头。

一、数量和行业分布特点

2013年之前，高技术服务业分为9个行业类别，分别为电信增值服务业、网络信息服务、软件和信息技术服务业、知识产权服务业、科学研究技术服务业、专业技术服务、科技推广和应用服务业、工程技术服务业、科技中介和科学普及服务业。2013年，高技术服务业9个行业类别做出相应调整，分别为信息服务、电子商务服务、检验检测服务、专业技术服务业中的高技术服务、研发设计服务、科技成果转化服务、知识产权及相关法律服务、环境监测及治理服务和其他高技术服务。

（一）高技术服务业高企总量变化

如表9-1所示，2013—2017年，高技术服务业企业总量不断增长，规模不断扩大，在2017年高技术服务业全国高企数量已达36 775家。高技术服务业在全部高企中的占比也在不断上升，在2016—2017年增速明显加快。其中，外资高企占比则有所下降，反映出内资高企进入一个快速发展的阶段。如图9-1所示，高技术服务业企业数量在2016年增长速度明显提升，且连续两年保持超过40%的增长率。

表9-1 2013—2017年高技术服务业高企数量

	2013年	2014年	2015年	2016年	2017年
高技术服务业高企数量（家）	11647	13558	17310	25065	36775
占全部高企比例（%）	21.30	21.67	22.73	25.06	28.15
高技术服务业中外资高企占比（%）	8.79	7.43	5.70	4.50	3.55

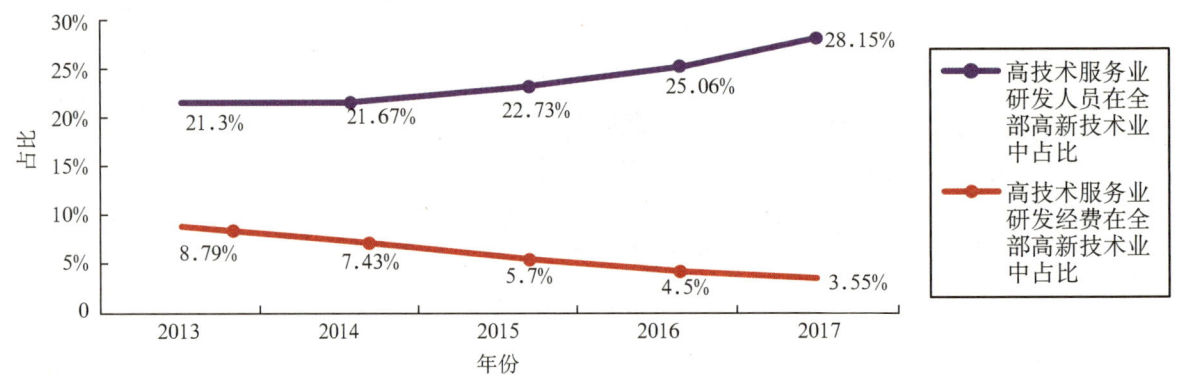

图 9-1 2013—2017 年高技术服务业高企数量变化

（二）高技术服务业细分行业分布

如表 9-2 所示，2013—2017 年高技术服务业高新技术企业主要集中在信息服务业，其占比均在 70% 以上，信息服务业的企业数量不断增加的同时占比有所下降，说明高技术服务业其他行业发展前景乐观。各行业高新技术企业数量总量均处于上升趋势，其中信息服务业、检验检测服务业、科技成果转化服务业、知识产权及相关法律服务业、环境监测及治理服务业的企业数量有较大幅度的增长。

表 9-2 2013—2017 年高技术服务业细分行业高企数量占比　　　　　　　　　　　单位：%

行业	2013 年	2014 年	2015 年	2016 年	2017 年
信息服务	74.69	73.64	72.27	70.23	71.28
电子商务服务	0.38	0.33	0.31	0.28	0.21
检验检测服务	1.13	1.17	1.28	1.60	1.84
专业技术服务业中的高技术服务	5.25	5.34	5.17	4.56	3.92
研发设计服务	6.90	6.50	5.48	5.57	5.98
科技成果转化服务	8.59	9.49	12.13	14.11	13.16
知识产权及相关法律服务	0.07	0.06	0.09	0.18	0.16
环境监测及治理服务	2.99	3.47	3.27	3.46	3.44

（三）新旧高企数量分布

2016 年，科技部等部门出台了新的高新技术企业认定管理方法。如表 9-3 所示，2017 年各行业新办法认定的高企数量猛增，并明显多于旧办法认定的高企，表明符合高企认定新标准的企业更多了，说明高企认定新办法效果良好。尤其是信息服务、研发设计服务、科技成果转化服务这 3 个行业更为明显。

表 9-3 2016—2017年高技术服务业细分行业新旧高企数量　　　　　　　　　　单位：个

行业	2016旧	2016新	2017旧	2017新
信息服务	9676	7927	5200	21 015
电子商务服务	49	22	25	53
检验检测服务	191	211	106	572
专业技术服务业中的高技术服务	705	437	342	1099
研发设计服务	735	661	371	1827
科技成果转化服务	2000	1537	1146	3694
知识产权及相关法律服务	20	26	12	47
环境监测及治理服务	463	405	250	1016
总量	13 839	11 226	7452	29 323

二、经济贡献

（一）总体情况

1. 总量经济指标

如表9-4和表9-5所示，2013—2017年高技术服务业的高企在总收入、净利润、上缴税收、出口、就业等指标总体上进入上升通道，高技术服务业发展态势良好。

如图9-2所示，就业增长率保持逐年上升，其他各经济指标的增长率在2015年放缓随后又好转，总收入和上缴税收的变化趋势基本相同。

表 9-4 2013—2017年高技术服务业高企的经济贡献

	2013年	2014年	2015年	2016年	2017年
总收入（亿元）	16 686.89	20 893.28	23 129.65	28 571.30	37 142.77
净利润（亿元）	2279.30	2806.62	2823.27	3966.67	4864.96
上缴税收（亿元）	1053.37	1361.37	1488.20	1859.50	2375.94
出口（亿美元）	161.62	172.47	150.25	155.56	184.67
就业（人）	2 094 349	2 343 906	2 688 066	3 278 658	4 025 820

注：总收入 = 营业收入 + 营业外收入。

表 9-5　2013—2017 年高技术服务业高企各经济指标在全部高企中的占比　　　　单位：%

	2013 年	2014 年	2015 年	2016 年	2017 年
总收入	8.61	9.52	10.28	10.82	11.57
净利润	17.77	19.49	18.95	21.03	20.95
上缴税收	11.35	12.75	13.47	14.13	15.25
出口	3.29	3.40	3.15	3.33	3.30
就业	11.57	12.24	13.14	13.89	14.72

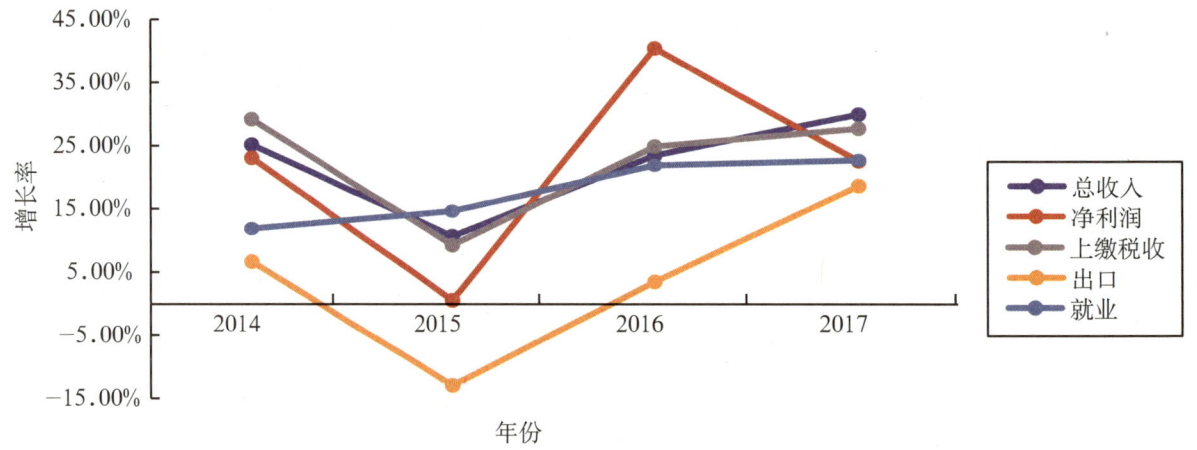

图 9-2　2013—2017 年高技术服务业各经济贡献指标增长率

2. 户均指标

如表 9-6 所示，2013—2017 年高技术服务业高企的户均收入、户均上缴、户均净利润和户均出口在 2014 年达到峰值后开始回落。这与宏观经济增长速度减缓和高新技术服务企业数量多、规模小有关。

表 9-7 是所有高新技术企业的户均经济指标，可以看到高技术服务业与整个高新技术业的整体趋势基本一致。相比之下，高技术服务业的户均指标值小于整个高新技术业，这可能是因为高技术服务业的企业数量多而规模较小。

表 9-6　2013—2017 年高技术服务业高企户均经济指标

	户均收入（万元）	户均净利润（万元）	户均上缴税收（万元）	户均出口（万美元）
2013 年	14 327.20	1956.99	904.41	138.76
2014 年	15 410.30	2070.08	1004.11	127.21
2015 年	13 362.02	1631.01	859.73	86.80
2016 年	11 398.88	1582.55	741.87	62.06
2017 年	10 100.00	1322.90	646.07	50.22

表 9-7 2013—2017 年全部高新技术企业户均经济指标

	户均收入（万元）	户均净利润（万元）	户均上缴税收（万元）	户均出口（万美元）
2013 年	35 447.47	2345.37	1696.57	898.97
2014 年	35 088.63	2301.80	1706.44	810.25
2015 年	29 553.83	1956.21	1451.52	626.30
2016 年	26 398.23	1885.74	1315.76	467.21
2017 年	24 565.18	1777.29	1192.53	428.74

3. 人均经济指标

如表 9-8 所示，从人均经济指标看，高技术服务业高企的人均总收入、人均净利润、人均上缴税收这 3 个指标的变化趋势基本一致，2014 年较 2013 年各项指标有所上涨，在 2015 年下降后又上升；而人均出口则逐年下降。

表 9-8 2013—2017 年高技术服务业高企人均经济指标

	人均总收入（万元）	人均净利润（万元）	人均上缴税收（万元）	人均出口（千美元）
2013 年	79.68	10.88	5.03	7.72
2014 年	89.14	11.97	5.81	7.36
2015 年	86.05	10.50	5.54	5.59
2016 年	87.14	12.10	5.67	4.74
2017 年	92.26	12.08	5.90	4.59

如表 9-9 所示，高技术服务业高企与所有高新技术企业的人均经济效益指标变化趋势大致相同。从人均总收入与人均出口这两个指标看，高技术服务业高企明显小于所有高新技术企业。

表 9-9 2013—2017 年全部高新技术高企人均经济指标

	人均总收入（万元）	人均净利润（万元）	人均上缴税收（万元）	人均出口（千美元）
2013 年	107.08	7.08	5.13	27.16
2014 年	114.63	7.52	5.57	26.47
2015 年	110.02	7.28	5.40	23.32
2016 年	111.84	7.99	5.57	19.79
2017 年	117.31	8.49	5.69	20.47

（二）细分行业经济贡献

1. 总收入

如表 9-10 所示，2013—2017 年信息服务业、电子商务服务业、科技成果转化服务业、知识产权及相关法律服务业的高企总收入保持了连续增长。从总量看，信息服务、专业技术服务业中的高技术服务、研发设计服务 3 个行业的高企总收入位列前 3。

表 9-10　2013—2017 年高技术服务业细分行业高企经济贡献（总收入）　　　　单位：亿元

行业	总收入				
	2013 年	2014 年	2015 年	2016 年	2017 年
信息服务	9702.23	12350.56	14132.51	19017.06	25160.3
电子商务服务	105.44	150.34	186.83	241.88	360.89
检验检测服务	208.15	207.53	196.55	282.95	396.5
专业技术服务业中的高技术服务	3354.01	4212.68	5055.81	4908.29	5896.47
研发设计服务	2106.8	2355.89	1713.87	1792.17	2458.6
科技成果转化服务	817.17	1005.28	1232.31	1627.01	1810.89
知识产权及相关法律服务	2.33	2.37	11.81	12.11	32.01
环境监测及治理服务	390.74	608.61	599.96	689.84	1027.12

2. 净利润

如表 9-11 所示，2013—2017 年，信息服务、电子商务服务、环境监测及治理服务的净利润保持了连续增长。从总量看，信息服务、专业技术服务业中的高技术服务、研发设计服务 3 个行业的净利润位列前 3。

表 9-11　2013—2017 年高技术服务业细分行业高企经济贡献（净利润）　　　　单位：亿元

行业	净利润				
	2013 年	2014 年	2015 年	2016 年	2017 年
信息服务	1570.46	2013.66	2029.69	3164.2	3854.92
电子商务服务	10.01	14.25	17.89	26.13	39.14
检验检测服务	41.06	36.54	41.62	55.38	74.04
专业技术服务业中的高技术服务	346.84	395.46	423.94	382.7	505.19
研发设计服务	189.89	201.1	149.86	175.55	213.04
科技成果转化服务	74.91	94.51	91.87	84.61	62.64
知识产权及相关法律服务	0.38	0.13	0.72	0.81	1.45
环境监测及治理服务	45.76	50.96	67.68	77.3	114.54

3. 上缴税收

如表 9-12 所示，2013—2017 年，由于总收入整体上升，高技术服务业的高企上缴税收也相应上升。信息服务、专业技术服务业中的高技术服务、研发设计服务行业、科技成果转化服务 4 个行业的高企对税收做出了较大贡献。

表 9-12　2013—2017 年高技术服务业细分行业高企经济贡献（上缴税收）　　　　单位：亿元

行业	上缴税收				
	2013年	2014年	2015年	2016年	2017年
信息服务	676.89	905.22	1040.37	1348.55	1746.29
电子商务服务	6.20	10.43	12.71	15.81	18.59
检验检测服务	15.51	30.81	16.54	24.20	31.59
专业技术服务业中的高技术服务	185.99	229.76	249.20	261.32	319.84
研发设计服务	104.95	106.72	70.38	88.22	113.59
科技成果转化服务	44.70	47.92	63.40	78.72	85.66
知识产权及相关法律服务	0.19	0.18	0.40	0.76	1.74
环境监测及治理服务	18.94	30.33	35.20	41.93	58.64

4. 出口

如表 9-13 所示，2013—2017 年，位列高技术服务业高企出口前 3 位的行业分别是信息服务、专业技术服务业中的高技术服务、研发设计服务，这与总收入、净利润、上缴税收的情况一致。

表 9-13　2013—2017 年高技术服务业细分行业高企经济贡献（出口）　　　　单位：千万美元

行业	出口				
	2013年	2014年	2015年	2016年	2017年
信息服务	701.61	661.37	663.82	714.44	1000.36
电子商务服务	0.59	0.00	0.05	0.13	0.11
检验检测服务	7.43	0.68	0.34	0.23	1.31
专业技术服务业中的高技术服务	449.42	526.15	549.78	548.08	464.32
研发设计服务	383.18	446.55	211.18	158.70	242.62
科技成果转化服务	64.47	84.50	73.89	129.08	135.93
知识产权及相关法律服务	0.28	0.26	0.25	0.65	0.28
环境监测及治理服务	9.21	5.22	3.13	4.34	1.79

5. 就业

如表 9-14 所示，2013—2017 年，各行业对人才需求不断增加，符合高技术服务业高企的发展规律。大部分行业的就业量不断上升，且在 2017 年有较大幅度增长，其中知识产权及相关法律服务、检测检验服务、环境监测及治理服务 3 个行业增速最大。从总量上看，信息服务、专业技术服务业中的高技术服务、科技成果转化服务 3 个行业高企提供了较多的就业岗位。以上表明高技术服务业发展潜力巨大。

表 9-14　2013—2017 年高技术服务业细分行业高企经济贡献（就业）　　　　　单位：人

行业	就业				
	2013 年	2014 年	2015 年	2016 年	2017 年
信息服务	1 444 613	1 598 708	1 858 601	2 272 246	2 797 306
电子商务服务	22 504	26 170	22 461	25 113	24 053
检验检测服务	43 982	42 580	53 643	71 429	98 767
专业技术服务业中的高技术服务	284 544	329 439	394 897	437 826	508 384
研发设计服务	180 843	195 438	169 399	203 456	266 325
科技成果转化服务	81 390	101 755	130 461	196 276	228 818
知识产权及相关法律服务	884	843	2994	2584	5906
环境监测及治理服务	35 589	48 973	55 610	69 728	96 261

（三）细分行业新旧高企户均经济指标对比

1. 户均收入

如表 9-15 所示，除信息服务业外，其他行业的新办法认定的高企户均收入均高于旧高企。其中，电子商务服务、专业技术服务业中的高技术服务、研发设计服务 3 个行业的户均收入较高。这表明新办法认定高企的经济效益更高。

表 9-15　2016—2017 年高技术服务业细分行业新旧高企经济效益

行业	户均收入（千万元）				户均净利润（千万元）			
	2016 新办法	2017 新办法	2016 旧办法	2017 旧办法	2016 新办法	2017 新办法	2016 旧办法	2017 旧办法
信息服务	7.03	9.56	13.89	9.74	1.37	1.56	2.15	1.10
电子商务服务	19.57	44.38	0.21	0.24	1.95	3.71	0.02	0.04
检验检测服务	3.57	4.81	0.21	0.23	0.46	0.84	0.05	0.05
专业技术服务业中的高技术服务	21.71	38.75	4.09	3.15	2.02	3.10	0.30	0.32
研发设计服务	9.26	11.13	1.22	0.82	0.71	0.97	0.13	0.07
科技成果转化服务	3.73	3.39	1.09	1.07	0.10	0.07	0.07	0.07
知识产权及相关法律服务	1.73	6.27	0.01	0	−0.03	0.26	0	0
环境监测及治理服务	4.03	7.39	0.54	0.53	0.37	0.76	0.06	0.07

2. 户均净利润

如表 9-15 所示，各细分行业中新办法认定的高企，其户均利润明显高于旧高企。2017 年，电子商务服务、专业技术服务业中的高技术服务、信息服务 3 个行业新办法认定高企户均净利润位列前 3。

3. 户均上缴税收

如表 9-16 所示，除信息服务业外，其他行业的新高企户均上缴税收均高于旧高企，且这些行业的新高企的户均收入也高于旧高企。2017年，专业技术服务业中的高技术服务、电子商务服务、信息服务中的新办法认定的高企户均上缴税收位列前3。

表9-16　2016—2017年高技术服务业细分行业新旧高企经济效益

行业	户均上缴税收（千万元）				户均出口（万美元）			
	2016新办法	2017新办法	2016旧办法	2017旧办法	2016新办法	2017新办法	2016旧办法	2017旧办法
信息服务	0.50	0.69	0.98	0.57	20.40	39.12	57.12	34.27
电子商务服务	1.28	1.89	0.01	0.02	0.00	2.09	0.01	0.00
检验检测服务	0.25	0.36	0.02	0.02	0.65	2.11	0.01	0.02
专业技术服务业中的高技术服务	1.34	2.08	0.21	0.18	171.39	248.95	48.90	36.68
研发设计服务	0.41	0.51	0.06	0.04	57.16	125.12	12.50	2.70
科技成果转化服务	0.16	0.17	0.06	0.05	24.08	5.72	9.51	22.08
知识产权及相关法律服务	0.08	0.34	0.00	0.00	0.00	5.98	0.07	0.00
环境监测及治理服务	0.27	0.44	0.03	0.03	4.23	1.53	0.27	0.05

4. 户均出口

如表9-16所示，除信息服务业外，其他行业的新高企户均出口高于旧高企。其中，专业技术服务业中的高技术服务的新高企户均出口值明显高于其他行业，这反映出该行业经济效益较高。

5. 户均就业

如表9-17所示，除信息服务业外，其他行业的新高企的户均就业量高于旧高企。其中，电子商务服务、专业技术服务业中的高技术服务、信息服务、检验检测服务4个行业的新高企户均就业量位居前列。

表9-17　2016—2017年高技术服务业细分行业新旧高企经济效益

行业	户均就业（人）			
	2016新办法	2017新办法	2016旧办法	2017旧办法
信息服务	19.73	27.15	25.67	31.23
电子商务服务	36.91	72.25	0.28	0.39
检验检测服务	22.20	26.90	0.40	0.91
专业技术服务业中的高技术服务	23.70	42.22	2.36	3.70
研发设计服务	15.58	21.18	1.31	1.29
科技成果转化服务	6.11	13.25	1.04	3.24
知识产权及相关法律服务	11.65	14.19	0.01	0.05
环境监测及治理服务	11.63	14.03	0.70	0.95

三、技术创新投入

（一）整体投入

如表 9-18 所示，2013—2017 年，高技术服务业高企的技术创新投入情况良好。研发人员和研发经费均逐年上升，且在 2016 年达到最大增速。

由图 9-3 可知，高技术服务业高企的研发人员、研发经费在全部高新技术企业中的占比也是逐年上升的，意味着高技术服务业高企的创新力度不断加大。

表 9-18　2013—2017 年高新术服务业高企技术创新投入情况

	高技术服务业 R&D 人员（万人）	全部高新技术企业 R&D 人员（万人）	高技术服务业 R&D 经费（亿元）	全部高新技术企业 R&D 经费（亿元）
2013 年	28.24	266.11	603.61	5401.05
2014 年	32.3	279.34	742.51	5809
2015 年	39.21	296.52	868.61	6304.04
2016 年	56.67	349.48	1283.48	7806.05
2017 年	77.7	413.39	1675.07	9279.49

图 9-3　2013—2017 年高技术服务业高企研发人员、研发经费在全部高新技术企业的占比

（二）细分行业技术创新投入

1. 户均研发人员

如表 9-19 所示，信息服务业的高企户均研发人员在 2013—2017 年比较稳定且有所增加，其他行业的户均研发人员大都呈现下降的趋势。其中，专业技术服务业中的高技术服务业及研发设计服务业的高企户均研发人员较多。

表 9-19 2013—2017 年高新术服务业细分行业高企户均研发人员　　　　　　　　　　单位：个

行业	户均研发人员				
	2013 年	2014 年	2015 年	2016 年	2017 年
信息服务	17.41	17.38	18.56	20.67	20.37
电子商务服务	24.39	36.25	33.91	25.44	24.89
检验检测服务	48.02	44.63	30.01	24.66	20.77
专业技术服务业中的高技术服务	85.91	81.81	76.85	67.43	58.06
研发设计服务	60.49	59.79	50.06	51.34	41.61
科技成果转化服务	15.57	14.56	11.71	8.54	7.44
知识产权及相关法律服务	9.32	6.25	5.27	6.21	3.06
环境监测及治理服务	19.35	21.43	18.50	13.66	12.32

2. 户均研发经费

如表 9-20 所示，信息服务、电子商务服务两个行业高企在 2013—2016 年户均研发经费逐年上升，但在 2017 年减少。专业技术服务业中的高技术服务业及研发设计服务业的高企户均研发经费较多，结合户均研发人员数看，这两个行业对技术创新要求更高，投入也更多。

表 9-20 2013—2017 年高新术服务业细分行业高企户均研发经费　　　　　　　　　　单位：千元

行业	户均研发经费				
	2013 年	2014 年	2015 年	2016 年	2017 年
信息服务	3456.55	3805.99	4490.19	5094.49	4464.14
电子商务服务	2367.13	4064.24	4330.65	5135.86	4042.23
检验检测服务	8301.90	6687.38	3800.61	2775.30	2331.22
专业技术服务业中的高技术服务	14565.85	14818.45	13020.32	9054.29	7993.21
研发设计服务	19537.27	20463.99	12166.88	14355.20	12331.00
科技成果转化服务	3403.77	3632.18	2361.43	1435.44	1557.96
知识产权及相关法律服务	914.99	421.75	471.23	507.09	274.41
环境监测及治理服务	3075.98	3348.09	2575.81	1969.01	1900.23

（三）新旧高企技术创新投入

1. 户均研发人员

如表 9-21 所示，总体上新高企的户均研发人员少于旧高企，主要原因是新办法认定下高新技术企业数量增多，且中小规模企业居多。

表 9-21 2016—2017 年高技术服务业新旧高企细分行业户均研发人员 单位：个

行业	户均研发人员			
	2016 年旧	2017 年旧	2016 年新	2017 年新
信息服务	27.77	18.27	12.01	20.89
电子商务服务	26.27	65.55	23.58	5.71
检验检测服务	34.01	30.33	16.19	19.00
专业技术服务业中的高技术服务	85.45	70.90	38.38	54.06
研发设计服务	65.46	43.03	35.64	41.32
科技成果转化服务	9.91	8.55	6.77	7.09
知识产权及相关法律服务	3.05	3.50	8.65	2.95
环境监测及治理服务	17.45	17.76	9.32	10.98

2. 户均研发经费

如表 9-22 所示，2016—2017 年旧高企的户均研发经费总体上高于新高企。但是，2016 年电子商务服务、知识产权及相关法律服务的新高企户均研产经费超过旧高企；2017 年信息服务、研发设计服务的新高企户均研发经费也超过旧高企。

表 9-22 2016—2017 年高技术服务业新旧高企细分行业户均研发经费 单位：万元

行业	户均研发经费			
	2016 年旧	2017 年旧	2016 年新	2017 年新
信息服务	673.89	298.91	308.73	482.91
电子商务服务	509.96	1062.82	521.65	93.56
检验检测服务	395.35	302.55	170.88	220.26
专业技术服务业中的高技术服务	1134.21	949.02	536.34	752.74
研发设计服务	1770.34	1207.88	1063.22	1238.22
科技成果转化服务	158.77	215.56	123.73	137.25
知识产权及相关法律服务	36.88	37.83	61.35	24.79
环境监测及治理服务	281.43	246.42	100.26	176.15

四、技术创新成果

（一）行业整体情况

如表 9-23 所示，2013—2017 年，高技术服务业的高企创新产出情况良好，当年专利授权数、当年获得软件著作权数、当年获得集成电路布图数等都在不断增加，在 2017 年达到最大增速。

如图9-4所示，在整个高新技术服务业中，软件著作权所占份额最大，这与信息服务业企业数量多及软件著作权获取相对容易有直接关系；集成电路布图的份额在2017年也有明显提升。

表9-23　2013—2017年高技术服务业高企技术创新产出情况　　　　　　　　　　　　单位：件

	2013年	2014年	2015年	2016年	2017年
当年专利授权	30 657	31 030	42 495	58 422	81 743
当年获得软件著作权	27 526	34 954	44 798	82 545	147 672
当年获得植物新品种	63	59	28	34	18
当年获得集成电路布图	513	515	608	649	1176

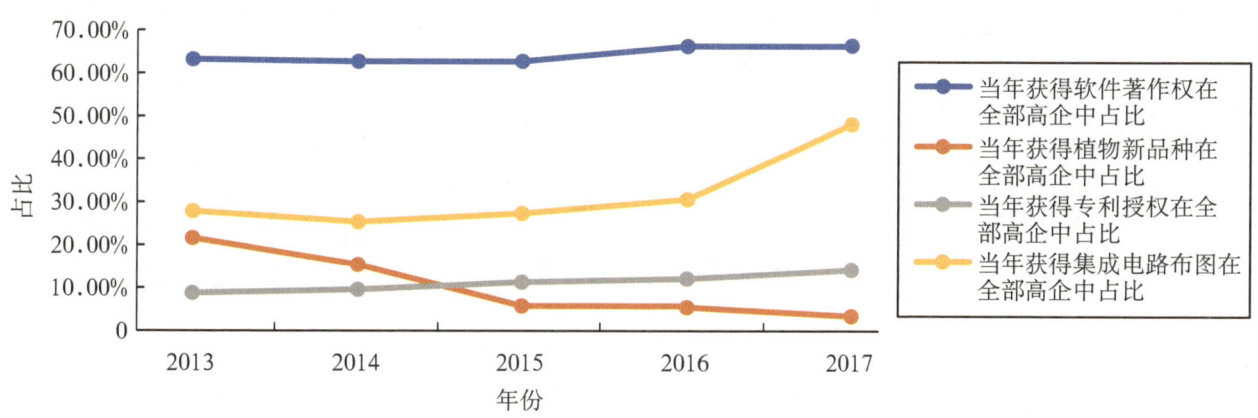

图9-4　高技术服务业高企创新产出在整个高新技术业中的占比

（二）细分行业技术创新成果

1. 专利授权数量

如表9-24所示，信息服务、专业技术服务业中的高技术服务、研发设计服务3个行业的专利（发明专利、实用新型专利、外观设计专利）授权数较多，且数量逐年递增。

表9-24　2013—2017年高技术服务业细分行业高企创新成果　　　　　　　　　　　　单位：件

行业	当年获得专利授权				
	2013年	2014年	2015年	2016年	2017年
信息服务	13 136	11 952	18 916	28 825	42 711
电子商务服务	3	30	24	21	27
检验检测服务	624	461	661	1158	1901
专业技术服务业中的高技术服务	5259	6705	8197	9414	10 835
研发设计服务	7820	7283	8794	10 220	14 645
科技成果转化服务	2455	3065	3539	5496	7289
知识产权及相关法律服务	15	2	306	36	49
环境监测及治理服务	1345	1532	2058	3252	4286

2. 软件著作权

如表9-25所示，各个细分行业每年新研发的软件著作权数量都在不断上升，且在2016—2017年增速明显提高。其中，信息服务、专业技术服务业中的高技术服务、研发设计服务、科技成果转化服务这4个细分行业的高企拥有较多的软件著作权，其中信息服务业高企遥遥领先。

表9-25　2013—2017年高技术服务业细分行业高企创新成果　　　　单位：件

行业	当年获得软件著作权				
	2013年	2014年	2015年	2016年	2017年
信息服务	24 673	30 945	39 102	71 355	127 096
电子商务服务	122	135	151	303	535
检验检测服务	111	111	218	437	1410
专业技术服务业中的高技术服务	812	1153	1625	2347	3988
研发设计服务	772	1144	1065	2311	4356
科技成果转化服务	939	1335	2352	5063	8907
知识产权及相关法律服务	14	15	12	125	151
环境监测及治理服务	83	116	273	604	1229

3. 集成电路布图

如表9-26所示，在高技术服务业高企中，集成电路布图的研发主要集中在信息服务业，部分行业如研发设计服务、科技成果转化服务也有集成电路布图设计。

表9-26　2013—2017年高技术服务业细分行业高企创新成果　　　　单位：件

行业	当年获得集成电路布图				
	2013年	2014年	2015年	2016年	2017年
信息服务	488	512	591	621	1046
检验检测服务	0	0	0	2	0
专业技术服务业中的高技术服务	9	0	0	0	0
研发设计服务	14	1	3	6	61
科技成果转化服务	2	2	14	20	69

五、小结

①数据显示，2016年新高企认定管理办法实施后，高技术服务业的高企数量不断增加，占全部高企的比例逐年提高，发展趋势良好。其中，信息服务业的占比最大。

②高技术服务业高企中，信息服务、专业技术服务业中的高技术服务、研发设计服务3个行业高

企的经济贡献较大，其总收入、净利润较多。

③户均经济指标显示，电子商务服务、专业技术服务业中的高技术服务、研发设计服务 3 个行业高企的整体经济较好，领先于其他细分行业。

④技术创新指标显示，专业技术服务业中的高技术服务、研发设计服务 2 个行业高企的研发投入、产出较高，显示这 2 个行业高企的技术创新成效明显。

第十章
税收落实和政策效果

通过认定的高新技术企业，可以享受高新技术企业所得税减免10%的优惠。科技部、财政部和国家税务总局通过落实《高新技术企业认定管理办法》，鼓励和引导企业持续和加大研发投入、创造和拥有核心自主知识产权，促进高科技企业快速成长。本章分析了2013—2017年高新技术企业所得税优惠政策落实情况及2016—2017年新旧办法认定的税收优惠政策落实情况对比。

一、税收优惠政策落实情况

本部分主要依据高新技术企业填报的统计数据[①]，分析了高新技术企业在2013—2017年享受的企业所得税减免优惠情况。

（一）高新技术企业所得税减免优惠落实情况

1. 高新技术企业所得税减免优惠落实情况

2008年和2016年的《高新技术企业认定管理办法》，都规定了科技、财政和税务三部门的联合工作机制，在三部门共同认定的基础上，符合条件的高新技术企业减按15%的税率缴纳企业所得税。因此，对比一般企业所得税率25%，高新技术企业所得税减免额为企业当年应纳税所得额乘以10%（以下简称高企所得税减免）。

如图10-1与图10-2所示，2017年，全国13万家高新技术企业中，75.03%有盈利，41.70%享受了高企所得税减免优惠；全国高新技术企业所得税减免额共计1880.36亿元，占高企各类税收减免总额的47.03%。比较而言，2017年，享受高企所得税减免额优惠的高企数量是2013年的2.14倍；高新技术企业所得税减免额较2013年增加了87.59%。

可见，高新技术企业所得税减免优惠仍然是企业最重要的税收优惠政策。但是，2017年盈利高企占比较2013年下降了8个百分点；享受高企所得税减免的高企占比下降了近5个百分点；高企所得税减免额占比增加了2个百分点，但较2014年53.4%的最高峰下降了6个百分点。分析原因，一方面，受我国近年来经济增速进入下行通道的影响，很多企业正处于转型期，盈利能力较弱；另一方面，高企数量大幅增长，尽管2016年新版本政策对认定条件有所放宽，税务部门对落实高企所得税减免也

---

① 根据火炬统计数据整理得到。

采取了一些措施,但是随着普惠性增强的研发费用加计扣除税收优惠及西部大开发、软件企业所得税率优惠政策的逐步落实,享受高企所得税减免优惠对很多高企的吸引力下降。

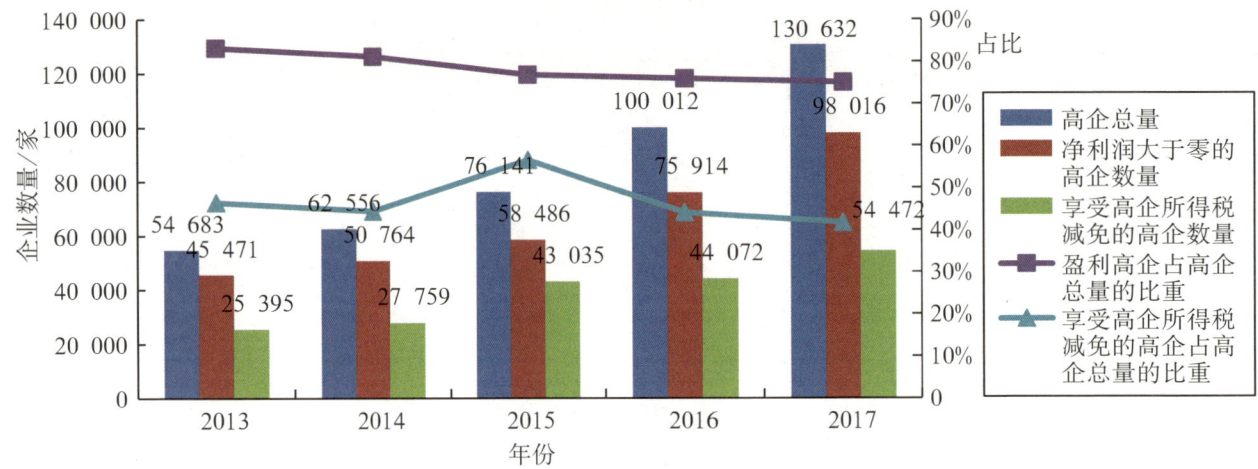

图 10-1　2013—2017 年高新技术企业盈利与享受高企所得税减免数量概况

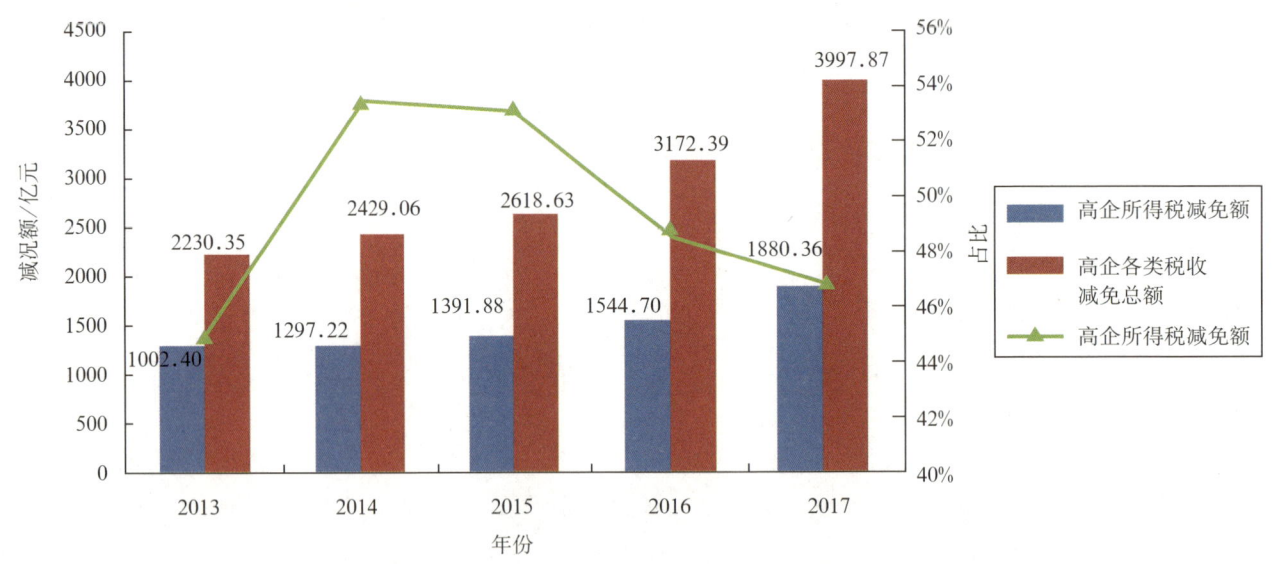

图 10-2　2013-2017 年高新技术企业享受高企所得税减免优惠情况

2. 高新技术企业减免税额地区分布情况

2017 年,全国高新技术企业所得税减免总量的 66.3% 分布在广东、江苏、浙江、上海、北京、山东等 6 个地区(表 10-1)。其中,广东省的高新技术企业所得税减免额全国最高,约占 18.57%,其次是江苏 14.35%、浙江 10.04%。浙江净利润大于零和享受高企所得税减免的高企占比分别达到 83.62% 和 60.84%,位居全国首位,这表明浙江高新技术企业的经济效益普遍较好,且多数受益于高企所得税减免优惠。

表 10-1 2017年全国高新技术企业所得税减免额的区域分布情况

地区	高新技术企业数量（家）	其中			
		净利润大于零的高企数量占比（%）	享受到高企所得税减免优惠的高企数量占比（%）	其中	
				高企所得税减免额占比（%）	户均高企所得税减免额（万元）
北京	16 267	62.37	20.21	7.01	392.90
天津	4009	70.49	32.38	2.05	290.71
河北	3122	77.26	38.47	3.80	583.15
山西	1112	68.53	37.86	0.76	330.79
内蒙古	529	76.18	34.22	0.66	666.63
辽宁	2561	72.20	43.89	1.77	289.53
吉林	517	83.17	57.06	1.11	692.76
黑龙江	927	70.23	40.35	0.57	278.35
上海	7494	77.30	53.71	9.95	455.29
江苏	13 661	81.15	55.26	14.35	350.03
浙江	9047	83.62	60.84	10.04	335.84
安徽	4255	77.11	53.73	3.29	265.39
福建	3005	74.64	44.99	2.69	366.35
江西	2117	77.09	48.13	1.63	293.88
山东	6217	71.37	38.78	6.38	486.96
河南	2258	73.29	48.32	2.12	357.58
湖北	5261	71.58	43.93	3.38	269.04
湖南	3123	76.98	46.14	2.95	376.45
广东	32 718	77.51	37.15	18.57	281.34
广西	1186	73.86	36.09	0.69	297.54
海南	265	73.58	46.42	0.24	366.41
重庆	1996	79.21	37.22	1.07	264.27
四川	3480	75.14	39.28	1.43	192.52
贵州	688	76.16	39.39	0.33	226.03
云南	1225	72.98	38.86	0.56	215.86
西藏	32	78.13	40.63	0.06	847.38
陕西	2193	72.87	55.04	1.67	254.13

续表

地区	高新技术企业数量（家）	净利润大于零的高企数量占比（%）	享受到高企所得税减免优惠的高企数量占比（%）	其中	
				高企所得税减免额占比（%）	户均高企所得税减免额（万元）
甘肃	606	76.07	33.33	0.21	190.24
青海	143	65.03	41.96	0.10	297.32
宁夏	91	80.22	38.46	0.08	424.26
新疆	527	72.11	41.94	0.51	425.41
全国	130 632	75.03	41.70	100	338.06

注：①占比是指占全国高新技术企业总量的比重；
②户均所得税减免额由相应的"高企所得税减免额"除以"享受到高企所得税减免的高新技术企业数量"而得。下同。

3. 不同规模高新技术企业的高企所得税减免税额分布情况

如图10-3所示，2017年，销售收入10亿元以上的大型高新技术企业获得的高企所得税减免额占全国比重达57.61%，较2013年上升了4.1个百分点；销售收入100亿元以上的高新技术企业享受的高企所得税减免额占比达19.06%，比2016年增加5.36个百分点；其他规模的高新技术企业享受的高企所得税减免额占全国比重变化不大。

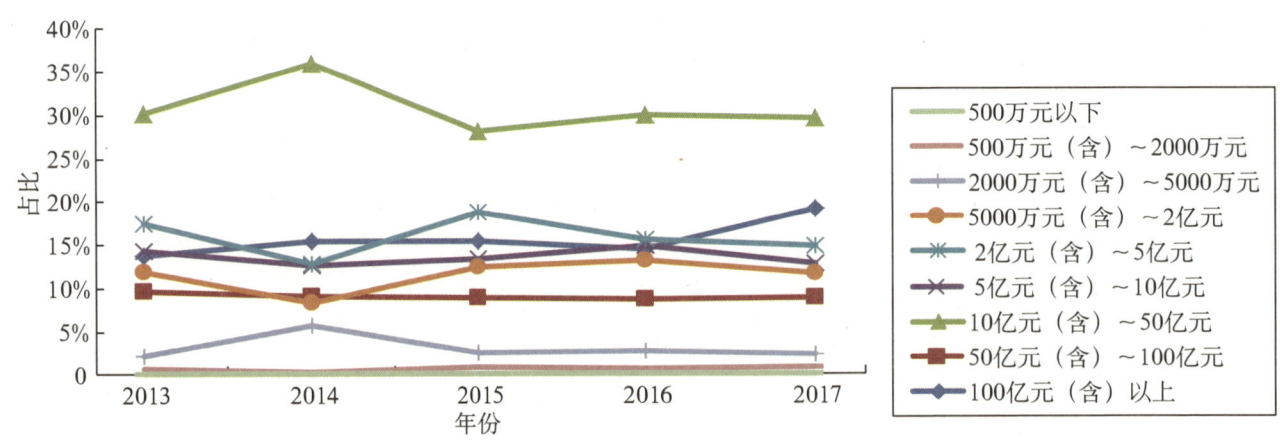

图10-3 2013—2017年不同规模高企享受企业所得税减免优惠占全国比重

如表10-2所示，2017年，我国高新技术企业规模越大盈利面越大，户均所得税减免额越高。其中，销售收入100亿元以上的高新技术企业户均高企所得税减免额达1.46亿元，较2013年增加了38.63%；2亿～100亿元不同规模高新技术企业的户均高企所得税减免额变化不大；2亿元以下多数规模的户均高企所得税减免额有所下降。

表 10-2 2017 年全国高新技术企业所得税减免额的规模分布情况

营业收入	高新技术企业数量（家）	其中			
		净利润大于零的高企数量占比（%）	享受到高企所得税减免优惠的高企数量占比（%）	其中	
				高企所得税减免额占全国比重（%）	户均高企所得税减免额（万元）
100 亿元（含）以上	348	96.26	69.25	19.06	14 566.53
50 亿（含）~ 100 亿元	511	92.95	66.93	8.89	4786.61
10 亿（含）~ 50 亿元	4287	92.77	68.25	29.66	1866.72
5 亿（含）~ 10 亿元	4826	91.57	68.88	12.81	709.42
2 亿（含）~ 5 亿元	11 754	91.56	68.43	14.77	338.23
5000 万（含）~ 2 亿元	31 331	88.06	58.90	11.57	115.42
2000 万（含）~ 5000 万元	24 814	80.97	44.06	2.30	38.73
500 万（含）~ 2000 万元	28 596	69.42	26.60	0.81	19.53
500 万元以下	24 165	43.51	10.76	0.13	9.53

4. 高新技术企业减免税额行业分布情况

如表 10-3 所示，2017 年高新技术企业中来自制造业的企业最多，信息传输、软件和信息技术服务业，科学研究和技术服务业分列第二、第三位。3 个行业的高企所得税减免额占比也依次较多，共占全国高企所得税减免总额的 90.88%。

表 10-3 2017 年全国高新技术企业所得税减免额的行业分布情况

行业	高新技术企业数量（家）	高企所得税减免额占比（%）	户均高企所得税减免额（万元）
农、林、牧、渔业	1157	0.20	31.92
采矿业	327	0.61	352.91
制造业	82 799	76.25	173.17
电力、燃气及水的生产和供应业	1017	1.15	211.92
建筑业	2283	3.64	300.19
批发和零售业	2986	0.52	32.57
交通运输、仓储和邮政业	299	0.39	245.76
信息传输、软件和信息技术服务业	26 058	10.17	73.40

续表

行业	高新技术企业数量（家）	高企所得税减免额占比（%）	户均高企所得税减免额（万元）
租赁和商务服务业	983	0.27	51.49
科学研究和技术服务业	10 306	4.46	81.43
水利、环境和公共设施	1264	0.59	88.07
教育	204	0.10	90.20
文化、体育和娱乐业	372	0.24	122.31
其他行业	577	1.4	457.76

注：其他行业包括住宿和餐饮业，金融业，房地产业，居民服务、修理和其他服务业及卫生和社会工作。

5. 高新技术企业减免税额内外资及高新区内外的分布情况

如图 10-4 所示，2017 年，内资高新技术企业享受的高企所得税减免额占全国高企所得税减免总额的比重达 74.83%；外资高企所得税减免额占全国高企所得税减免总额的比重为 25.18%，较 2013 年降低 4 个百分点以上。内资高新技术企业数量快速增长，质量也大幅提升，这是外资高企所得税减免额占比有所下降的主要原因。但是，如表 10-4 所示，内资高新技术企业的盈利面（净利润大于零的高企占比）低于外资高新技术企业 5 个多百分点，户均高企所得税减免额为 281.79 万元，仅是港澳台和外商高新技术企业的 31.68% 和 36.07%。

此外，2017 年，高新区外的高新技术企业盈利面高于高新区内的高新技术企业，高企所得税减免额占比为 54.35%；但是，户均高企所得税减免额为 285.58 万元，低于高新区内的高新技术企业。

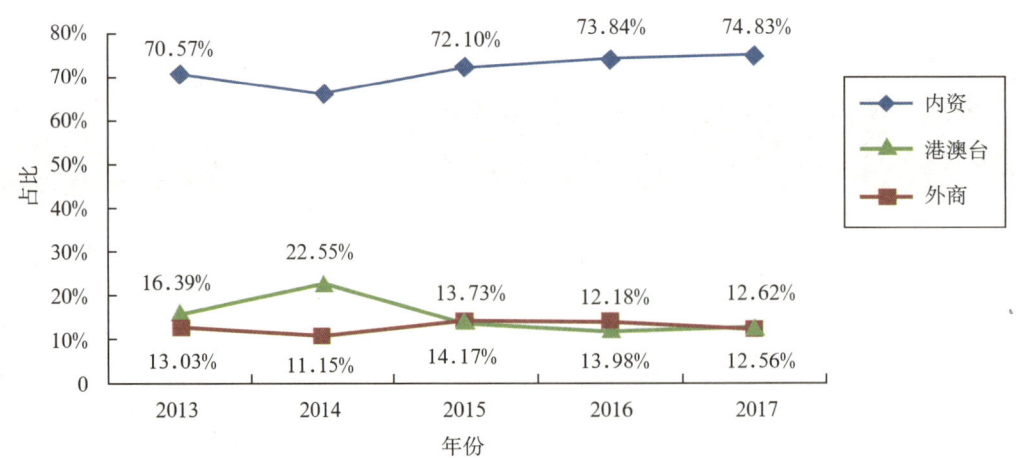

图 10-4　2013—2017 年内外资高企享受高企所得税减免优惠占全国情况

表 10-4 2017 年内外资和区内外高新技术企业所得税减免额情况

		高新技术企业数量（家）	其中			
			净利润大于零的高企数量占比（%）	享受到高企所得税减免优惠的高企数量占比（%）	其中	
					高企所得税减免额占比（%）	户均高企所得税减免额（万元）
企业性质	内资高新技术企业	120 686	74.60	40.52	74.83	281.79
	港澳台高新技术企业	4705	80.26	55.26	12.56	889.39
	外商高新技术企业	5241	80.40	56.74	12.62	781.25
高新区内外	高新区内高新技术企业	49 774	71.04	39.02	45.65	432.77
	高新区外的高新技术企业	80 858	77.49	43.35	54.35	285.58

（二）高新技术企业享受的其他所得税减免优惠落实情况

高新技术企业、研发费用加计扣除、技术转让等企业所得税优惠政策的有效实施对促进创新型科技企业发展起到了积极作用，高新技术企业除了可以享受高企所得税减免优惠外，还可以享受很多其他的税收优惠政策。

如表 10-5 和图 10-5 所示，2017 年，高新技术企业享受的各类税收减免额接近 4000 亿元，比 2013 年增加了 79.25%。其中所得税减免占到 75.29%，高新技术企业所得税减免占到 47.03%，研发费用加计扣除所得税减免占到 16.42%，技术转移所得税减免占 0.17%。可见，高新技术企业所得税减免对企业的支持力度最大。

表 10-5 2013—2017 年高新技术企业享受的税收优惠情况

年份	高新技术企业数（家）	各类税收减免总量（亿元）	其中			
			所得税减免总量（亿元）	其中		
				高新技术企业所得税减免额总量（亿元）	研发费用加计扣除所得税减免额总量（亿元）	技术转移所得税减免额总量（亿元）
2013	54 683	2230.35	1676.83	1002.40	543.70	3.25
2014	62 556	2429.06	1878.93	1297.22	313.29	6.20
2015	76 141	2618.63	1995.18	1391.88	446.55	4.91
2016	100 012	3172.39	2404.69	1544.70	506.35	6.53
2017	130 632	3997.87	3010.19	1880.36	656.52	6.88

注：各类税收减免是指企业所得税、增值税、土地增值税等各税种的税收减免。

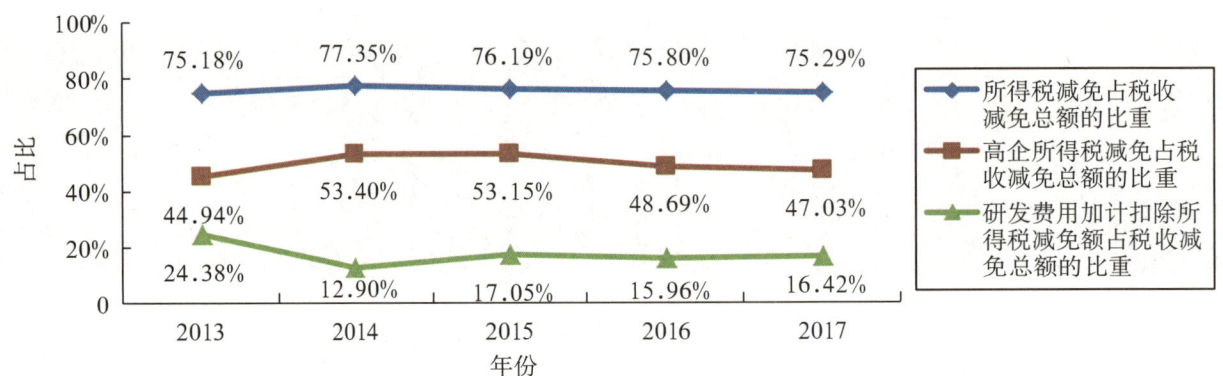

图 10-5　2013—2017 年高新技术企业享受的企业所得税减免占税收减免总量的比重

二、新旧办法认定的高新技术企业享受企业所得税减免优惠情况

为适应我国创新发展新形势需要，2016 年科技部、财政部与国家税务总局修订了高新技术企业认定管理办法与工作指引（以下简称 2016 高企办法）。

（一）2016 高企办法修订特点

2016 高企办法主要在以下 4 个方面进行了修订。

第一，适当放宽认定条件。将小企业研发费占比由 6% 调整为 5%，使更多中小企业享受到高企政策优惠；将企业科技人员占比由不低于 30% 调整为不低于 10%，以更加适应不同类型企业的科技人员情况；取消"近 3 年内"获得知识产权的限制及"5 年以上独占许可"获得知识产权的方式，以鼓励企业自主研发和技术转让。

第二，简化认定工作流程。缩短公示时间，由原来的 15 个工作日改为 10 个工作日；简化企业更名备案流程，不再报领导小组办公室备案；将各地评审专家的备案管理下放给地方认定机构；跨管理区域整体迁移的高企，在有效期内资格继续有效。

第三，加强认定和后续监管。建立随机抽查与重点检查机制，对各地认定管理工作进行监督检查；建立认定后高企资格复核机制，明确取消资格的情形与处罚办法，加强对已认定企业的日常管理。

第四，扩充重点支持的高新技术领域。新增检验检测、智慧城市、现代体育等服务业支撑技术，扩充文化创意、电子商务、现代物流等新兴产业技术，增加增材制造、石墨烯材料等先进技术，剔除了一批落后技术。

（二）新旧办法认定的高企所得税减免优惠情况对比

如表 10-6 所示，2017 年新办法认定的高企户均所得税减免额大于旧办法下的相应户均数据，这在一定程度上说明新办法认定的高企质量相对更优、享受税收优惠的认可度相对更高。

表 10-6 2016—2017 年新旧办法认定的高企享受的高企所得税优惠减免情况

	高新技术企业数量（家）	其中		
		净利润大于零的高企占比（%）	高企所得税减免额占比（%）	户均高企所得税减免额（万元）
2016 年旧办法	58 749	76.91	80.51	211.69
2016 年新办法	41 263	74.47	19.49	72.96
2017 年旧办法	29 733	75.24	26.68	168.71
2017 年新办法	100 899	74.97	73.32	182.62

（三）新旧高企业办法认定的高企所得税减免优惠分布情况对比

1. 不同规模高企在新旧办法认定的高企所得税减免税额分布情况对比

如表 10-7 和表 10-8 所示，新办法认定的不同规模高新技术企业盈利面普遍高于旧办法认定的相应高新技术企业；2016 年新办法认定的高企户均所得税减免额普遍低于旧办法认定的户均数据；但 2017 年有所变化，50 亿元以上与 100 亿元以上在新办法下认定的高企户均所得税减免额都有所增加。

表 10-7 不同规模高企在 2016 年新旧办法下的高企所得税减免额分布情况

营业收入	旧办法认定的高企所得税减免额分布				新办法认定的高企所得税减免额分布			
	高新技术企业数量（家）	净利润大于零的高企数量占比（%）	高企所得税减免额占 2016 年旧办法下高企所得税减免额的比重（%）	户均高企所得税减免额（万元）	高新技术企业数量（家）	净利润大于零的高企数量占比（%）	高企所得税减免额占 2016 年新办法下高企所得税减免额的比重(%)	户均高企所得税减免额（万元）
小于 500 万元	7142	37.15	0.07	3.13	7842	42.36	0.15	0.57
500 万（含）～2000 万元	10 988	65.71	0.56	9.65	10 018	70.18	1.02	3.08
2000 万（含）～5000 万元	11 285	79.94	2.57	35.42	8405	81.52	3.25	11.64
5000 万（含）～2 亿元	16 179	87.44	12.05	105.90	9718	89.20	17.88	55.40
2 亿（含）～5 亿元	6899	91.77	14.34	281.73	3109	92.12	21.34	206.65
5 亿（含）～10 亿元	2964	92.38	15.10	685.68	1117	91.41	13.11	353.38
10 亿（含）～50 亿元	2766	93.42	30.29	1457.82	899	91.43	27.84	932.17

续表

营业收入	旧办法认定的高企所得税减免额分布				新办法认定的高企所得税减免额分布			
	高新技术企业数量（家）	其中		户均高企所得税减免额（万元）	高新技术企业数量（家）	其中		户均高企所得税减免额（万元）
		净利润大于零的高企数量占比（%）	高企所得税减免额占2016年旧办法下高企所得税减免额的比重（%）			净利润大于零的高企数量占比（%）	高企所得税减免额占2016年新办法下高企所得税减免额的比重（%）	
50亿（含）～100亿元	315	92.06	9.23	3959.78	86	95.35	6.50	2274.19
100亿（含）以上	211	95.73	15.80	9726.05	69	95.65	8.90	3884.96

表10-8　不同规模高企在2017年新旧办法认定的高企所得税减免额分布情况

营业收入	旧办法认定的高企所得税减免额分布				新办法认定的高企所得税减免额分布			
	高新技术企业数量（家）	其中		户均高企所得税减免额（万元）	高新技术企业数量（家）	其中		户均高企所得税减免额（万元）
		净利润大于零的高企数量占比（%）	高企所得税减免额占2017年旧办法下高企所得税减免额的比重（%）			净利润大于零的高企数量占比（%）	高企所得税减免额占2017年新办法下高企所得税减免额的比重（%）	
小于500万元	4086	35.44	0.32	11.19	20 079	45.15	0.09	1.37
500万（含）～2000万元	5713	64.87	0.69	9.39	22 883	70.55	0.89	7.63
2000万（含）～5000万元	5810	79.66	2.38	25.78	19 004	81.38	2.63	23.41
5000万（含）～2亿元	8092	87.61	12.58	89.03	23239	88.22	11.49	77.26
2亿（含）～5亿元	3298	90.84	16.22	271.50	8456	91.84	14.02	248.82
5亿（含）～10亿元	1324	90.71	13.30	555.42	3502	91.89	12.35	529.27
10亿（含）～50亿元	1172	92.24	30.99	1438.13	3115	92.97	28.92	1376.68
50亿（含）～100亿元	138	92.75	8.39	3287.08	373	93.03	9.04	3590.05
100亿（含）以上	100	93.00	15.13	8160.56	248	97.58	20.58	11 726.42

2. 2016—2017年新旧办法认定的高企所得税减免额内外资及区内外的分布情况对比

如表10-9和表10-10所示，2016年新办法认定的港澳台和外资高新技术企业户均高企所得税减免额较旧办法认定的高企户均数据有所下降；但2017年新旧办法认定的户均数据差异不大，其中外资高企略有增加。2016年新办法认定的高新区内高企户均所得税减免额较旧办法认定的高企户均数据也有所下降；但2017年新旧办法认定的高新区内高企户均指标数据增加，而区外的有所下降。

表10-9　2016年新旧办法下的高企所得税减免额在内外资高企和高新区内外之间的情况

		旧办法认定的高新技术企业				新办法认定的高新技术企业			
		高新技术企业数量（家）	其中		户均高企所得税减免额（万元）	高新技术企业数量（家）	其中		户均高企所得税减免额（万元）
			净利润大于零的高企数量占比（%）	高企所得税减免额占2016年旧办法下高企所得税减免额的比重（%）			净利润大于零的高企数量占比（%）	高企所得税减免额占2016年新办法下高企所得税减免额的比重（%）	
企业性质	内资	52 735	76.41	73.71	227.5	38 093	74	75.2	80.3
	港澳台	2669	81.23	14.28	818.88	1522	80.95	12.19	297.91
	外商	3345	81.41	12.01	548.73	1648	79.49	12.61	289.75
高新区内外	高新区内	25 815	74.83	52.46	337.75	13 843	71.50	42.37	128.85
	高新区外	32 934	78.54	47.54	228.55	27420	75.97	57.63	83.29

表10-10　2017年新旧办法下内外资和区内外高企所得税减免情况

		旧办法认定的高新技术企业				新办法认定的高新技术企业			
		高新技术企业数量（家）	其中		户均高企所得税减免额（万元）	高新技术企业数量（家）	其中		户均高企所得税减免额（万元）
			净利润大于零的高企数量占比（%）	高企所得税减免额占2016年旧办法下高企所得税减免额的比重（%）			净利润大于零的高企数量占比（%）	高企所得税减免额占2016年新办法下高企所得税减免额的比重（%）	
企业性质	内资	26 902	74.67	73.19	182.78	93784	74.57	75.72	149.28
	港澳台	1265	80.24	13.79	681.72	3440	80.26	12.09	603.96
	外商	1566	80.97	13.01	514.84	3675	80.16	12.18	570.11
高新区内外	高新区内	13 044	71.04	40.23	217.74	36730	71.03	48.39	255.72
	高新区外	16 689	78.51	59.77	228.83	64169	77.23	51.61	143.59

三、高新技术企业创新能力与综合竞争力快速提升

（一）高新技术企业研发投入稳定增加

我国高新技术企业在技术创新方面的投入和活动日益增强。2017年，高新技术企业内部研发投入总额达到9279.49亿元，占全国企业研发投入的67.93%；研发投入强度接近3%，较规模以上工业企业1.06%的研发投入强度高出近2个百分点；户均内部研发支出达710万元。高新技术企业科技活动人员与研发人员占比从2013年开始分别保持在25%与15%左右。

（二）企业知识产权运用和保护意识显著提升

2017年，我国高新技术企业专利申请数量达到97万件，较2013年翻了近一番，其中发明专利申请量占比保持在45%左右，申请PCT国际专利达2.27万件；专利授权数量达57万件，其中发明专利授权量占比30%，较2013年增加了6个百分点。截至2017年年底，平均每家高新技术企业拥有的有效专利数量为21.57件，平均较2013年增长了1.65件%，其中平均每家拥有的有效发明专利6.2件，较2013年增加20%。

（三）企业获得多渠道的资金支持

伴随高新技术企业政策的实施，高新技术企业群体快速发展，除享受各类税收优惠政策外，还从政府、金融机构等多个渠道获得了大量资金支持。2017年，高新技术企业获得创业风险投资共计429.86亿元，获得政府部门的科技活动经费698亿元。此外，许多高新技术企业还通过资本市场等获得融资发展，截至2017年，高新技术企业上市公司数量达3512家。

（四）推动高新技术产业做大做强

高新技术企业政策培育和发展了一大批高新技术企业，并实现了快速成长，有效支撑了我国高新技术产业做大做强。截至2017年年底，我国高新技术企业总资产达47.13亿元，占全国规模以上工业企业资产总额的41.97%。2017年，高新技术企业净利润总额2.32万亿元，占全国规模以上工业企业利润总额的30.88%；实现高新技术企业产品出口2.84万亿元，占全国出口总额10.65%；高新技术产品销售收入20.7万亿元，占营业收入的比重达65%，比2013年高出2.3个百分点。2017年，高新技术企业引进外籍专家人数15 749人，引进留学归国人数10.36万人，分别较2013年增长了30.02%和22.9%；新增从业人员436.8万人，其中吸收高校应届毕业生86.56万人，比2013年增长了32.95%。

四、小结

① 2017年，全国13万家高新技术企业中约41.70%享受了1879.6亿元高新技术企业所得税减免

优惠，占企业各类税收减免总额的 47.03%。高新技术企业所得税减免优惠已经成为高科技企业最重要的税收优惠政策，有效促进了我国技术创新能力较强这部分企业群体的可持续健康发展。

② 2016 年高新技术企业新认定办法发布实施，适当放宽认定条件、简化认定工作流程、加强认定和后续监管、扩充重点支持的高新技术领域，总体上来看，2017 年新办法认定的高新技术企业质量相对更优、享受税收优惠的认可度相对更高。

③高新技术企业优质群体创新能力总体提升，社会经济价值已经显现。相关科技创新、产出和经济效益等指标总体呈上升趋势。在 2016—2017 年我国经济下行压力较大情况下，高新技术企业已经成为我国经济发展方式转变和经济结构调整的重要载体。

附录
2016年《高新技术企业认定管理办法》

高新技术企业认定管理办法

（国科发火〔2016〕32号）

第一章 总 则

第一条 为扶持和鼓励高新技术企业发展，根据《中华人民共和国企业所得税法》（以下称《企业所得税法》）、《中华人民共和国企业所得税法实施条例》（以下称《实施条例》）有关规定，特制定本办法。

第二条 本办法所称的高新技术企业是指：在《国家重点支持的高新技术领域》内，持续进行研究开发与技术成果转化，形成企业核心自主知识产权，并以此为基础开展经营活动，在中国境内（不包括港、澳、台地区）注册的居民企业。

第三条 高新技术企业认定管理工作应遵循突出企业主体、鼓励技术创新、实施动态管理、坚持公平公正的原则。

第四条 依据本办法认定的高新技术企业，可依照《企业所得税法》及其《实施条例》、《中华人民共和国税收征收管理法》（以下称《税收征管法》）及《中华人民共和国税收征收管理法实施细则》（以下称《实施细则》）等有关规定，申报享受税收优惠政策。

第五条 科技部、财政部、税务总局负责全国高新技术企业认定工作的指导、管理和监督。

第二章 组织与实施

第六条 科技部、财政部、税务总局组成全国高新技术企业认定管理工作领导小组（以下称"领导小组"），其主要职责为：

（一）确定全国高新技术企业认定管理工作方向，审议高新技术企业认定管理工作报告；

（二）协调、解决认定管理及相关政策落实中的重大问题；

（三）裁决高新技术企业认定管理事项中的重大争议，监督、检查各地区认定管理工作，对发现的问题指导整改。

第七条 领导小组下设办公室，由科技部、财政部、税务总局相关人员组成，办公室设在科技部，其主要职责为：

（一）提交高新技术企业认定管理工作报告，研究提出政策完善建议；

（二）指导各地区高新技术企业认定管理工作，组织开展对高新技术企业认定管理工作的监督检查，对发现的问题提出整改处理建议；

（三）负责各地区高新技术企业认定工作的备案管理，公布认定的高新技术企业名单，核发高新技术企业证书编号；

（四）建设并管理"高新技术企业认定管理工作网"；

（五）完成领导小组交办的其他工作。

第八条 各省、自治区、直辖市、计划单列市科技行政管理部门同本级财政、税务部门组成本地区高新技术企业认定管理机构（以下称"认定机构"）。认定机构下设办公室，由省级、计划单列市科技、财政、税务部门相关人员组成，办公室设在省级、计划单列市科技行政主管部门。认定机构主要职责为：

（一）负责本行政区域内的高新技术企业认定工作，每年向领导小组办公室提交本地区高新技术企业认定管理工作报告；

（二）负责将认定后的高新技术企业按要求报领导小组办公室备案，对通过备案的企业颁发高新技术企业证书；

（三）负责遴选参与认定工作的评审专家（包括技术专家和财务专家），并加强监督管理；

（四）负责对已认定企业进行监督检查，受理、核实并处理复核申请及有关举报等事项，落实领导小组及其办公室提出的整改建议；

（五）完成领导小组办公室交办的其他工作。

第九条 通过认定的高新技术企业，其资格自颁发证书之日起有效期为三年。

第十条 企业获得高新技术企业资格后，自高新技术企业证书颁发之日所在年度起享受税收优惠，可依照本办法第四条的规定到主管税务机关办理税收优惠手续。

第三章 认定条件与程序

第十一条 认定为高新技术企业须同时满足以下条件：

（一）企业申请认定时须注册成立一年以上；

（二）企业通过自主研发、受让、受赠、并购等方式，获得对其主要产品（服务）在技术上发挥核心支持作用的知识产权的所有权；

（三）对企业主要产品（服务）发挥核心支持作用的技术属于《国家重点支持的高新技术领域》规定的范围；

（四）企业从事研发和相关技术创新活动的科技人员占企业当年职工总数的比例不低于10%；

（五）企业近三个会计年度（实际经营期不满三年的按实际经营时间计算，下同）的研究开发费用总额占同期销售收入总额的比例符合如下要求：

1．最近一年销售收入小于 5,000 万元（含）的企业，比例不低于 5%；

2．最近一年销售收入在 5,000 万元至 2 亿元（含）的企业，比例不低于 4%；

3．最近一年销售收入在 2 亿元以上的企业，比例不低于 3%。

其中，企业在中国境内发生的研究开发费用总额占全部研究开发费用总额的比例不低于 60%；

（六）近一年高新技术产品（服务）收入占企业同期总收入的比例不低于 60%；

（七）企业创新能力评价应达到相应要求；

（八）企业申请认定前一年内未发生重大安全、重大质量事故或严重环境违法行为。

第十二条 高新技术企业认定程序如下：

（一）企业申请

企业对照本办法进行自我评价。认为符合认定条件的在"高新技术企业认定管理工作网"注册登记，向认定机构提出认定申请。申请时提交下列材料：

1．高新技术企业认定申请书；

2．证明企业依法成立的相关注册登记证件；

3．知识产权相关材料、科研项目立项证明、科技成果转化、研究开发的组织管理等相关材料；

4．企业高新技术产品（服务）的关键技术和技术指标、生产批文、认证认可和相关资质证书、产品质量检验报告等相关材料；

5．企业职工和科技人员情况说明材料；

6．经具有资质的中介机构出具的企业近三个会计年度研究开发费用和近一个会计年度高新技术产品（服务）收入专项审计或鉴证报告，并附研究开发活动说明材料；

7．经具有资质的中介机构鉴证的企业近三个会计年度的财务会计报告（包括会计报表、会计报表附注和财务情况说明书）；

8．近三个会计年度企业所得税年度纳税申报表。

（二）专家评审

认定机构应在符合评审要求的专家中，随机抽取组成专家组。专家组对企业申报材料进行评审，提出评审意见。

（三）审查认定

认定机构结合专家组评审意见，对申请企业进行综合审查，提出认定意见并报领导小组办公室。认定企业由领导小组办公室在"高新技术企业认定管理工作网"公示 10 个工作日，无异议的，予以备案，并在"高新技术企业认定管理工作网"公告，由认定机构向企业颁发统一印制的"高新技术企业证书"；有异议的，由认定机构进行核实处理。

第十三条 企业获得高新技术企业资格后，应每年 5 月底前在"高新技术企业认定管理工作网"填报上一年度知识产权、科技人员、研发费用、经营收入等年度发展情况报表。

第十四条 对于涉密企业，按照国家有关保密工作规定，在确保涉密信息安全的前提下，按认定工作程序组织认定。

第四章 监督管理

第十五条 科技部、财政部、税务总局建立随机抽查和重点检查机制,加强对各地高新技术企业认定管理工作的监督检查。对存在问题的认定机构提出整改意见并限期改正,问题严重的给予通报批评,逾期不改的暂停其认定管理工作。

第十六条 对已认定的高新技术企业,有关部门在日常管理过程中发现其不符合认定条件的,应提请认定机构复核。复核后确认不符合认定条件的,由认定机构取消其高新技术企业资格,并通知税务机关追缴其不符合认定条件年度起已享受的税收优惠。

第十七条 高新技术企业发生更名或与认定条件有关的重大变化(如分立、合并、重组以及经营业务发生变化等)应在三个月内向认定机构报告。经认定机构审核符合认定条件的,其高新技术企业资格不变,对于企业更名的,重新核发认定证书,编号与有效期不变;不符合认定条件的,自更名或条件变化年度起取消其高新技术企业资格。

第十八条 跨认定机构管理区域整体迁移的高新技术企业,在其高新技术企业资格有效期内完成迁移的,其资格继续有效;跨认定机构管理区域部分搬迁的,由迁入地认定机构按照本办法重新认定。

第十九条 已认定的高新技术企业有下列行为之一的,由认定机构取消其高新技术企业资格:

(一)在申请认定过程中存在严重弄虚作假行为的;

(二)发生重大安全、重大质量事故或有严重环境违法行为的;

(三)未按期报告与认定条件有关重大变化情况,或累计两年未填报年度发展情况报表的。

对被取消高新技术企业资格的企业,由认定机构通知税务机关按《税收征管法》及有关规定,追缴其自发生上述行为之日所属年度起已享受的高新技术企业税收优惠。

第二十条 参与高新技术企业认定工作的各类机构和人员对所承担的有关工作负有诚信、合规、保密义务。违反高新技术企业认定工作相关要求和纪律的,给予相应处理。

第五章 附 则

第二十一条 科技部、财政部、税务总局根据本办法另行制定《高新技术企业认定管理工作指引》。

第二十二条 本办法由科技部、财政部、税务总局负责解释。

第二十三条 本办法自2016年1月1日起实施。原《高新技术企业认定管理办法》(国科发火〔2008〕172号)同时废止。